EMIN PACHA

ET

LA RÉBELLION A L'ÉQUATEUR

NEUF MOIS D'AVENTURES
DANS LA PLUS RECULÉE DES PROVINCES SOUDANAISES

PAR

A.-J. MOUNTENEY JEPHSON

L'un des officiers de Stanley

AVEC LA REVISION ET LA COLLABORATION
DE

H. M. STANLEY

Ouvrage traduit de l'anglais avec l'autorisation de l'auteur

ET CONTENANT 47 GRAVURES ET UNE CARTE

PARIS
LIBRAIRIE HACHETTE ET Cie
79, BOULEVARD SAINT-GERMAIN, 79

EMIN PACHA

ET

LA RÉBELLION A L'ÉQUATEUR

A.-J. MOUNTENEY JEPHSON

D'après une photographie de Walery, de Londres.

EMIN PACHA

ET

LA REBELLION A L'ÉQUATEUR

NEUF MOIS D'AVENTURES
DANS LA PLUS RECULÉE DES PROVINCES SOUDANAISES

PAR

A.-J. MOUNTENEY JEPHSON
L'un des officiers de Stanley

AVEC LA REVISION ET LA COLLABORATION
DE
H. M. STANLEY

Ouvrage traduit de l'anglais avec l'autorisation de l'auteur

CONTENANT 47 GRAVURES ET UNE CARTE

PARIS
LIBRAIRIE HACHETTE ET Cⁱᵉ
79, BOULEVARD SAINT-GERMAIN, 79
—
1891

Droits de traduction et de reproduction réservés.

LETTRE-PRÉFACE

DE

HENRY M. STANLEY

Londres, août 1890.

Mon cher Jephson,

Mon mariage et ma maladie sont deux causes dont une seule eût suffi pour expliquer comment il ne m'a pas encore été possible de satisfaire au désir que vous et mes éditeurs en Angleterre et aux États-Unis avez exprimé de me voir présenter votre livre à vos lecteurs des deux côtés de l'Atlantique. Mais votre ouvrage n'a point besoin d'être recommandé par moi. Ceux qui ont lu *Dans les ténèbres de l'Afrique* savent combien je vous estime.

Je puis le dire en toute sincérité : il m'a été agréable d'apprendre que vous aviez écrit cette relation. Sans doute, je n'ignorais point que durant vos pérégrinations à travers le Continent Noir vous ne perdiez aucune occasion de prendre des notes sur tout ce que vous aviez fait et vu ; mais pour transformer ces mémentos en un récit suivi, il fallait encore de la réflexion et un travail intelligent.

J'avoue m'être imaginé qu'après avoir échappé aux affres de la famine, aux mutineries des camps, aux fatigues et aux angoisses de la terrible forêt, vous vous seriez abandonné aux jouissances de la civilisation et aux délices d'un repos absolu. Tout au contraire, je vois que, méprisant un repos inglorieux, la lampe de minuit a éclairé vos veilles. Vous avez bien fait d'écrire ce récit. Bon gré, mal gré, c'était un devoir strict auquel vous n'auriez pu vous soustraire. Il vous eût été loisible de raconter les débuts de notre expédition, mais vous avez agi sagement en ne mettant pas sous votre fléau un blé battu déjà. Vous comblez une lacune sur laquelle vous seul pouviez donner les renseignements. Vous avez raconté votre histoire avec une véracité entière, avec tant de modestie, et une si grande loyauté en ce qui me concerne, que je ne puis que vous en témoigner ma satisfaction et ma reconnaissance. Votre livre contient quantité de détails qui m'étaient inconnus, détails du plus haut intérêt et que vous avez racontés avec autant d'habileté que de tact littéraire.

Quand, vous voyant plein d'audace et de résolution, je vous dépêchai porteur d'une lettre à Emin et d'un message à ses troupes, je savais vous confier une mission des plus importantes, mais je ne soupçonnais guère que cette mission vous vaudrait neuf mois de séjour dans un pays hostile et inconnu, un long emprisonnement, le risque imminent d'être tué par les ignorants et les égarés que vous tentiez de sauver.

Le 20 avril 1888 je vous envoyai au lac Albert avec une lettre pour Emin, et le 29 du même mois le Pacha vous accompagnait à Kavalli. Le 22 mai je vous laissai à N'sabé avec Emin; il vous ramena au Lac, muni de mon message que vous deviez lire aux soldats, afin de les préparer à la prompte évacuation de la province d'Equatoria, tandis que j'irais à la recherche de l'arrière-colonne.

Ensuite, pendant de longs mois nous cessâmes d'être en communication, et ce fut seulement en janvier 1889 que j'eus de vos nouvelles. Votre très intéressante dépêche, datée de Kavalli, 7 février, rapportait brièvement et clairement ce qui s'était passé; et c'est tout ce que j'ai su, ou à peu près, de ces mois pendant lesquels nous fûmes si anxieux à votre sujet, et qui vous ont apporté tant de souffrances. Si quelqu'un doit s'intéresser au récit de vos aventures, c'est moi.

Tous les officiers vos camarades avaient été priés de noter

les événements remarquables de l'expédition. Probablement ils publieront leurs récits. Tous auront mes bons souhaits, sans doute ; mais votre relation a un intérêt tout spécial : elle se meut sur un terrain autre que le mien. M. Troup a écrit, et M. Bonny aussi ; ils ont, l'un et l'autre, chacun à son point de vue, raconté ce qu'ils ont appris et ce qu'ils ont fait. Et j'espère que notre ami tant estimé le docteur Parke trouvera bientôt le temps de relater ses expériences personnelles. M. Ward, à ce que je crois, tient aussi son livre prêt. Et le moment viendra, nous pouvons l'espérer, où nous verrons ce que le docteur Emin dira de son côté.

Vous n'avez point oublié que je vous ai plus d'une fois reproché amicalement d'être un Éministe. Encore aujourd'hui, je persiste à vous adresser cette légère critique. L'impression que votre livre laissera dans l'esprit du lecteur impartial est celle de votre admiration, de votre affection même pour Emin en tant qu'individu, quoique ses défauts, en tant que gouverneur, ne vous aient point échappé. Il n'est point nécessaire que j'explique ici longuement l'opinion que je me suis faite d'Emin, opinion qui ne peut être mieux résumée que par un court extrait d'une mienne lettre à mes éditeurs allemands, et qu'ils ont publiée. Les Allemands ne sont pas moins passionnés et susceptibles que les Français.

En ce qui concerne Emin, quelles étaient ses dispositions lorsque nous le ramenâmes du Pays des Nègres ? Emin était Anglais de sentiment, bien que, par sa nature, il fût tout entier Allemand. Quelles que soient ses fonctions actuelles, c'était au service de l'Angleterre qu'il désirait entrer, et l'on en a la preuve dans ses lettres au ministre des Affaires étrangères de la Grande-Bretagne. Mais qu'il fût Anglais ou Allemand, que m'importait ? Ce n'était ni à un Anglais ni à un Allemand que j'allais porter secours, mais au Gouverneur de mes rêves, à l'homme que l'imagination me dépeignait comme digne au premier chef d'être secouru ; il avait été lieutenant de Gordon, il avait été envoyé dans les stations les plus lointaines de l'Equatoria. Je le croyais assiégé par les Mahdistes, et j'espérais qu'un secours en munitions lui permettrait de tenir bon, jusqu'à ce que l'Europe, renseignée sur son compte, voulût prendre en main sa défense.... Avec ce parti pris et ce préjugé favorable, pourquoi donc n'ai-je pu faire pour Emin ce que j'avais fait pour Livingstone ? Simplement parce qu'Emin ne voulut pas me laisser agir. Il s'arrangea, de la façon la plus extraordinaire du monde, à faire dévier les sentiments que j'entretenais en sa faveur. De certaines choses je n'ai pu encore débrouiller le mystère.... Si je découvrais en quoi j'ai pu d'une façon quelconque le désobliger, je me reprocherais sévèrement cet impair, mais tant qu'on ne me l'aura pas montré, ma perplexité restera. Lors de ma première visite, j'ai passé avec lui vingt-six jours des plus agréables, et mon journal, rempli d'aimables causeries sur les bords du lac, montre combien cet intervalle de repos nous donna d'agrément. Notre correspondance fut alors très active, et chaque lettre témoigne du plaisir que nous avions à nous entretenir.... Ce que fut le voyage de retour, notre livre, qui relate les événements quotidiens, le dit assez. Mais je dois ajouter qu'Émin m'est toujours resté aussi incompréhensible que je le trouvais déjà au camp de Kavalli. Que chacun juge l'homme à son gré; les uns avec indulgence, les autres avec sévérité. Je ne prétends être que le miroir qui a réfléchi les événements.... M'est avis que son orgueil et sa susceptibilité morbide lui ont joué un mauvais tour en cette occasion comme en plusieurs autres. D'ailleurs, l'accident qui lui est arrivé à Bagomoyo a fait chavirer toutes les théories que j'avais pu former sur son caractère. Dès qu'il entra à l'hôpital, une ombre passa entre nous, ombre si épaisse qu'elle obscurcit les relations aimables qui, pensais-je, auraient dû toujours exister de lui à moi. Tous nos officiers en furent consternés, Casati de même, et personne d'entre nous n'a osé exprimer une conjecture à ce sujet.

Néanmoins, aucun de nous ne doit oublier que malgré les divergences qui surgissent entre les individus ou même entre les nations, l'Afrique sort de son obscurité première. Les controverses du moment ne doivent pas nous faire perdre de vue que notre véritable tâche est de contribuer à la civilisation d'un continent dont les apports au futur avoir de l'humanité ne seront inférieurs à ceux d'aucun autre, je le crois du moins.

Jamais on ne vit mieux que dans votre cas le besoin d'une loi internationale sur la propriété littéraire. On a payé vingt-cinq mille francs pour vous procurer le privilège de contribuer à la délivrance d'Émin Pacha. Puis vous avez donné trente-neuf mois de votre existence pour tirer d'un mauvais pas un homme de mérite. Et voici que le récit de vos faits et gestes, récit dont la publication aurait dû vous faire rentrer dans une partie de vos débours, ne peut être publié en Amérique en vous laissant quelque avantage pécuniaire, à moins que vous ne vous fassiez naturaliser Américain, ou qu'un citoyen des États-Unis ne s'adjoigne à vous pour écrire votre livre.

Quel commentaire sur nos lois de propriété littéraire! Un auteur anglais sera privé de ses droits à moins qu'il ne collabore avec un Américain. Dans cette loi, ou plutôt dans ce manque de loi, il y a quelque chose contre quoi protestent énergiquement le sens commun et l'honnêteté la plus vulgaire.

Quant au nuage de moustiques qui sur l'une et l'autre rive de l'Atlantique, bourdonneront sans doute autour de votre livre, comme autour du mien, quant à la foule des imposteurs arrivant avec des citations non autorisées, et avec de longs extraits qu'ils n'avaient aucun droit de faire, on les abandonne au mépris que le public, une fois prévenu, ne manquera pas de leur infliger. Le lecteur verra clairement pourquoi j'ai collaboré à une partie de votre livre, sans qu'il soit nécessaire d'indiquer laquelle.

Et puisse, mon cher Jephson, votre entière vie d'auteur et d'homme d'action être digne de ce beau commencement! C'est de tout mon cœur que je recommande aux lecteurs anglais et américains ce récit sincère d'une œuvre si virilement, si noblement accomplie et si modestement racontée.

A vous sincèrement,

Henry M. STANLEY.

PRÉFACE

Dès mon retour en Europe j'ai été sollicité par plusieurs personnes de raconter mes relations avec Emin Pacha pendant le séjour que je fis dans la Province Équatoriale, du 22 avril 1888, date de mon arrivée à Msoué, jusqu'au 31 janvier 1889, date de mon retour auprès de mon chef, M. Stanley.

Mes amis faisaient valoir la circonstance que j'étais seul capable de combler cette lacune dans l'histoire de l'expédition ; et cet argument m'a décidé.

Aujourd'hui Emin est suffisamment connu. On sait assez qu'il n'est pas l'homme que supposait l'Europe, qu'il n'est pas « un second Gordon », ainsi que le nommaient plusieurs de ses admirateurs. Fier de sa province, et confiant dans la fidélité de ses troupes, il pria M. Stanley de lui laisser un officier qui, le cas échéant, l'aiderait à préparer l'exode vers la côte, et rédigerait un rapport.

Je fus nommé à ce poste par M. Stanley, lorsqu'il partit pour Yambouya afin d'en ramener l'arrière-colonne.

Je ne séjournai pas longtemps dans la province sans découvrir maintes circonstances qui me surprirent autant qu'elles m'affligèrent. De discipline, telle au moins que je la comprenais, il n'y en avait point, puisque les ordres du Gouverneur étaient publiquement discutés et critiqués par les soldats.

Mais, si enracinée était dans mon esprit l'idée qu'Emin était l'homme que nous pensions, que je restai quelque temps à m'étonner seulement des choses que je ne pouvais comprendre.

Je savais qu'Emin avait tenu sa province pendant plusieurs années, fait qui lui avait gagné l'admiration de l'Europe. J'avais lu ses lettres à l'Angleterre, dans lesquelles il avait raconté l'héroïque résistance que ses gens avaient opposée aux attaques du Mahdi. J'avais lu ses adjurations au peuple anglais de rester fidèle à ses traditions philanthropiques et humanitaires, et je n'ignorais pas que notre peuple était unanime pour répondre favorablement à ces appels passionnés.

Là-dessus, le docteur Felkin excita encore la sympathie générale par une description, très montée en couleur, de la province que gouvernait Emin, de l'œuvre qu'il y avait accomplie, et de l'admirable manière avec laquelle il avait déversé son enthousiasme dans les cœurs de ses dévoués compagnons. Ce récit, publié par le *Graphic* en janvier 1887, à la veille même du départ de notre expédition, fut lu par chacun avec le plus vif intérêt.

Il n'y a donc pas lieu de s'étonner que pendant les premiers temps je n'aie pu me tirer de l'esprit l'idée qu'Emin était un sage et habile gouverneur. Ce ne fut qu'après avoir été témoin de maints actes de faiblesse et d'irrésolution que je me pris à perdre foi en son jugement. Et plus tard, après de nombreuses conversations avec lui et ses gens sur les affaires de sa province, et l'échec infligé aux troupes du Mahdi quatre années auparavant, je découvrais qu'Emin n'avait raconté qu'une partie de l'histoire, celle qui faisait le plus d'honneur à son peuple.

Il est assez naturel qu'un homme attaché aux personnes qui l'entourent aime mieux insister sur leurs qualités que sur leurs défauts. Mais la version qu'il donna des événements, induisit l'opinion publique à une fausse appréciation des choses.

En conséquence, au lieu d'être reçu à bras ouverts par les gens d'Emin, ainsi qu'il nous avait donné à croire, nous ne rencontrâmes que des méfiances, voire des conspirations pour piller nos bagages et nous chasser du pays. Croirait-on qu'après un séjour de neuf mois dans la province, il était encore difficile de comprendre ce que voulait l'entourage du Pacha et ce que le Pacha voulait lui-même. — Un jour, Emin n'avait pas de mots assez forts pour qualifier la vilenie et la frivolité des individus qui l'entouraient ; le lendemain, si je paraissais soupçonner leurs intentions, il s'emportait à les défendre. Tout comme ses gens, il ne prenait une résolution que pour lui en substituer quelque autre, sauf à se réfugier ensuite dans un compromis, en Oriental qu'il était devenu. Il se peut, après tout, que, par suite de sa longue résidence dans les pays chauds, où s'altéra sa santé, son incapacité native à prendre une prompte décision n'ait fait que s'exagérer.

Je me suis donc efforcé à relater mon histoire aussi simplement que possible, laissant à mes lecteurs le soin de tirer les conclusions qu'il leur plaira. Je n'ai aucune intention de charger Emin, et, sur son manque de fermeté, je ne dis que ce qui est indispensable pour l'intelligence du récit. En ce qui me concerne, toujours il se montra bon, généreux même, et pour les petits détails il faisait preuve de promptitude et de prévoyance. Dans un individu ordinaire, sa faiblesse eût été à peine remarquée, mais ce qui, chez un particulier, n'est qu'un léger défaut, devient une grave lacune chez un gouverneur, une cause de ruine et de désastre pour un pays.

Emin était un « scientiste » par excellence. Il m'a raconté s'être engagé comme médecin au service du gouvernement égyptien dans l'intention de pousser jusque dans la Province Equatoriale les recherches scientifiques qu'il avait entreprises en Orient depuis plusieurs années déjà. Le hasard avait fait de lui un *moudir*. L'histoire naturelle était ce qui lui plaisait le mieux, et l'entraînait parfois à négliger les devoirs de sa position.

Je ne saurais conclure sans remercier brièvement M. Stanley des services qu'il m'a rendus tandis que je préparais la publication de ce livre, services qui m'ont été grandement et diversement profitables.

A. J. Mounteney Jephson.

Londres, août 1890.

EMIN PACHA

ET

LA RÉBELLION A L'ÉQUATEUR

CHAPITRE I

A LA RECHERCHE D'EMIN

Réception d'une lettre envoyée par Emin Pacha. — La plaine du Nyanza. — Lancement de l'*Avance* sur le Nyanza. — L'équipage zanzibari. — Leurs chants. — Arrivée à Kanama. — Réception amicale par les indigènes. — Oulédi nous met en garde. — Gestes et dialecte des natifs. — Le paysage des rives. — Villages lacustres. — Insipidité de l'eau. — Babouins. — Le chef Mogo. — Renseignements donnés par Kadjalf sur Emin. — Soliloque. — Arrivée à la première station d'Emin. — Réception à Msoué. — Choukri Aga. — Je raconte notre histoire. — Notre triste costume. — Mon bagage. — L'inexplicable inaction d'Emin. — Autres nouvelles de Casati. — Bonheur de mes Zanzibaris. — Lettre d'Emin. — Souliman Effendi. — Les cultures autour de Msoué. — Tissage. — Arrivée d'Emin. — On s'inquiète de la route à prendre pour le retour. — Amabilité du Pacha. — Emin est renseigné sur les origines de l'Expédition. — Notre courrier n'a pu sortir de l'Ouganda.

Les lecteurs du livre *Dans les ténèbres de l'Afrique* et des lettres adressées par M. Stanley au « Comité de secours » et publiées dans les journaux anglais, se rappellent sans doute que lors de notre premier voyage à l'Albert Nyanza, en mi-décembre 1887, nous fûmes obligés de retourner sur nos pas et de regagner la forêt. Ils n'auront point oublié que ce contretemps était le fait d'Emin : prévenu que nous marchions à son secours et comptions gagner la pointe sud-ouest du lac, il n'avait pris aucune mesure pour communiquer avec les riverains et leur annoncer notre prochaine arrivée. Il nous fut impossible d'obtenir aucune nouvelle du Pacha, impossible donc de lui faire parvenir aucun message. Les indigènes n'avaient pas de canot suffisamment grand pour naviguer sur le lac, et quant au bateau d'acier *Avance*, avec lequel nous avions projeté de faire voile jusqu'à Ouadelaï, force nous avait été de le laisser à Ipoto, sur la rivière Itouri, bien loin en arrière dans la forêt; nos gens, épuisés par la maladie et par plusieurs mois de famine, ne pouvaient porter ce fardeau plus longtemps.

Le 8 janvier 1888, nous fîmes choix, près d'Ibouiri, d'un emplacement pour y établir une station à 240 kilomètres ouest du lac Albert, et l'on entreprit de construire le fort Bodo, afin d'y loger nos munitions. Les éclopés devaient y attendre l'arrière-colonne et l'arrivée de nos convalescents. Entre temps, le lieutenant Stairs allait avec cent hommes à Itouri, 145 kilomètres plus à l'ouest, afin d'en rapporter le bateau. Le fort ayant été mis en état de défense, les champs furent semés et plantés pour nourrir la garnison; après quoi, nous repartîmes le 2 avril vers l'Albert Nyanza à la recherche d'Emin, mais, cette fois, avec un bateau sur lequel nous pourrions fouiller les rives.

Le 18 avril, l'avant-garde avait regagné le voisinage du lac, et campait dans le village d'un chef appelé Kavalli, un bel échantillon de la tribu des Ouahoumas pasteurs. Bientôt après notre arrivée, ce chef produisit une missive adressée à M. Henry M. Stanley, commandant l'Expédition de secours. C'était la première nouvelle que nous recevions d'Emin Pacha, gouverneur de l'Equatoria, l'homme que, de si loin, nous venions sauver. La lettre, datée du 25 mars 1888, avait été envoyée de Toungourou, qu'on nous dit être située à la pointe nord du Nyanza.

Un ou deux jours après, M. Stanley m'ordonna de porter au lac le bateau d'acier, de le monter par des hommes de choix et d'aller à la rencontre d'Emin pour lui annoncer l'arrivée du premier détachement envoyé à son secours. Le chirurgien Parke, notre excellent médecin, devait nous accompagner jusqu'à la rive.

Ce ne fut pas mince besogne que de trimbaler l'embarcation par le flanc de la montagne abrupte et à travers la plaine, mais les hommes se trouvaient en bonne condition et mirent leur cœur à l'ouvrage. Après une marche de 10 kilomètres, nous arrivâmes d'assez bonne heure dans un grand village pour y camper. Les natifs nous montrèrent de la bienveillance, et nous firent présent de chèvres et de grain. La vaste plage au sud-ouest du lac est superbe avec son amphithéâtre de monts escarpés. On dirait un parc immense, semé de bosquets et d'arbres en groupes. Des troupeaux de buffles et d'antilopes paissaient l'herbe courte et savoureuse. Un paradis pour le chasseur! Le 21 avril nous atteignîmes la rive, et aussitôt je me mis en devoir de visser les sections du bateau et de les rajuster.

Parke et moi devions nous séparer ensuite, lui pour regagner Kavalli avec ses hommes, moi pour quêter après Emin.

Avec l'approbation de Stanley, j'avais choisi mon équipage de quinze hommes parmi les plus solides de la troupe. J'avais pris de préférence ceux qui de temps à autre avaient ramé sur le Congo et sur l'Arouhouimi, et qui se trouvaient à l'aise dans une embarcation. Le fidèle Oulédi gouvernait; Mourabo et Soudi, qui avaient suivi Stanley en de précédentes expéditions, ramaient au premier banc. Les autres étaient tous de beaux et vaillants jeunes gens. Pour une mission spéciale il importe de ne prendre que de la jeunesse, car, dès qu'il arrive à vingt-cinq ans, le nègre ne sait plus agir promptement et résolument, faculté que l'Européen perd beaucoup moins vite. À une heure de l'après-midi, mon bateau était prêt, et, muni de provisions pour cinq jours, je donnai l'ordre de pousser au large. Les quarante-cinq hommes qui retournaient au camp de Stanley entrèrent à l'eau et nous donnèrent encore un vigoureux coup d'épaule, accompagné de cris bruyants. Parke fit tournoyer sa casquette et tous poussèrent trois salves auxquelles l'*Avance* répondit.

« Allons, les garçons! m'écriai-je, ramez comme jamais vous ne l'avez fait, et par Allah, ce Pacha, pour lequel nous avons déjà tant travaillé, nous le verrons dans deux ou trois jours! » Eux de répliquer : « Au nom d'Allah, notre maître! » Courbés sur les rames, ils faisaient joyeusement voler la barque sur l'eau. Mourabo entonna une de ces ronronnantes cantilènes, non dépourvues d'harmonie, familières aux bateliers zanzibaris, qu'elles aident à ramer en mesure. Il chantait la forêt et les dangers que nous avions traversés; il chantait le grand chef Boula Matari, « le casseur de pierres », le long chemin parcouru pour arriver à ce Pacha, que nous allions enfin atteindre; il chantait le repos qui allait suivre nos fatigues. Et l'équipage d'accompagner le refrain, dans lequel se mariaient les noms du Pacha et de Boula Matari.

Au soleil matinal, une brise fraîche ridait le lac en vaguelettes; à l'ouest s'étendait, semblable à un parc superbe, la plaine que nous avions déjà parcourue; dans l'est lointain, les nobles montagnes de l'Ou-Nyoro surgissaient perpendiculairement au-dessus des eaux. L'esprit se montait à l'unisson du spectacle frais, éclatant et beau; les rames faisaient bondir la barque.

Nous dépassâmes l'île de Nyamsassie, d'où les natifs nous épiaient, cachés derrière les buissons; nous balayâmes le canal étroit qui la sépare de la terre ferme, pour entrer enfin dans une baie large de 12 kilomètres, pointe à pointe. Devant nous, roulaient et plongeaient des hardes d'hippopotames; pour les éviter il nous fallut regagner le lac, car il leur arrive souvent d'attaquer et de couler les canots.

A 20 kilomètres plus loin finissait la plaine; les montagnes tournent brusquement à l'est, avançant en un cap massif qui plonge à pic dans le lac. Au pied de la chaîne, une fumée bleue s'élevait au-dessus d'un village que j'indiquai à mes hommes comme notre camp prochain.

Emin avait daté sa lettre à Stanley d'un endroit appelé Toungourou. Mais un frère de Kavalli, Katto, que j'avais pris comme interprète, dit que plus rapprochée de nous il y avait Msoué, une autre station égyptienne, qu'il faudrait de trois à quatre jours pour atteindre.

Le village, très considérable, est entouré de bananeraies. De nombreux canots avaient été tirés sur la plage, où séchaient quantité de filets; la population devait vivre par la pêche. Nous distinguions des natifs cachés dans l'herbe ou derrière les huttes et nous regardant à la dérobée. Sur l'avant, Katto faisait des signes d'amitié, criait des paroles d'encouragement, disait que nous étions gens à Boula Matari, l'Inkama ou Grand Chef qui venait d'arriver, en visite chez le Barbu, — son frère Mlidjou — il s'agit d'Emin, — à l'extrémité nord du lac. Le fils de Boula Matari était dans le canot, et désirait passer la nuit dans leur village. Après s'être consultés pendant plusieurs minutes, durant lesquelles Katto redoublait de salutations amicales, les indigènes se rapprochèrent, dirent que volontiers ils « feraient amis » avec le fils de Boula Matari, lui permettraient de dormir

Le départ.

chez eux, et donneraient à ses gens de quoi manger. Enfin l'on aborda. Il était cinq heures trente.

Sitôt débarqués, on me présenta un individu appelé Vadjou, chef du village de Kanama. Il me demanda mon nom. Et je lui répondis : « Bourbarika, le fils de Boula Matari ». Vadjou était un vilain gars, avec une face fortement marquée de la petite vérole, borgne en plus; mais son fils, Youkoumbou, âgé de vingt-cinq ans environ, avait une figure agréable et des manières qui montraient que l'on pouvait se fier à lui. J'ordonnai de tirer le bateau à terre, car le lac se brouillait et des vagues toujours plus hautes venaient rouler sur le sable. Oulédi me prit à part : « Maître, souviens-toi de Boumbireh et de l'histoire racontée à Bouana Mkouboua. Qu'on ne pousse pas le bateau trop avant! » Force nous fut cependant de le mettre tout à sec : autrement, il eût été brisé par les flots; mais je pris soin de le placer dans une position telle qu'en un moment on pût le relancer. Je commandai d'allumer les feux sur la plage, et de coucher autour du canot avec les fusils à portée. Quant à moi, j'allai m'établir, toujours en vue de l'*Avance*, devant la hutte de Youkoumbou; il me présenta sa femme et son bébé, qu'il semblait aimer tendrement.

Vadjou et quelques-uns de ses notables m'apportèrent du poisson, et firent cercle autour de moi, regardant avec un profond intérêt comment je maniais la fourchette et le couteau.

Dans une longue conversation il me dit avoir entendu parler de l'arrivée au lac de Boula Matari, il y avait de cela quatre mois; nous avions quantité de fusils. Lors de notre seconde visite au Nyanza, toutes les tribus avaient fait alliance avec nous, sauf les Ou-Reggas, de méchantes gens. Lui aussi désirait l'amitié de Boula Matari. — Je lui demandai s'il connaissait Mlidjou. Il répondit qu'il y a deux mois passés, Mlidjou, avec son grand bateau-feu, s'était arrêté au village pendant une couple d'heures, et lui avait fait cadeau d'un grand bracelet en cuivre, qu'il me montra.

La conversation se prolongea de la sorte. De leur côté, mes Zanzibaris se lièrent d'amitié avec les indigènes, riant et jacassant une bonne partie de la nuit. Les Zanzibaris voyagent avec les caravanes à travers tant de pays, qu'ils connaissent la plupart des dialectes des tribus du centre-Afrique dans sa partie orientale; d'ailleurs ils accompagnent de gestes expressifs les mots qu'ils possèdent.

A quatre heures trente j'étais à mon déjeuner, consistant en poisson séché et bouillie de farine de maïs. A cinq heures trente je fis lancer le bateau, les indigènes aidant la manœuvre. Ils m'apportèrent de la volaille, des bananes, quelques cruches de *pombé* ou bière fabriquée avec un malt du blé *mtamé*. Aux adieux, ils renouvelèrent leurs protestations d'amitié, exprimant l'espoir que bientôt je rencontrerais mon frère blanc. On ne pouvait qu'être touché de cette simplicité enfantine, et reconnaître la bienveillance et l'hospitalité que montraient ces nègres auxquels la veille encore nous étions inconnus, et qui ne pouvaient tirer aucun profit de notre visite.

La lumière matinale éclaira un magnifique paysage. Les montagnes s'élancent du lac jusqu'à une hauteur de neuf cents mètres environ. De puissants rochers s'élèvent comme autant de citadelles, la vague heurte ces murailles gigantesques avec un bruit de tonnerre, et soulève des masses d'écume. Des arbres superbes jaillissent des fentes et fissures; aux branches sautillent des chimpanzés, de grands babouins, des guenons vervet, le cercopithèque *pygerythrus*, des colobes noirs à longue et blanche collerette de fourrure; on admire leur grâce à grimper les rochers et sauter dans la ramure. Un aigle pêcheur, juché sur un arbre aux branches retombantes, surveille l'eau et jette, par intervalles, son cri mélancolique. Des martins-pêcheurs au brillant plumage rouge, blanc et bleu, apparaissent soudain, semblables à de grands papillons volctant au soleil. La vie pullule sur ce délicieux rivage; c'est le paradis de le contempler tandis que nous glissons sous les clartés du ciel.

Par endroits, des eaux claires et froides s'échappent en cascades, des amas de verdure dévalent quelques centaines de pieds, et forment dans le lac de larges étales que recouvrent des herbes courtes et des mimosas en bouquets. Sur ces deltas en miniature — deux hectares au plus — s'élèvent des hameaux dont les habitants s'adonnent à la pêche et à la fabrication du sel. Ces masures, jolies au possible, — on dirait autant d'asiles de la paix, — ont chacune son troupeau de chèvres paissant le gazon, et ses bananeraies verdoyantes. Des naturels fument la pipe, entourés de poulets et de chevreaux; d'autres rament chacun dans son étroit canot, jettent le filet ou examinent les lignes. Des femmes plaisantent et rient en ouvrant le poisson au soleil. La nature semble calme et tranquille autant que les gens paraissent heureux et contents; on croirait voir de petites Arcadies où la vie s'écoule jour après jour en rêves de bonheur.

Comme nous approchions d'un de ces hameaux, Katto se fit débarquer et courut avertir que nous passions en amis, allant visiter Mlidjou. Les habitants nous saluèrent par des cris pacifiques, fort étonnés de voir ce bateau de fer sous pavillon égyptien.

Peu à peu le soleil se fit brûlant; le contact des lames d'acier, presque incandescentes, devenait intolérable. Coiffé seulement d'une mauvaise casquette en drap, je faisais remplir ma bouteille à ces fraîches cascades, car l'eau du lac, d'une cristalline clarté, a un goût de soude fade et déplaisant; une gorgée de cette eau tiède rebute l'estomac. Nos gens ne voulaient pas boire de ce sel, comme ils disaient, mais se délectaient à l'eau des cascatelles, froide, savoureuse, aérée.

De grands babouins étaient assis sur la plage ou se promenaient à leur aise, dressant drôlement leur queue en croc au-dessus d'une plaque de magnifique azur céruléen. Ils daignèrent à peine nous remarquer, tout au plus nous jetèrent-ils une œillade distraite, comme s'ils nous eussent toujours vus. Les natifs les tiennent en grande crainte, dit-on.

Un petit incident nous mit en gaieté. Kibya, un de nos rameurs, cheminait sur la plage, tenant tête au canot, quand un de ces puissants simiens surgit de derrière un arbre et se planta à cinq mètres de notre homme, qui s'arrêta soudain en s'écriant : « Holà! comment t'appelles-tu? » Et le babouin de pencher la tête de côté et de le regarder, comme s'il lui faisait la même question. Après s'être dévisagés quelques secondes, l'un et l'autre conclurent qu'autant valait en rester là, et se tournèrent le dos.

Je tirai un énorme gaillard, accroupi sur un roc, distant de 80 mètres; je convoitais sa robe magnifique, mais le lac brisait sur les galets, et je n'osais aborder, car le moindre heurt eût troué notre mince coquille.

Dans un village qui appartenait au chef Boganza, nous rencontrâmes Mogo, un des Lurs alliés d'Emin, celui-là même qui, cinq jours auparavant, avait apporté sa lettre à Nampigoua de Nyamsassie, et l'avait remise à Stanley. Il s'en retournait vers le Pacha; aussi le fîmes-nous monter avec nous. C'était un individu dépenaillé, à physionomie bizarre mais bonasse, de larges oreilles, de grosses lèvres et un nez aplati. Il portait un mouchoir rouge éclatant, noué autour de la tête, un collier de larges grains couleur d'opale, un énorme bracelet, présents d'Emin. Une ceinture en grosse grenaille de fer retenait les peaux sales et déchirées dont il s'était affublé; les tresses fantastiques de sa longue chevelure avaient trempé dans l'huile. Un arc et un carquois d'osier complétaient l'attirail avec une immense pipe et une canne tortueuse. Des guenilles mêlées à des ravaudages; il avait aussi plusieurs paquets de sel et de tabac, et des cruchons de pombé que nos gens eurent bientôt vidés en son honneur.

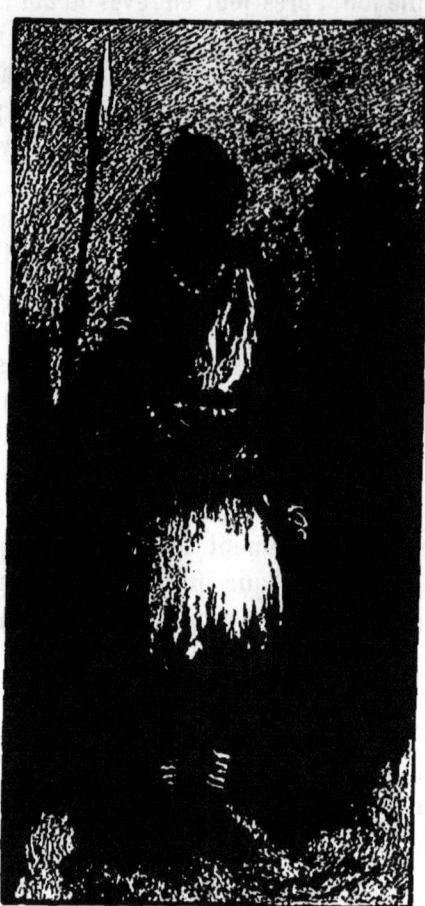

Le chef Mogo.

Ce même soir, à cinq heures trente, nous campâmes à Magounga, un de ces petits villages sis à l'estuaire des ruisseaux. Déjà la station d'Emin se laissait deviner à quelque vingt kilomètres, grâce à la fumée d'herbes que brûlaient des cultivateurs.

Kadjalf, le fils du chef, garçon de fort bonne mine, vint à notre rencontre sur la plage. Derrière lui, plusieurs indigènes, m'apportant des régimes de bananes, des enfilées de poisson séché et deux chèvres que je remis à mes Zanzibaris. Il eût désiré que j'allasse chez lui, mais je préférai camper à l'air libre pour ne pas m'éloigner du bateau, sans compter que ces huttes sentent le renfermé et grouillent de vermine. Il se donna pour grand ami d'Emin, qui l'avait protégé contre Mélindoué, son voisin et puissant rival. Kadjalf visitait souvent Msoué, la station favorite du Pacha; il pensait que je l'y rencontrerais. Une grande sablonnière longe le village; le ruisseau qui la traverse tombe d'une cascade assez abondante pour faire marcher un moulin. Les Zanzibaris tuèrent les deux chèvres et se préparèrent pour une grande réjouissance. Ma chaise avait été apportée sur une flèche de sable qui entre dans le lac. Les vagues caressaient le rivage, et le Nyanza, éclairé par la lune, semblait un tapis d'argent étendu à mes pieds. Je fumais ma pipe, au frais de la brise du large. Les voix et les rires parvenaient à mon oreille, atténués par la distance. Je songeais : Que nous apportera le jour de demain? Enfin je touchais le but vers lequel, pendant quinze mois, avaient tendu nos combats et nos efforts! Dans quelques heures je verrais l'homme dont le monde civilisé s'était entretenu : modeste émissaire de notre grand capitaine, je lui portais un message d'encouragement et de secours. Mais les sentiments de triomphe firent place à la tristesse quand je me remémorai nos dures épreuves et la mort douloureuse de tant de compagnons fidèles.

Le lendemain matin, à six heures trente, nous repartions, avec le pavillon égyptien en flamme au haut du mât, et comme il faisait bon vent, j'improvisai une voile avec un de mes draps de lit. Les matelots ramaient en enragés; nous volions sur les eaux, vent arrière; un peu avant neuf heures, nous touchions à Msoué. Une garde d'honneur s'aligna sur la plage, je fus salué par une retentissante décharge d'artillerie; bannières déployées et trompettes sonnant l'hymne du Khédive, on m'escorta jusqu'à la station, sise sur un mamelon large et plat à quatre ou cinq mètres du lac.

J'appris à mon grand désappointement qu'Emin était à Toungourou, à une journée de distance. Je pensais d'abord aller à sa recherche, mais Choukri Aga, le chef de la station, me dit qu'ayant su dès la veille l'arrivée prochaine d'un blanc dans une barque, il avait envoyé déjà des messagers pour communiquer la nouvelle au Pacha. Il valait mieux que je restasse, car je pouvais manquer notre homme en route.

Les constructions sont jolies et toutes en bambou et herbe;

elles sont d'une propreté recherchée; les huttes ne manquent ni d'air ni de fraîcheur. Choukri était habillé d'une longue tunique bleue, avec d'énormes épaulettes d'officier de marine, d'un pantalon cerise; il avait des bottes à hauts talons, une grande latte et un fez. Les soldats portaient l'uniforme à larges entournures, en étoffe de coton fabriquée dans la province ou dans le Soudan Nord, la cartouchière en peau de léopard ou en cuir mi-tanné, les braies en tricot blanc, les pantoufles du pays. Presque tous étaient armés de remingtons.

Tout ce monde sortit en masse pour me souhaiter la bienvenue et me baiser la main, odieuse coutume qui me fit beaucoup souffrir pendant mon séjour chez le Pacha.

On me conduisit au *barazan* ou grande salle de réception, construite en bambou. J'y disposais d'un divan, de coussins, d'un tapis de Turquie. Les officiers et notables avaient des chaises; les moins qualifiés se tenaient en arrière ou encombraient les corridors. Mes Zanzibaris, que tout le monde avait embrassés et salués en frères et libérateurs, furent gratifiés d'une natte et s'assirent derrière moi.

Une gourde me fut présentée, remplie d'un lait caillé très blanc; mes hommes s'affairèrent à de grandes cruches pleines de bière mtamé. Chacun voulait nous entendre. Je racontai aussi simplement que possible nos marches et contremarches dans la forêt; l'histoire fut écoutée avec de bruyantes exclamations d'étonnement et de pitié; tous étaient émus. En retour, j'appris qu'Emin se portait bien et n'avait pas d'inquiétudes; qu'il nous avait attendus longtemps, et qu'il avait construit ces bâtiments à Msoué pour se rapprocher de nous.

A la hâte je crayonnai quelques lignes que je confiai à deux indigènes complaisants; ils promirent de monter aussitôt en barque, afin de joindre Emin, si possible.

Tout ce monde avait l'air propre et confortable; ces costumes en coton brun ou d'une blancheur de neige contrastaient curieusement avec ceux de leurs sauveurs, qui, certes, semblaient plus misérables qu'eux. Mes Zanzibaris n'avaient pour se couvrir que des guenilles de peaux et d'étoffe d'écorce, et encore de si petite dimension qu'elles pouvaient passer pour indécentes. Je portais un costume consciencieusement ravaudé, et tiré d'une collection de vieux cache-nez bariolés; une antique chemise de flanelle, ma dernière ressource, et des souliers que je m'étais taillés dans le cuir vert d'une vache noire et blanche.

Mon récit terminé, on me conduisit dans une grande hutte de bambou mesurant vingt-huit pieds carrés, fraîche et haute de cerveau, puis on apporta une omelette énorme, du pain délicieux et un grand bol de lait.

Être assis et manger cette bonne nourriture, quel plaisir après avoir si longtemps perdu de vue tout repas honnête! Je dévorai mon pain, et avalai du lait en larges lampées, aux regrets d'être sitôt rassasié.

L'anxiété avait troublé le sommeil de mes dernières nuits; aussi je ne tardai pas à m'endormir sur l'*angarep* ou matelas. Après quatre heures, un domestique me réveilla, apportant un bain chaud dans un cuveau de zinc, du savon de manufacture locale, et du linge d'Égypte. A la vue de ma saleté on avait supposé que je me récurerais avec plaisir. Une bonne frottée quand on a été privé de savon pendant cinq mois, quelle jouissance! Pour la première fois depuis Yambouya je me sentais à l'aise. Mais avec quel dégoût je réintégrai mes vieilles hardes sordides et rapetassées jusqu'à la corde!

Un domestique, vêtu de blanc, apporta ce qu'il appelait mon « bagage » et le plaça respectueusement sur une chaise. Ce bagage consistait en un vieux sac en toile de tente, contenant des bottines ouvrées par moi, mon journal, deux ou trois paires de bas, largement troués, et deux couvertures; plus un vieux panier contenant un cuissot de chèvre enveloppé dans des feuilles vertes, une bouillotte, deux assiettes, un couteau, une fourchette, quelques casseroles noires et de mauvaise mine. Quand ces saletés furent apportées par ce personnage à tenue si correcte, je me sentis rougir visiblement.

Vers le soir une nombreuse députation sollicita l'honneur de m'être présentée. Tout ce monde s'accroupit sur des nattes étendues devant la porte, et les conversations s'établirent. Choukri Aga raconta que, cinq mois auparavant, Emin avait reçu de M. Holmwood, consul général intérimaire à Zanzibar, une lettre lui mandant que Stanley viendrait à son secours et qu'on eût à l'attendre vers fin septembre, à l'extrémité sud-ouest du lac, car il devait s'ouvrir une route à travers le Congo. Depuis cette nouvelle on avait été fort inquiet de nous. Un des assistants ajouta : « Le Pacha ne dormira guère cette nuit ! »

Si Emin, pensais-je, savait depuis si longtemps que nous viendrions et que nous déboucherions probablement par le sud-ouest du lac, comment n'a-t-il fait aucune démarche pour nous aplanir la route? Il ne lui eût pas été difficile de monter un de ses vapeurs, et de visiter la partie méridionale du Nyanza, d'y nouer des relations avec les indigènes. Leur annonçant notre venue, il aurait laissé pour Stanley une lettre entre les mains de quelque chef. Il l'eût renseigné sur la meilleure manière de la faire parvenir, ou bien encore il eût conseillé à Stanley de s'arrêter, envoyé un messager à Msoué. Cette prévoyance nous aurait épargné quatre mois de dur labeur suivis de désappointements, puisqu'il nous fallut remporter dans la forêt les munitions qui lui étaient destinées, et, pour les loger, construire tout un fort. Sans compter que Nelson et Parke auraient pu gagner tout de suite la province d'Emin ; on aurait économisé toutes ces allées et venues à des hommes fatigués et épuisés. Et ces vies sacrifiées ! Pour peu qu'Emin y eût mis de sens pratique, ce pauvre Barttelot n'aurait pas été assassiné et Jameson ne fût pas mort si tristement ! Sans doute, ce fut seulement après avoir appris des indigènes que nous avions touché le lac, puis tourné tête sur queue, qu'il songea à nous assister. Lorsque nous arrivâmes au Nyanza pour la première fois, Stanley pensait trouver un canot, m'envoyer sur l'autre rive, à Kibero, où j'aurais prié le capitaine Casati de m'accompagner à Ouadelaï. Les matelots et moi, nous tombions entre les mains de Kaba-Regga.... Pourquoi Emin ne nous avait-il pas fait tenir le moindre avertissement ?

Choukri Aga me conta les atrocités perpétrées par ce Kaba-Regga, et comment il avait expulsé Casati. Le capitaine ne s'entendait pas avec le monarque de l'Ou-Nyoro, les Arabes s'employaient sans doute à élargir la brèche, et cela finit mal pour l'Italien. Un beau matin les gens du roi entrèrent, mirent la main sur Casati et l'attachèrent presque nu à un arbre, après avoir pillé sa maison. Puis ils le chassèrent, interdisant à quiconque de lui donner aucune nourriture et d'avoir rien à faire avec lui. Emin en ayant eu vent chauffa son vapeur. En croisant sur le rivage, il aperçut une étoffe blanche qu'on agitait au bout d'un bâton. C'était Casati qui depuis trois jours se cachait dans les herbes, ayant eu à peine quelque croûte à manger; il était hideux à voir, à peine vêtu d'une poignée de haillons.

Le lendemain, après déjeuner, une nombreuse compagnie se présenta à l'audience. Plusieurs chefs du voisinage vinrent saluer et regarder tout ébahis le nouveau blanc. Tous s'enquéraient d'où nous venions, et aussi de la grande forêt, où nul des leurs n'avait encore pénétré, mais dont ils avaient vaguement ouï dire qu'elle était habitée par des hommes sauvages et perfides vivant dans un perpétuel crépuscule.

L'après-midi je visitai mes hommes, que je trouvai confortablement logés dans une *boma* renfermant cinq ou six huttes, qu'ils occupaient à eux seuls. Ils me saluèrent bruyamment, et racontèrent comment ils étaient bien traités. Chacun avait reçu une peau de vache toute neuve pour y dormir; un bœuf avait été tué à leur intention, et on les avait gratifiés de mets délicats, beurre, lait et farine. Leur cuisine était faite par des femmes, ce qui leur paraissait le comble du luxe. Oulédi s'écria : « Que nous ayons seulement à manger, boire et fumer, que nous puissions dormir après, sachez, maître, que c'est le paradis pour un Zanzibari! »

J'écrivis à Stanley un billet lui mandant mon arrivée à la station d'Émin, encore absent; il n'avait plus à s'inquiéter sur notre compte. Des messagers de bonne volonté se chargèrent de remettre dans les quatre jours la missive à destination.

Le lendemain matin, un officier égyptien, nommé Souliman Effendi, m'apporta un pli du Pacha :

Toungourou, 24 avril 1888.

Cher monsieur,

Votre lettre d'hier nous est parvenue ce matin. Soyez cordialement bienvenu parmi nous, après une si longue attente. Je me proposais de vous rejoindre tout aussitôt à Msoué, mais, le vapeur ayant été charger du maïs, et tous les hommes étant occupés aux champs, il me faut de toute nécessité attendre l'embarcation jusqu'à demain matin. Sitôt arrivée, je pars.

J'ai donné ordre pour qu'il fût pourvu à tous vos besoins et à ceux de vos hommes. Veuillez demander à Choukri Aga, l'officier qui commande la station, tout ce qui peut vous être nécessaire. Souliman Effendi, le porteur de la présente, est chargé de se tenir à votre disposition jusqu'à mon arrivée.

Dans l'espérance de vous voir au plus tôt,

Je suis à vous très fidèlement,

D' ÉMIN.

Souliman Effendi, un Égyptien, joli garçon en uniforme blanc, sans la moindre tache, parlait quelque peu français, mais un français des plus médiocres. Il s'assit à mon côté, fit un petit bout de conversation, me disant l'émotion du Pacha et de toute la station en apprenant que le secours si longtemps attendu venait enfin d'arriver. Il me prodigua les compliments dans les grands prix, me dit qu'il mettait sa nuque sous mes pieds, et autres politesses de style oriental. Le soir, Choukri me conduisit dans la place, montrant tout ce qu'il y avait à voir.

La station, fort bien située, et défendue par des hommes résolus, serait parfaitement imprenable pour des natifs armés d'arcs et de lances ; mais des canons postés sur les collines voisines la réduiraient facilement.

Les montagnes, hautes ici de 760 mètres, forment un amphithéâtre qui enserre une plaine fertile, d'environ 2 500 hectares, presque au niveau du lac. Au milieu s'élève un tertre d'une centaine de mètres, aplati au sommet, occupé par la station. Cette plaine, qu'arrose une belle et large rivière, descendant de la montagne en superbes cataractes, est habitée par la tribu des Lurs, qui y ont formé un groupe populeux. De gros villages, d'immenses troupeaux de chèvres et moutons parsèment l'étendue, cultivée en maïs, mtamé, ignames, arachides et bananes. Immédiatement au-dessous du fort, les soldats et employés ont leurs jardins, où j'ai remarqué le coton, le millet, le sésame, des balmias, des colocasies et autres légumes.

Deux quartiers. Le premier contient l'établissement d'Emin, le divan, la maison des étrangers ; le second est occupé par les officiers et les soldats. Chaque famille a son groupe de trois, quatre huttes ou davantage. Entre les deux agglomérations se trouve la place des manœuvres, au milieu de laquelle on voit les magasins du Gouvernement, et un mât portant le pavillon égyptien. Toute la station, ainsi que les huttes et les bomas, est construite en bambou jaune et luisant, plâtré par endroits d'un mélange de bouse et de boue ; tous les toits ont une couverture d'herbe.

Dans la prairie au pied de la montagne, un corral enclôt quelques centaines de bœufs et vaches, moutons et chèvres. Les vivres de toute sorte abondaient.

Nombre de femmes, de garçons et même de soldats portaient au bras gauche de gros écheveaux de coton, dont ils extrayaient le fil en faisant tourner rapidement une petite quenouille crochue. Quand on avait garni un certain nombre de bobines, on tendait ces fils de pieu en pieu, comme dans une corderie en miniature; ils étaient alors prêts pour le tissage.

On me conduisit dans une vaste cabane ouverte; une rainure y recevait un fuseau primitif, que manœuvrait un garçon à figure intelligente. On y fabriquait plusieurs qualités de cotonnades, dont quelques-unes de remarquable finesse pour vêtements de femme, et d'autres, assez grossières, pour tuniques militaires et pantalons bouffants. La plupart des étoffes pour hommes se teignent en brun-rouge. On les plonge dans une solution obtenue en faisant macérer l'écorce écrasée d'un figuier sauvage très commun. Ce tissu, d'apparence duvetée, et presque aussi chaud que la flanelle, se distingue par sa force et sa résistance.

Le 26 avril, vers cinq heures du soir, j'aperçus le vapeur d'Emin doublant un cap à 8 kilomètres de distance.

Tous les soldats se mirent en ligne, et les officiers revêtirent leur plus bel uniforme; la couleuvrine s'apprêta à saluer le Gouverneur. Je descendis sur le quai, suivi de mon équipage, portant notre grand drapeau égyptien. Il faisait presque nuit lorsque le vapeur jeta l'ancre. Mes hommes déchargèrent leurs fusils quand le canot s'approcha. Emin sauta à terre, me tendit les mains en signe de bienvenue. Il serra longtemps les miennes, répétant encore et encore des paroles de sympathie et des salutations cordiales. Je ne l'aurais pas reconnu sur le portrait et la description qu'en a donnés Felkin. Ce n'est point un homme grand et de tournure martiale, mais un personnage de petite taille, sec, propre, de type nullement militaire, avec des manières empreintes d'une politesse évidemment allemande.

Il parle un anglais facile et coulant et s'exprime d'une façon tout aimable. Il était suivi du capitaine Casati, courtaud, d'âge moyen, noirci par le soleil; le capitaine n'entend pas l'anglais, mais quelque peu le français.

Les salutations terminées, Emin mit sa main sur mon épaule, d'une façon paternelle, et nous gagnâmes la station, escortés par tous les fonctionnaires. Nous nous assîmes dehors, à la brillante clarté de la lune. Il se faisait déjà tard quand notre hôte se retira pour lire la lettre de Stanley. Il me dit ne pouvoir partir avant deux jours pour l'extrémité méridionale du lac, le vapeur ayant à faire du bois.

Le lendemain, de bonne heure, on m'apporta dans une charmante tasse turque un café délicieux et fortement sucré avec du miel. Je n'étais pas habillé, que le Pacha entra dans ma hutte et s'assit sur mon lit pendant que je faisais ma toilette. Nous allâmes au frais, dans la salle du divan, où je déployai mes cartes et lui montrai la route par laquelle nous avions remonté le fleuve. Il s'intéressa fort à la rivière Népoko et à sa confluence dans l'Arouhouimi. Il en avait déjà beaucoup entendu parler par le docteur Junker, qui, autant qu'il m'en souvient, n'avait pas encore décidé de quel bassin elle fait partie.

Il connaissait très exactement le pays des Monbouttous et l'endroit où Junker avait traversé la Népoko, à 220 kilomètres de sa rencontre avec l'Arouhouimi. A son avis, celle-ci offrirait une route excellente pour la descente jusqu'au Congo de ses hommes et de son ivoire. Je lui signalai les immenses difficultés de cette voie, les rapides innombrables, les cataractes, les famines qu'il faudrait endurer. « Au surplus, lui dis-je, Stanley sera bien mieux en mesure de vous en signaler les avantages et les désavantages. »

Puis je lui remis un numéro du *Graphic* contenant le récit par Felkin de sa vie et de son œuvre, ainsi que de nombreuses illustrations représentant des hommes et des paysages de sa province.

Tous mes matelots vinrent lui offrir leurs respects. Il les remercia de tout ce qu'ils avaient fait pour lui et pour son peuple, et leur promit des habits décents; je lui signalai Oulédi et Mourabo, dont il connaissait déjà les noms par le livre de Stanley : *A travers le continent mystérieux*. Tout naturellement ils furent enchantés de pouvoir bientôt s'habiller — pauvres gens! ils avaient l'air si misérable! Il les commit aux soins de Vita Hassan, un juif de Tunis, envoyé dans la province d'Equatoria, il y a déjà huit ans, pour remplir auprès d'Emin, qui le tient en haute estime, les fonctions de pharmacien. Il s'utilise, en outre, comme garde-magasin et factotum. Après déjeuner, le Pacha tira un cigare que Junker lui avait offert trois ans auparavant, et qu'il avait gardé, disait-il, pour quelque jour de fête. Ce trait montre assez combien cet homme est soigneux : je trouvai le cigare exquis, n'ayant, depuis des mois, fumé que du tabac indigène.

Pour m'enlever à mes guenilles, on apporta deux redingotes

Emin Pacha.

et un caleçon de coton. Le tailleur — un Égyptien déporté pour brigandage sur la voie publique — me prit mesure de culottes, et le cordonnier fut mandé. On remit à mon domestique une belle pièce de manchester rouge à porter dans ma case. Mon hôte tira son carnet — un modèle de propreté, comme tout ce qui lui appartenait, — et insista pour me faire dire tout ce dont je pouvais avoir besoin. Timide à mendier en gros, je lui demandai, avec quelque hésitation, un peu d'huile et de sel, du savon et un petit album, toutes choses dont il prit note, en protestant contre l'insignifiance des demandes. Il énuméra diverses choses qu'il pouvait donner, prenant évidemment plaisir à les offrir. Il débordait d'amabilité spontanée, et je n'en revenais pas d'avoir à qui parler. A qui? à un homme remarquablement intelligent et instruit, dont la conversation devait être fort intéressante en tout temps.

Emin m'interrogea sur les origines de l'Expédition, sur ses promoteurs, sur la manière dont elle avait été lancée et sur les membres qui la composaient. Je lui dis la part que l'Angleterre et même l'Europe prenaient à son salut. Les larmes lui vinrent aux yeux, et me serrant la main : « Comment pouvez-vous me remercier pour les babioles que je puis vous donner, et comment mettez-vous tant de réserve à les accepter? Je vivrais cent ans que je n'aurais assez de reconnaissance pour la bonté désintéressée avec laquelle la nation anglaise m'a porté secours, et cela quand depuis tant d'années j'ai été abandonné par mon propre gouvernement! »

Le Pacha raconta avoir reçu de M. Holmwood, consul à Zanzibar, un billet daté le 7 février 1887, mandant qu'une expédition envoyée à son secours sous les ordres de Stanley prendrait en mars la route du Congo. Holmwood nous attendait dans une quinzaine. Emin, ajoutait le consul, ferait bien d'aller à la recherche de Stanley, en septembre, au coin sud-ouest du lac.

Quant aux deux lettres de Stanley et de Holmwood expédiées fin février à l'adresse d'Emin, par courriers spéciaux, *viâ* Ouganda, elles n'étaient pas encore parvenues à destination. Le roi Mouanga les avait bien fait partir, mais, arrêtées à la frontière de l'Ounyoro par les ordres de Kaba-Regga, on avait dû les rapporter dans l'Ouganda, où attendaient aussi nombre de dépêches et d'autres objets.

CHAPITRE II

LA RENCONTRE DE STANLEY ET D'EMIN. — LES PLANS DISCUTÉS

Le vapeur *Khédive*. — La flottille du Pacha. — Emin arrive à notre camp. — Réception par les Zanzibaris. — Le camp de N'sabé. — Emin demande à Stanley un de ses officiers. — Plan pour venir en aide au fort Bodo. — Stanley et Parke repartent. — Mort de Mabrouki. — Passion d'Emin pour l'entomologie. — Attaque sur Kibéro. — Punition infligée à Kaba Regga. — La visite du chef Ouma à Emin. — La danse des Lurs. — Fumet particulier aux différentes tribus. — Arrivée à Toungourou. — Baisse rapide du lac Albert. — Intrigues des employés égyptiens. — Arrestation des meneurs. — Comment se mutina le premier bataillon. — Les officiers d'Emin. — Le message du Khédive. — La lettre de Nubar Pacha. — La proclamation de Stanley aux soldats d'Emin. — Lettres lues au peuple. — « Nous suivrons notre Gouverneur! » — Désir bien justifié des gens de rester dans leur province. — De Toungourou à Ouadelaï. — Le village de Boki. — Emprisonnement de Boki. — Description du pays. — Les maigres du Nil. — Le chef Okello. — Parure des indigènes. — Le chef Ouadelaï.

Le 26 avril, à huit heures, nous montâmes sur le *Khédive*, une vraie petite ferme, d'après le bétail, les vaches laitières, les chèvres, les moutons et poulets assemblés sur le pont, et tout le grain qui emplissait la cale. Stanley avait dû demander toutes ces provisions afin d'être en mesure de camper sur la plage, où les vivres n'abondaient guère.

Le *Khédive* était un des vapeurs qu'avait achetés sir Samuel Baker quand il annexa la province, en 1870, pour le compte d'Ismaïl Pacha. Construit par Semuda, et long de 26 mètres sur 5 m. 50 de section transversale, le navire était encore fort et beau, témoignant ainsi des soins intelligents d'Emin. Les chaudières cependant faiblissaient; bien que la machine fût en condition satisfaisante, on n'osait lui demander plus de cinq nœuds par heure. Le Pacha possédait un autre petit vapeur, le *Nyanza*, et deux grandes baleinières en fer, provenant encore de Baker. « Ce matériel, disait-il, m'a rendu les plus grands services, et m'a permis de tenir jusqu'à présent la province. »

Nous jetâmes l'ancre, à sept heures du soir, près l'île de Nyamsassie, en face de l'endroit où j'avais reboulonné l'*Avance*. Stanley, ayant quitté Kavalli le jour même, campait à 5 kilomètres de là, un peu plus dans l'intérieur. Bien qu'il fût tard, Emin ne voulut pas remettre l'entrevue au lendemain.

Nombre de Zanzibaris se précipitèrent à notre rencontre, portant des torches d'herbes sèches, déchargeant leurs fusils, criant comme des fous. Comme nous descendions à terre, le docteur Parke arrivait pour saluer le Pacha et le conduire au camp en compagnie de Casati. Les Zanzibaris, ne se connaissant plus, faillirent le renverser, dans le zèle qu'ils mirent à aider sa marche sur ce terrain inégal et à le conduire en triomphe. Stanley reçut son hôte avec une vive joie et beaucoup de courtoisie ; et bientôt nous étions tous assis devant sa tente, en face de cinq bouteilles de champagne que notre chef avait soigneusement conservées dans de vieux bas pour cette grande occasion.

La scène était pittoresque et impressionnante à l'extrême. De grands feux éclairaient d'une lueur fantastique les ramures au-dessous desquelles les Zanzibaris dansaient avec frénésie, chantant leurs « Chants de la forêt » qui disaient leurs souffrances et pérégrinations, puis l'heureuse rencontre de Stanley et du Pacha.

A une heure avancée de la nuit, Emin s'en retourna au vapeur, emportant son courrier.

Le lendemain, Stanley m'ordonna de marcher avec la colonne le long de la rive, et de choisir un lieu de campement favorable, car il avait promis au Pacha de lui tenir compagnie quelques jours, avant de retourner vers l'arrière-colonne.

Après une marche de 8 kilomètres, je choisis Nsabé, superbe emplacement, où la plaine s'élève par un brusque ressaut de 15 mètres au-dessus du lac. Sur l'herbe courte, parsemée de beaux acacias et de tamarins, nous établîmes notre camp, tandis qu'Emin et sa suite dressaient leurs tentes en contrebas, à quelque 200 mètres de différence.

Stanley ayant raconté le séjour que nous y fîmes, du 28 avril au 24 mai, et rapporté ses fréquentes conférences avec le

Pacha, relativement au départ projeté, je saute quelques semaines, et transcris des passages de mon journal :

18 mai. — Stanley, ce matin, est venu à ma tente. Le Pacha lui a raconté que ses officiers se montrent très sceptiques à notre endroit, et ne veulent pas croire que nous ayons passé par l'Égypte. Il a donc demandé que Stanley, avant de repartir pour la recherche de Barttelot et de l'arrière-colonne, lui donne un de ses lieutenants qui l'accompagnera dans sa tournée à travers la province, haranguera le peuple, lui dira qui nous sommes et pourquoi nous sommes venus. Cet officier lirait aux populations tant les lettres du Khédive et de Nubar que la proclamation de Stanley aux soldats. Et le peuple s'assemblerait pour écouter, interrogerait l'homme de Stanley quant à la route prise et celle qu'il faudrait prendre, il entendrait aussi les réponses. Emin ne voit que ce moyen pour convaincre ces incrédules que nous avons été réellement en Égypte. Si ses gens veulent rester, on ne pourra dire alors que le Pacha les ait abandonnés sans tâcher de les éclairer.

« Accepterez-vous ? » me dit soudain Stanley.

Je demandai à réfléchir, j'exposai que je ne me souciais pas de le quitter pendant un si long temps — sept ou huit mois sans doute, — d'autant plus qu'il y aurait de la grosse besogne dont je réclamais ma part.

« Vous me rendrez, au contraire, un plus grand service en préparant les voies, de manière qu'à mon retour je puisse repartir pour Zanzibar avec le moindre délai possible.... Allez, voyez le Pacha et entendez-vous avec lui avant que je lui réponde. »

Donc j'allai chez Emin dans l'après-midi. Dans un long entretien où il me répéta plus ou moins les ouvertures faites à Stanley, il fit valoir les avantages que tout le monde en retirerait ; je ne résistai plus : « Si cela ne dépendait que de moi, dis-je le soir à mon chef, certes je préférerais vous accompagner dans votre nouvelle campagne. Mais puisque vous êtes d'accord avec Emin pour que je reste, il me faut en passer par là. Si en allant par les villes et haranguant les gens, je peux les décider à nous suivre, je ne m'en plaindrai pas. Tout de même il me semble bizarre d'expliquer qui nous sommes à ceux que nous venons sauver; il doit y avoir quelque charnière déclenchée quelque part.

Sur ma proposition il fut décidé qu'après avoir fait la tournée des garnisons, j'irais, accompagné de soldats et de porteurs, et, si possible, d'Emin lui-même, au fort Bodo, d'où je ramènerais jusqu'au lac les officiers et les provisions. Nous construirions à Nsabé une station, pour laquelle Emin promet trente ou quarante soldats et des approvisionnements en grain, chèvres et bétail. Le Pacha suppose qu'il nous faudra deux ou trois mois pour courir la province, et peut-être davantage, car en Afrique, où règne l'imprévu, on n'ose dire : « Tel jour je ferai ceci ou cela ». Je ne suis pas certain le moins du monde que le Gouverneur soit de la partie, car il aura du mal à préparer le départ pour Zanzibar. Mais pourvu qu'il donne des soldats et porteurs en nombre suffisant, je m'en tirerai tout seul. Construire et fortifier une station, et conduire au fort Bodo ma petite expédition, j'y aurai grand plaisir. Donc, j'écris à Nelson que j'espère lui amener dans deux à trois mois un renfort qui pourra compter. Ce bon vieux camarade, après tant de maladies et de tristesses, il doit avoir besoin de se ragaillardir !

Le 24 mai, Stanley et Parke repartirent pour l'ouest, me laissant trois Soudanais comme ordonnances et Binza comme domestique. Binza, un Niam-Niam, s'était attaché au docteur Junker, l'avait suivi pendant quatre années et accompagné jusqu'à Zanzibar. Il parle l'arabe et le ki-souahili et me servira d'interprète.

Mabrouki, un de nos hommes, dangereusement blessé par un buffle, resta sous ma garde, mais ne tarda pas à mourir. Après le départ de Stanley nous demeurâmes encore une couple de jours à Nsabé, parce que les vapeurs manquaient de bras, et qu'il fallait faire beaucoup de bois pour les chauffer douze heures. Le camp, désert maintenant, semblait bien triste, et je me sentais abandonné.

Emin avait des chasseurs qui tiraient des oiseaux pour ses collections. Pour me distraire, je m'y essayai ; je rapportai quelques bons spécimens de papillons et d'insectes. Que d'intérêt il y prenait ! Sa figure s'éclairait si on lui présentait un scarabée inconnu, une punaise inédite. Aucune lettre de son courrier ne lui faisait autant de plaisir que celles relatives à ses recherches scientifiques. Le British Museum annonçait l'heureuse arrivée de tout un lot de caisses, envoyées quelques mois auparavant, renfermant des crânes, des peaux, des oiseaux, des insectes. De cet avis de réception il parla avec ravissement pendant des jours et des jours. Plusieurs des grandes Sociétés savantes l'avaient inscrit parmi leurs membres honoraires; il en était enchanté.

Le 28 mai, nous partîmes pour Msoué; mais quelque chose clochait dans les machines, et nous n'arrivâmes que la nuit à Magounga.

Désertant le vapeur à l'atmosphère chaude et puante, nous fîmes déposer nos angareps sur le rivage, où j'avais déjà dormi, quand, un mois plus tôt, j'allais à la recherche d'Emin. On fit un grand feu, nous prîmes notre repas à sa lumière et nous nous couchâmes de bonne heure. A minuit, une grosse averse eut bientôt trempé nos draps; nous fûmes inondés et le matin nous sembla venir bien tard. A dix heures trente nous étions à Msoué, où commença mon séjour dans la province d'Emin.

Sitôt débarqué, le Pacha me confia qu'il se proposait une incursion sur Kibéro, dans l'Ounyoro, où les gens de Kaba Regga avaient saccagé la maison de Casati, qu'ils avaient maltraité, puis chassé. Si cet acte d'insolence n'était pas châtié, il inaugurerait une longue série d'attaques et de déprédations.

Le district de Kibéro contient de gros bourgs et tire son importance des salines, qui fournissent l'Ounyoro, l'Ouganda et les pays environnants.

Les vapeurs, portant cent hommes, partirent à minuit et arrivèrent au petit jour à Kibéro, en face de Msoué. Pendant la journée nous vîmes des nuages de fumée s'élever au-dessus du village. Sur le soir, les bateaux rapportèrent quelques centaines de charges de sel, six cents chèvres et moutons, d'innombrables poulets, et quantité de butin. Les razzieurs avaient rencontré une résistance énergique, plusieurs des habitants étant armés de fusils; ils avaient tué quelques Ki-Nyoros, et rapportaient un vieux mousquet sorti de la Tour de Londres, comme il y en a beaucoup chez Kaba Regga. Ils avaient trouvé d'énormes amas de sel, et, ne pouvant les emporter, ils avaient allumé de grands feux pour les brûler.

C'était un rude coup pour Kaba Regga, qui n'avait pas encore entamé les provisions pour la saison pluvieuse, laquelle ne faisait que commencer; de plusieurs mois on ne pouvait faire d'autre sel ; le commerce était arrêté, la punition serait ressentie. On me remit d'assez jolis colliers en cuivre, des bracelets en fer et un grand bouclier d'osier, armé d'une pointe en son milieu, comme certaines targes des Croisés.

Un des premiers à me rendre visite fut Ouma, un chef des Lurs, homme très puissant, qui commandait à de nombreux guerriers. Il avait commencé par être un des principaux alliés de l'Ounyoro, mais, Kaba Regga ayant tenté de l'assassiner, il s'était retourné du côté d'Emin ; cette nouvelle amitié avait été troublée par un incident absurde.

Quelques mois auparavant, Ouma, en visite chez le Pacha, le vit assis sur une chaise en fer : « Nous sommes de grands chefs, l'un et l'autre, dit-il, et puisque tu sièges sur une chaise en fer, il est juste que dans les grandes occasions j'aie aussi ma chaise de fer. » Mais le Gouverneur, n'ayant que la sienne, crut bien faire en lui envoyant un joli fauteuil de canne, présent qui fut rejeté avec indignation. Ouma n'approcha plus du Gouverneur jusqu'au jour qu'il vint à mon intention. Il apportait à l'étranger une belle peau de léopard. Fort surpris qu'un blanc eût pénétré jusque-là, il se fit renseigner par Emin : le Pacha lui expliqua que, les routes par Khartoum et l'Ounyoro étant fermées, ses amis avaient ouvert un autre chemin à travers la forêt, et d'autres viendraient par la trouée. Et Ouma de s'écrier : « Ah, je vois, le nouveau venu est un gros bonnet. Il me fera un beau cadeau ! » — « Leur bagage n'est pas encore arrivé, répondit Emin ; mais en attendant, je vous offrirai quelque chose en son nom », arrangement qui eut l'heur de plaire à ces mendiants fieffés. Ouma est un beau et robuste garçon, de 1 m. 93 tout au moins, épais et large en proportion. Rieur, jovial et bon enfant, il a le geste abondant et appuie ses arguments de fréquentes expectorations qu'il lance à quelques mètres avec une précision vraiment étonnante. Il ne sort qu'accompagné de son premier ministre et conseiller intime, un petit homme nerveux et gai, qui fait passer en douceur les remarques par trop brusques du patron. Ouma avait amené tout son peuple pour balader, et, après avoir palabré, nous allâmes voir la danse qui battait déjà son plein.

Par centaines ils se démenaient en un grand cercle, au

centre duquel une cinquantaine de musiciens tapaient sur des tambours de toute forme et de toute grandeur, soufflaient dans de longues cornes en ivoire ou en bois ; ces dernières étaient recouvertes en peau et donnaient les notes très graves. Il y avait encore plusieurs sortes de flûtes taillées dans

Station de Msoué.

des tiges de citrouilles; leur son ressemblait à celui des sifflets d'un sou. Les cors, tambourins et chalumeaux assourdissaient. Les hommes dansaient en rond, dos en dehors, en un lent mouvement de va-et-vient, tandis que soixante femmes gigotaient hors du cercle, à la mélodie de l'orchestre, et marquaient la mesure en faisant sonnailler les anneaux qui leur cerclaient les jambes, de la cheville au genou. Elles étaient nues, sauf une longue queue en ficelle rouge attachée à la taille, et qui leur pendait par-derrière. Le grand succès était pour celles qui réussissaient le mieux à faire ballotter cet appendice. Elles s'exhibèrent à proximité immédiate, et rien n'était plus cocasse que ces soixante couettes rouges se balançant au vacarme des guimbardes et à la tintinaille des anneaux et chevillères. Les indigènes sont faits pour cet exercice; ils sautillent et pirouettent des heures durant, jusqu'à ce que la sueur ruisselle, mais n'en sont pas plus fatigués. Ce fut seulement vers cinq heures du soir que s'arrêta l'exercice commencé vers midi.

Sauf exception, ces Lurs n'ont pas l'extérieur agréable; ils se font plus laids que nature en tressant des poils de brebis ou de chèvre dans leur chevelure pendant en longues franges autour de la tête. Plusieurs se barbouillent la figure avec de la graisse mélangée d'ocre rouge. Quelques-uns sont de fort beaux hommes, mais la plupart n'ont qu'une petite taille, et dégagent un relent tout à fait désagréable. Emin prétend que chaque tribu émet son fumet spécial, et qu'un aveugle, rien qu'à l'odeur, pourrait distinguer le tiers et le quart. Je suis sûr et certain que, un mouchoir sur les yeux, je reconnaîtrais encore ces Lurs! Nos Zanzibaris assuraient, du reste, que tous les cannibales de la forêt infectent à distance.

Près de la station, une vaste étendue de forêt vierge donnait asile à de nombreux chimpanzés : fait propre à intéresser les naturalistes, qui, à ce que je crois, ignoraient que l'espèce se fût propagée si loin vers l'orient.

Chaque jour un accès de fièvre me mettait fort bas pendant de longues heures. Par bonheur, nombre de fonctionnaires étant absents, je n'eus pas à prononcer de discours avant notre départ de Msoué.

Le 6 juin, nous arrivâmes à Toungourou, situé à 16 kilomètres environ de l'extrémité nord du lac. Gordon y avait construit une station qui prit le nom de Mahagi, mais fut abandonnée en même temps que Mrouli et Magoungou. Il y a un peu plus de deux ans, lors de la chute de Khartoum, Emin résolut de se reporter vers le sud, et rebâtit la station sur une île; la baisse rapide des eaux en a fait une péninsule rattachée au lac par une flèche de sable, longue de 5 kilomètres, qui augmente de jour en jour. Au sud de la station, les montagnes aboutissent droit au lac, et s'infléchissent graduellement vers le sud-ouest, laissant une plaine large et basse entre elles et le Nyanza, plaine qui s'étend presque jusqu'à Ouadelaï, soit à 55 kilomètres de distance.

Construite sur une ligne très étroite, la station est dépourvue de toute défense. Nombre de crocodiles et de tortues prennent leur passe-temps dans ces parages, et on les voit nageant dans

Danse des Lurs.

le fleuve ou dormant sur l'arène. Les indigènes creusent le sable et en retirent quantité d'œufs.

Dès mon arrivée à Toungourou je fus repris d'une mauvaise fièvre qui, revenant tous les jours, ne me permettait guère de travailler.

Souliman Aga, le chef de la station, ne s'y trouvait pas lors de notre arrivée; il avait été dans les montagnes pour recueillir l'impôt en grain. Pendant son absence, deux Égyptiens, Achmet Effendi Mahmoud, un scribe, et Abdoul Ouahab Effendi, un lieutenant déporté pour avoir trempé dans la rébellion d'Arabi, s'étaient empressés à brouiller les affaires. Ces deux hommes avaient été amenés par le Pacha au camp de Nsabé; ils en profitèrent pour porter force accusations contre Emin à Stanley, qui se borna à répondre que ce n'était point à lui d'écouter leurs griefs : s'ils avaient à se plaindre du Gouverneur, qu'ils attendissent le retour en Égypte. Il ne daigna en rien dire à Emin qui les renvoya à Toungourou. Alors ils se mirent en devoir d'expliquer au peuple que Stanley, un aventurier et un imposteur, ne venait pas de l'Egypte, mais s'était ligué avec le Pacha pour chasser du pays les habitants, afin de les livrer comme esclaves à l'Angleterre. Ils écrivirent en ce sens à plusieurs collègues.

A notre arrivée, tous les employés accoururent nous baiser les mains selon la coutume et protester de leur dévouement et de leur loyauté. Les deux drôles vinrent aussi, sans rougir, nous faire leurs compliments. Mais, le lendemain, les employés soudanais, se présentant au Pacha, lui révélèrent ce qui se passait autour d'eux depuis le retour des deux personnages.

Emin fit immédiatement passer la revue et mettre en arrestation le scribe, le lieutenant et deux autres officiers égyptiens. Le premier, Achmed Effendi, fut envoyé prisonnier à Doufilé, les trois autres officiers furent gardés à vue dans leurs maisons; mais la chose ne se fit pas sans qu'on ne parlementât longuement, incorrection qui m'étonna fort.

Ensuite le Pacha fit un long discours aux soldats; il leur parla de la punition qu'il avait infligée aux conspirateurs, et leur recommanda de ne pas se laisser entraîner par ces mauvais sujets. Dès le retour de Souliman Aga et de son escouade, ajouta-t-il, Jephson, le lieutenant de Stanley, leur expliquerait en détail ce qui concernait l'expédition. Les soldats répondirent avec enthousiasme et réitérèrent leurs protestations de loyauté.

Et comme je marquais ma surprise de cette manière de procéder, le Gouverneur m'admit plus avant dans sa confidence, relativement à ses difficultés avec les soldats du 1er bataillon, cantonnés à Redjaf.

Près de quatre années auparavant, me dit-il, quand ses soldats eurent repoussé l'invasion mahdiste, il pensa abandonner les stations septentrionales du Makraka, Lado et Redjaf, afin de se concentrer au sud et de tenir ouverte la voie de Zanzibar. Il construisit Ouadelaï pour en faire son quartier général, et Toungourou sur le lac. Mais le 1er bataillon refusa de marcher, sous les instigations d'un officier égyptien — impliqué, lui aussi, dans l'affaire d'Arabi — qui prétendait que le gouvernement tenait toujours Khartoum, et que leur chef les trompait grossièrement : « Craindriez-vous de résister à Emin Pacha, disait-il, quand nous, en Égypte, nous n'avons pas hésité à nous révolter contre le Khédive lui-même? »

Séduits, les soldats déclarèrent ne vouloir plus obéir aux ordres du Moudir. Une lettre insultante fut envoyée à Emin, signée de tous les officiers et employés du 1ᵉʳ bataillon. Bientôt après, un certain Ali Aga Djabor, capitaine soudanais du 1ᵉʳ bataillon, tenta par deux fois de se saisir d'Emin pour le transporter enchaîné à Redjaf. Depuis lors, cette troupe est en révolte ouverte contre le Gouverneur, et lui envoie de temps à autre des messages insolents. Plusieurs de ces officiers égyptiens et soudanais se sont établis dans le Makraka et aux alentours, où ils vivent en chefs de brigands, et traitent cruellement les indigènes.

Le 2ᵉ bataillon protestait toujours de sa fidélité et de son obéissance, assurances auxquelles Emin prétendait croire, bien qu'il n'ignorât point que certains officiers égyptiens du 2ᵉ lui fussent désaffectionnés. Il s'exprimait très durement sur le compte de ces fonctionnaires importés du Caire, réprouvait avec amertume la politique du gouvernement khédival, qui avait transformé le Hatalastiva en un lieu de déportation, où il se débarrassait de la lie de l'Égypte. Il avait à peine un officier égyptien qui n'eût été banni pour meurtre, rébellion ou vol de grand chemin.

Ce fut une révélation pour moi. Sans doute, après ce qu'il avait raconté à Nsabé, nous n'ignorions pas qu'il n'eût des difficultés dans la province, mais nous n'aurions pas soupçonné que la rébellion eût gagné si avant dans les esprits. Ma surprise fut grande que le docteur Junker, qui se trouvait dans le pays quand éclata la révolte du 1ᵉʳ bataillon, n'en eût rien dit en Europe. D'autres renseignements que me donna Casati me firent comprendre que nous aurions du grabuge. Le capitaine me confia qu'Emin ne pouvait ou ne voulait voir combien la situation devenait menaçante.

Quand Souliman Aga fut de retour, je l'envoyai chercher, et lui parlai du projet de quitter le pays. « Où ira le Pacha, dit-il, mes soldats et moi nous suivrons. » Et il mit ses deux mains en cercle : « Voici mes soldats, le Pacha se tient au milieu, c'est ainsi que nous irons par la route qu'il plaira au

Pacha. » Puis il raconta ce qui s'était passé dans la station pendant son absence, et dit les soucis incessants dont ces Égyptiens et les employés accablaient le Gouverneur ; les Soudanais, eux, marchaient toujours droit.

Le lendemain, le Gouverneur ordonna une revue générale où je pourrais lire aux troupes les lettres du Khédive et de Nubar Pacha, ainsi que la proclamation de Stanley ; documents dont voici la teneur :

A Son Excellence Mehmed Emin, moudir du Hatalastiva.

Il y a déjà quelque temps, nous te fîmes parvenir notre approbation pour la vaillance que toi et tes officiers avez montrée, et pour la victoire que tu as remportée sur les adversités qui vous assaillaient.

C'est pourquoi je t'ai récompensé en te conférant le titre de général. Nous avons approuvé tous les avancements de grade que tu as donnés à tes officiers, ainsi que je t'en ai informé déjà par notre lettre souveraine du 29 novembre 1886, n° 31. Très certainement cette missive te sera parvenue en même temps que le courrier dépêché par notre premier ministre, Son Excellence Nubar Pacha.

Satisfait de ta bonne conduite et de ce qu'ont fait tes soldats et officiers, notre gouvernement a porté son attention sur les moyens de vous retirer de la position dangereuse dans laquelle vous vous trouvez, ainsi que les troupes.

Une mission de secours a été organisée sous les ordres de M. Stanley, le fameux savant, qui est renommé dans le monde pour ses grandes qualités et ses exploits comme voyageur. Cette expédition va se mettre en chemin avec tout ce qui peut vous être nécessaire en provisions diverses, et pour vous ramener tous en Égypte, tant soldats qu'officiers, par la route que M. Stanley croira la plus aisée et la plus convenable.

En conséquence, je t'ordonne, par ce mien ordre, remis entre les mains de M. Stanley, de lire à tes officiers et soldats les félicitations de leur Souverain.

Par la présente, je donne pleine liberté, tant à toi qu'à tes officiers et soldats, de rester où vous êtes ou de faire votre mieux pour revenir avec l'expédition qui est envoyée à votre aide.

Notre gouvernement a décidé de payer tant à toi qu'à tous les soldats, officiers et employés tous les salaires et émoluments qui vous sont dus.

Cependant, si quelqu'un d'entre vous préfère rester dans la province, il a la liberté de le faire, mais sous sa propre responsabilité, et sans qu'il puisse attendre de ce chef aucune assistance de notre gouvernement.

Communique donc la présente à tous les officiers et soldats, et faites-la comprendre bien exactement, afin que chacun avise à ce qu'il voudra faire.

Tel est notre ordre souverain.

MOHAMMED TEWFIK.

Le 8 du Djoumad Aouel 1304.

Et voici la dépêche de Nubar :

A Son Excellence Mehmed Emin Pacha, gouverneur de la province équatoriale.

Par l'intermédiaire du consul anglais à Zanzibar, je t'ai transmis une lettre de notre auguste souverain, par laquelle il te remercie du courage et de la bravoure que tu as montrés, ainsi que les troupes. Il te félicite de ta vaillance, de ta persévérance et de la victoire que vous avez obtenue. Pour vous marquer le cas qu'il fait de toi, il te nomme au haut grade de général, et confirme les récompenses et promotions que tu as conférées à tes officiers.

En même temps je portais à ta connaissance qu'une expédition devait être envoyée à votre secours. Cette expédition est maintenant constituée sous la direction de M. Stanley, lequel te remettra cette lettre. L'expédition prendra la route qui conviendra le mieux à M. Stanley.

Notre auguste souverain te donne, comme aux officiers et soldats, toute liberté de revenir avec l'expédition qui est envoyée vers vous. Mais tu dois comprendre et faire comprendre autour de toi que chacun pourra rester dans le pays où il se trouve, sous sa propre responsabilité, bien entendu, et sans qu'il puisse attendre la moindre assistance du gouvernement. C'est ce que notre auguste Souverain désire que tu expliques distinctement à tous ceux qui ne voudront pas quitter la province.

Il est bien entendu que nous payerons à toi, aux soldats et domestiques les gages et salaires qui vous sont dus, depuis que notre auguste maître vous a confirmés dans vos grades.

C'est tout ce que j'avais à te mander et j'espère que M. Stanley vous trouvera tous en santé et en bonne condition. Tel est mon désir sincère pour toi et tous les tiens.

Écrit le 9 du Djoumad Aouel 1304, correspondant au 2 février 1887, n° 2.

NUBAR, Réis Medglis en-Nouzar,
i. e. Président du Conseil des Ministres.

Par ces lettres on voit que nul ordre n'était donné au Moudir ni à ses gens de quitter la province, qu'aucune promesse ne leur était faite de leur donner de l'emploi s'ils revenaient en Égypte. Quant à la lettre du 29 novembre 1886, mentionnée par le Khédive, jamais elle ne parvint au Pacha.

Ci-après la proclamation de Stanley :

Soldats d'Emin Pacha,

Après un long voyage de Zanzibar, je suis enfin arrivé à votre Nyanza, où j'ai vu votre Gouverneur. Je suis venu sur l'ordre exprès du Khédive Tewfik, pour vous mener hors de ce pays et vous montrer le chemin de l'Égypte.

Car il vous faut savoir que la route par le fleuve El-Abiad est fermée, que Khartoum est entre les mains des hommes de Mohammed Achmet, que le grand Pacha Gordon et tous ses soldats ont été tués il y a plus de trois années déjà, et que tout le pays entre Ouadi-Halfa et le Bahr Ghazal est occupé par les rebelles vos ennemis.

Par quatre fois le Khédive et vos amis ont tenté de vous secourir. Une première fois, Gordon Pacha fut envoyé à Khartoum pour vous ramener tous, mais il périt dans l'entreprise, et la cité de Khartoum tomba.

Puis des soldats anglais approchèrent de Khartoum pour secourir Gordon, mais ils arrivèrent quatre jours après la mort de Gordon et la perte de Khartoum.

Ensuite vint le docteur Fischer, par la voie du Nyanza de l'Ouganda, mais il trouva trop d'ennemis, retourna sur ses pas et mourut.

En dernier lieu, le docteur Lenz arriva par le Congo, mais, ne pouvant se procurer assez d'hommes pour porter les bagages, il rentra chez lui.

Je vous dis ces choses pour montrer que l'on ne vous a point oubliés en Egypte. Certes le Khédive et son vizir Nubar Pacha vous ont toujours gardés dans leur mémoire. Bien qu'ils ne pussent pas communiquer avec vous, ils ont eu, par l'Ouganda, des nouvelles que votre Pacha leur faisait tenir, racontant combien bravement vous teniez votre poste, et combien fidèles vous restiez à vos devoirs de soldats.

C'est pourquoi j'ai été envoyé pour vous dire que vous n'avez point été oubliés et que la récompense vous attend.

En même temps le Khédive mande que si vous trouvez la route trop longue, ou si le voyage vous fait peur, il vous est loisible de rester. Mais dans ce cas vous cessez d'être ses soldats, vous n'êtes plus à sa paye, et si des difficultés viennent vous assaillir, vous n'aurez pas d'assistance à lui demander.

Si vous préférez lui obéir et me suivre en Egypte, j'aurai à vous montrer le chemin jusqu'à Zanzibar, où je vous mettrai dans un vapeur qui vous portera à Suez, et de là au Caire. Vos salaires seront continués jusqu'à ce que vous arriviez en Egypte. Toutes les promotions qui ont été faites ici seront maintenues là-bas, et toutes les récompenses qu'on vous a promises ici vous y seront remises.

Je vous envoie un de mes officiers, M. Jephson, lequel vous lira ce message, et afin que vous sachiez qu'il est envoyé par moi, je lui confie mon épée.

Pour le moment je reviens sur mes pas pour rassembler tout mon monde et mes bagages et les amener ici. Après une absence de quelques mois — Inshallah! — je reviendrai pour savoir ce que vous avez à dire. Si vous répondez : « Allons en Egypte », je vous ferai passer par une route sûre, je vous accompagnerai et ne vous quitterai point que vous ne soyez en présence du Khédive. Si vous répondez : « Nous resterons ici », je vous dirai adieu, je rentrerai avec mes gens en Egypte, où je porterai votre réponse au Khédive.

Que Dieu vous tienne en sa sainte garde!

            Ceci est de votre bon ami
                 STANLEY.

Rangés en ligne, les soldats, les scribes et tous les employés avaient revêtu leurs meilleurs habits et leurs plus beaux uniformes. Ils avaient vraiment bon air, avec cinq drapeaux turcs flottant au vent, les trompettes dans leur éclatant costume rouge, postés en tête de la ligne. Quand Emin et moi arrivâmes, les bannières furent agitées, tandis que les trompettes jouaient l'hymne du Khédive. Ensuite, par l'intermédiaire de Binza, je fis une courte allocution, dans laquelle je racontai l'origine de l'Expédition et quelques-unes de nos aventures pendant la route, et pourquoi Stanley m'avait chargé de leur parler; le scribe de la station lut les lettres du Khédive et de Nubar Pacha, après quoi je communiquai la proclamation de Stanley.

Quand j'eus terminé, plusieurs soldats firent de petits discours, tous exprimant leur dévouement et leur fidélité au Gouverneur; je les avertis que je comptais sur leur réponse le lendemain, soit qu'ils voulussent rester dans la province ou repartir. Après trois hourras pour le Khédive, on donna congé.

Le lendemain tout le monde fut appelé.

En premier se présenta Souliman Aga, le chef de la station et des soldats réguliers de Toungourou. Il était suivi de son lieutenant et de six sous-officiers. Je leur répétai que l'évacuation du pays ne serait point chose facile, et que s'ils nous accompagnaient, ils auraient à peiner sur la route. — Étaient-ils bien résolus à aller en Egypte?

— A quoi ils répondirent avoir conféré entre camarades et décidé de faire comme le Pacha : si le Pacha restait, ils restaient; si le Pacha partait, ils partaient aussi.

Ibrahim Aga, le chef des irréguliers, et ses sous-officiers parlèrent de même. Ces hommes venaient des environs de Dongola : c'étaient les plus fidèles amis d'Emin.

Se présentèrent ensuite les scribes et employés civils, cinquante-deux faisant une réponse analogue.

Dès lors il me fut évident que ces gens ne se souciaient pas d'aller en Egypte.

Tous manifestaient le plus grand respect pour l'Effendina — le Khédive — un personnage qu'ils voyaient dans le bleu. On leur avait dit que c'était le Sultan, et que la bannière qu'ils s'amusaient tant à faire flotter à tout propos était la sienne. Il leur adressait maintenant de belles paroles, mais pendant des années il ne leur avait envoyé ni secours ni argent. Ce qu'il leur fallait, c'était un homme bien vivant, un vrai gouverneur, — qui regarderait après leurs affaires et les habillerait. Par sa lettre, le Khédive ne faisait que leur promettre la paie qui leur était due, mais ne s'engageait point à les garder à son service. Ajoutons que la plupart de ces soi-disant Soudanais avaient été recrutés parmi les Dinkas, les Madis, les Borous, les Chéfalous, les Niam-Niams, Bongos, Makrakas, Monbouttous et Morous ; ce pays était devenu plus ou moins le leur, ils y menaient large et grasse vie. Même leur eût-on promis de les employer au Caire, leur solde n'eût pas suffi à faire vivre leur famille, et ils n'auraient pas voulu planter là leurs femmes et leurs enfants. L'Egypte ne les attirait d'aucune manière. Comment donc s'étonner qu'ils voulussent suivre la fortune du Gouverneur, qui, en ces dernières années, avait seul pourvu à leur salut et à leur bien-être !

Quant aux Égyptiens, le Pacha pensait qu'en tout état de cause, ils voudraient s'en aller.

Souliman émit quelque temps après l'idée que, si le pays n'était décidément plus tenable, le peuple et son Gouverneur émigrassent en quelque contrée accessible par la mer. Il est intéressant que l'Aga ait songé à cette solution, dont Emin lui-même s'était ouvert quelques mois auparavant dans une lettre à Nubar.

Stanley avait fait au Pacha trois propositions, entre lesquelles celle d'aller se fixer avec les siens à Kavirondo, sur le Victoria Nyanza. Ce plan de Souliman Aga cadrait donc avec ceux d'Emin et de Stanley, mais je n'avais pas à m'en occuper, puisqu'on m'avait enjoint de m'en tenir strictement à la lettre du Khédive.

Par suite des affaires qui, après sa longue absence, prenaient tout le temps du Moudir, et de mes perpétuelles attaques de fièvre, nous ne pûmes quitter Toungourou avant le 25 juin. Il avait été décidé que nous irions à Ouadelaï par terre, le Pacha étant désireux de régler une difficulté qui avait surgi entre ses gens et un chef indigène dont le district se trouvait sur la route. Les soldats furent, comme à l'ordinaire, rangés en ligne pour saluer le Gouverneur, et, à six heures trente, nous quittâmes la station.

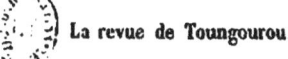
La revue de Toungourou.

Emin montait un âne, et moi une mule d'Abyssinie que m'avait prêtée l'apothicaire Vita Hassan, une jolie petite bête, ressemblant à un poney noir du Shetland. Tout en cheminant, Emin prenait d'intervalle en intervalle des observations avec la boussole à prisme; car il lui importait de relever les positions exactes de la route entre Toungourou et Ouadelaï, et le plan topographique des chemins qui reliaient ces stations.

Entre le lac et les montagnes s'ouvre une belle plaine plantée d'arbres et d'arbustes en fleur. Après une couple d'heures nous atteignîmes un fourré d'acacias, très épais et abondant en gibier. En le longeant, nous arrivâmes à un canton couvert d'arbres et de ronceraies, où paissaient des troupeaux de coudous et de springbocks. La boue molle avait gardé les empreintes des éléphants, des hyènes et des léopards. Les pintades foisonnaient.

Vers dix heures, nous rentrâmes dans la plaine, ouverte, où se voyaient plusieurs petits groupes de hameaux. Çà et là broutaient de grands troupeaux de chèvres, gardés chacun par deux ou trois indigènes en harnais de guerre, avec arc et lance. Autour des villages, ou, pour parler plus correctement, autour du cercle des huttes, court une *boma*, ou retranchement en fagots de mimosa dont les branches sont si complètement couvertes d'arantèles qu'on dirait un immense rideau de gaze blanche. Les paillotes, en herbes sèches, ont la forme de ruches. Les natifs en plâtrent le mur intérieur, jusqu'à la hauteur d'un mètre, avec un mélange de terre et de bouse. Chaque hutte avait un porche assez semblable à une de ces grandes capotes coulissées dont l'avant forme cabriolet, que nos dames portaient autrefois en voyage. Sauf quelques bouts de terrain plantés d'herbes potagères, on ne voit pas trace de culture. Par suite des incursions des bandes de Kaba Regga, les indigènes cachent dans les collines lointaines leurs champs de mil, de maïs et de patates, n'apportant que de modestes provisions dans les petits greniers construits au milieu des hameaux.

Nous nous reposâmes une demi-heure à l'ombre d'un grand figuier, près du principal village, dont Boki était le chef. On apporta pour nos hommes de l'eau claire et fraîche dans de grandes cruches, et pour moi, un large bol de lait caillé que je trouvai très agréable après ma longue chevauchée au soleil. La vue est fort belle. Le lac se rétrécit graduellement jusqu'au débouché du Nil, qui, assez large déjà, court vers le nord, se déroulant à travers la plaine comme un ruban d'argent. Dans l'est lointain, les splendides montagnes de l'Ounyoro, dont trois pics, nettement définis, ne doivent pas mesurer moins de 2100 à 2200 mètres. Sur l'autre côté du fleuve, l'emplacement occupé jadis par Magoungou, une station que l'hostilité de Kaba Regga avait fait abandonner. La brise du Nyanza agitait les feuilles de notre arbre, et donnait une délicieuse sensation de repos et de fraîcheur.

Nous allions partir, quand la femme favorite de Boki vint se prosterner devant le Pacha, implorant la grâce de son mari, détenu à Toungourou. Cinq mois auparavant, Emin avait confié une lettre pour Kaba Regga audit Boki, lequel avait promis de la remettre. Il avait été déjà et très bien récompensé pour sa peine, quand la missive en question fut retrouvée dans sa hutte par un soldat qui la rapporta au Pacha, et le trop malin compère dut aller en prison. Le Gouverneur commanda de le relâcher : il avait le cœur trop sensible pour résister aux supplications d'une femme éplorée.

Nous avions encore un long chemin avant d'arriver au lieu du campement. La plaine se couvrait d'un épais manteau de jasmins et d'acacias, ces derniers armés d'aiguillons pointus et longs, qui hérissent des loupes dans lesquelles nichent des fourmis noires en multitudes. Tant pour ses piquants que pour ses fourmis, un fourré d'acacias n'est pas d'une traversée agréable. Cet acacia, qui ne devient jamais un grand arbre, et ne dépasse pas la hauteur de 5 à 10 mètres, a des fleurs blanches et plumeuses à odeur suave; l'air fleurait ses parfums et ceux du jasmin.

Des nuées de papillons voletaient de corolle en corolle, mais nous ne pouvions nous arrêter pour en saisir, — à mon grand regret, car, dans le nombre, il y avait plusieurs espèces que je n'avais pas vues auparavant. Vers le soir nous traversâmes deux plaines, larges, plates et basses, n'ayant guère que 60 centimètres au-dessus de la rivière. Pendant les inondations, ces terrains sont à quelques mètres sous l'eau; mais, comme il avait plu très peu cette année, le niveau dépassait à peine l'étiage, bien que la saison humide eût déjà commencé. Emin n'avait jamais vu le Nil à si faible hauteur, et nous parlâmes des possibilités d'un maigre en Égypte. Depuis, il me fut dit au Caire que le Nil avait été plus bas en 1888 que dans les quinze années précédentes. Par ce fait on peut juger de l'influence que le Nil Blanc exerce sur le fleuve, même à grande distance de l'embouchure.

A quatre heures trente, nous arrivions au district occupé par le chef Okello, qui nous avait préparé un groupe de huttes

La femme de Boki
implorant
la grâce de son mari.

C'était un vieil homme, gras et bon enfant, mais sale et exhalant une très mauvaise odeur. Pendant longtemps il s'était conduit en ennemi déclaré d'Emin, mais le Pacha le tenait maintenant pour un de ses meilleurs partisans. Il nous servit des *kébob*, ou brochettes, petites tranches grillées de viande maigre alternant avec des tranches de lard, mets favori des Turcs. Nous gagnâmes le lit de bonne heure, car j'étais fatigué de mes 25 kilomètres au grand soleil, la moitié à pied.

Nous repartîmes au petit jour, par une fraîcheur délicieuse. Le pays est charmant et vallonne quelque peu, mais on n'y voit aucun ruisseau. A huit heures nous faisions halte au village qui a pour chef Amadji, un jeune homme du plus bel air, élégamment vêtu de peaux bien mégissées. La plupart des femmes portent en labrette un morceau de quartz blanc et translucide. Au fur et à mesure qu'on parle, cet ornement, brillant comme du cristal et fort bien poli, ayant 7 à 8 centimètres de long, se meut du haut en bas de la lèvre, d'une façon comique.

Amadji nous fit escorter par dix hommes, portant chacun une forte cruche d'eau pour abreuver nos gens sur la route. Nous traversions un parc superbe, en suivant la crête de collines basses et boisées, d'où l'on a, par instants, de charmants aperçus sur la vallée. De bonne heure nous arrivâmes à la campée, un joli bosquet de tamarins, où nos serviteurs dressèrent de grandes paillotes d'herbes en un temps incroyablement court. En contre-bas coule la rivière, bordée de marécages cachés sous des papyrus, d'où s'élèvent au soir des nuages de moustiques et autres insectes, qui obligent à prendre refuge sous les moustiquaires. Toute la nuit, des hyènes et des léopards rôdèrent autour du camp, et il fallut plusieurs fois se déranger pour les écarter.

Le lendemain, après deux à trois heures de marche, nous gagnions un important groupe de villages, où gouverne le chef, qui a donné son nom de Ouadelaï au district entier et à la station construite par Emin. Il nous attendait avec plusieurs de ses lieutenants. C'était un vieillard prodigieusement obèse, de bonne figure, vêtu d'une robe de chambre longue et malpropre. Je n'avais pas vu d'indigène si gras; pour la plupart ils sont maigres.

Il nous fallut attendre quelque temps, le Gouverneur ayant plusieurs affaires à régler avec le personnage. Quand prit fin le *chaouri* ou palabre, nous reprîmes la marche, et bientôt nous apercevions Ouadelaï, d'où Emin avait daté la lettre qui occupait l'attention du monde civilisé quand nous quittâmes l'Angleterre. La station est située sur le sommet d'une tuque isolée, haute d'environ cent mètres et s'élevant abruptement au-dessus du fleuve. Nous traversons une jolie forêt d'acacias, non pas de l'espèce épineuse, mais de celle qui monte en fûts élevés. Comme sous-bois, de l'herbe où la lumière du soleil faisait des trouées. Sur notre passage, les pétales blancs floconnaient à la fraîche brise du lac.

CHAPITRE III

DE OUADELAI A DOUFILÉ

Arrivée à Ouadelaï. — L'établissement d'Emin. — Signor Marco. — Féridé. — Goûts scientifiques d'Emin. — Ouadelaï. — Les Ouahoumas. — Souvenirs de Sir Samuel Baker. — Nayadoué ou l'Étoile du Matin. — Députation du premier bataillon. — Tentative de secours au fort Bodo. — Faratch Aga. — L'état des affaires à Redjaf. — Le jugement porté par Hamad Aga sur Emin. — La sagesse du Pacha mise en doute. — Les remords de Faratch Aga. — Emin pose pour la rancune. — Férocité des crocodiles. — Les Baris, chasseurs de crocodiles. — Réponse des soldats de Ouadelaï. — Les roches du Nil. — Nous arrivons à Doufilé. — Curieuse coutume. — Doufilé. — Les bâtisses du gouvernement. — Haouachi Effendi. — Son opinion sur la fourberie égyptienne. — Une fête arabe. — Avertissement donné par Haouachi Effendi. — Nouveaux doutes.

A onze heures trente, nous entrions à Ouadelaï. Les soldats, en ligne, saluèrent le Gouverneur comme à l'ordinaire. La place étant le quartier général et le siège du gouvernement, les soldats avaient été triés sur le volet et se montraient mieux accoutrés qu'ailleurs. Un véritable régiment de scribes et employés de toute sorte, vêtus de robes flottantes en coton blanc, fit son apparition. La garde d'honneur, jouant un air martial, nous escorta jusqu'au « divan », case en bambou, large et ronde, bien meublée, ayant je ne sais quel air de ménage. Deux bibliothèques garnies de livres faisaient paraître la pièce encore plus confortable. Tous les officiers civils et militaires vinrent nous complimenter et il fallut passer par la désagréable formalité du baisemain. Une longue ligne de visiteurs entrait par une porte, et, après avoir salué, sortait par l'autre. La cérémonie terminée, parut le signor Marco, marchand grec, venu pour affaires de commerce dans la province dont il était maintenant résident obligé, toutes les routes ouvrant vers la côte étant fermées. Il veillait à la maison et aux affaires personnelles du Pacha. Il vint présenter son rapport, amenant avec lui Féridé, la fillette d'Emin. Quelques années auparavant, le Pacha avait épousé une dame abyssine qui lui avait donné un garçon, mort presque aussitôt. La mère fut emportée par un accident interne, peu après avoir donné le jour à cette fille.

Emin, qui semblait très attaché à l'enfant, la prit dans ses bras pour me la montrer, et me raconta la mort de sa femme; trois ans après, il semblait la ressentir encore très profondément. « Cette petite, dit-il, est tout ce qui me reste au monde. » La bambine, pas plus brune que son père et lui ressemblant beaucoup, jolie, habillée à l'arabe d'une façon pittoresque, me parut bien délicate.

Une petite case, fort propre, avait été, par les ordres du Gouverneur, construite exprès pour moi dans le même courtil que le divan, autour duquel s'étend un jardin, abrité et plein d'orangers, citronniers, grenadiers, anoniers, de l'espèce dite « cœur de bœuf » (*Anona reticulata*), tous en plein rapport. Quelques beaux « flamboyants » et acacias d'une espèce particulière à l'Ouganda donnaient au divan le plus agréable ombrage. Au milieu du carré, un pluviomètre. Un édicule renfermait des anéroïdes, hygromètres, thermomètres et autres instruments. Emin prenait ses observations météorologiques trois fois par jour, et les avait continuées pendant les sept ou huit dernières années; nul doute qu'elles ne soient importantes.

Attenant à cette cour extérieure, une cour intérieure renfermait une douzaine de huttes, la plupart occupées par la domesticité, les autres par des greniers à grains et à sésame. Des poulets, canards et pintades, des chèvres, des chiens et des chats, des perroquets gris et un aigle apprivoisé allaient et venaient dans l'enclos, un petit village à lui seul.

Ma case était fraîche, grossièrement, mais confortablement meublée avec un angarep, des tables et des chaises de fabrication indigène. Les tiroirs contenaient une collection de grenouilles et de scarabées desséchés; aux murailles étaient appendues de magnifiques peaux de léopard offertes par les soldats. Je constatai toutefois un relent désagréable, qui me fit découvrir une passion scientifique du Pacha : je trouvai dans l'arrière-hutte une grande corbeille remplie de crânes encore mal net-

La case d'Emin.

toyés, échantillons anthropologiques destinés au British Museum. J'éprouvai la forte tentation de jeter le tout par-dessus la muraille; mais, réfléchissant combien notre savant prisait les objets de cette espèce, et quel mal il avait fallu pour les rassembler, j'appelai un domestique qui m'en débarrassa, aidé de quelques négresses, riant et plaisantant.

Avec ses belles rues bien larges, son fossé et ses ouvrages en terre, Ouadelaï est une station importante, qui peut contenir au moins deux mille habitants. A chacun des angles, profilés avec soin, s'élevaient, flanquant le fossé, de petits forts, tous armés d'un canon de montagne. Ouadelaï est construite à la façon de Msoué déjà décrite et, comme elle, située sur une colline à pic au-dessus de la rivière, qui forme ici une île longue de deux kilomètres.

La campagne, vraiment belle avec ses prairies parsemées de bois, monte doucement à partir du Nil, formant une longue rangée de collines basses, au delà desquelles commence le pays des Choulis, tribu prospère et pacifique. Autour de Ouadelaï s'étend le domaine des Lurs, qui possèdent aussi une autre enclave de l'autre côté du fleuve. On voyait nombre de Ouahoumas, ou Ouatousis, comme on les appelle par ici, nomades qui n'ont d'autre occupation que l'élève des troupeaux; on les dit de sang royal; Stanley les appelle Rois Bergers.

Speke avait avancé l'hypothèse que les Ouahoumas descendent des Gallas; Emin penserait plutôt que les Gallas sont issus des Ouahoumas. Haute taille, grand air, nez assez étroit et lèvres fines, ils font contraste avec les Lurs, trapus pour la plupart, peu belliqueux, mais intelligents et assez industrieux.

La campagne environnante est, par les gens du Pacha, cultivée en maïs et en sésame. Le sésame ressemble à la balsamine; ses graines donnent une huile de cuisine assez délicate. Sur trois kilomètres de rive s'étendent les jardins, cultivés en ognons, tomates, balméas, pois, fèves et colocasies.

Le Moudir avait lourde besogne à Ouadelaï, siège du gouvernement; quantité de lettres s'y étaient amassées. Presque chaque jour j'avais mon attaque; la fièvre semblait être entrée dans ma constitution. Emin, docteur de la vieille école, me donna une énergique dose d'émétique, laquelle fit merveille et, pour quelque temps, me remit sur pied.

Je n'avais pas été quelques semaines dans la province sans

être frappé du fait que presque toutes les bonnes et durables choses y furent introduites par Sir Samuel Baker. On parlait constamment de lui et de Lady Baker, et nous entendions dire avec une certaine vanité : « Nous ne sommes pas les soldats de Gordon, ni d'Emin, mais les soldats de Baker ». Des individus venant du Latouka et de l'Ounyoro m'ont souvent désigné Baker sous le nom de Nédi Mlidjou, ou le Barbu, et Lady Baker sous celui de Nayadoué ou l'Étoile du Matin, par allusion à sa beauté et à sa blonde chevelure. Des grognards se plaisaient à me communiquer leurs souvenirs : « Mlidjou était la tête, mais Nayadoué le chapeau ». A propos de Lady Baker, on racontait qu'un certain Faratch Aga, sergent soudanais appartenant à la garde du corps, ayant déserté deux fois, allait être fusillé. L'homme était déjà attaché à un arbre, et une escouade de soldats s'apprêtait à l'expédier. Mais Lady Baker bondit dans le carré, les cheveux flottant au vent, la main étendue ; elle fit surseoir à l'exécution jusqu'à ce qu'elle eût obtenu la grâce du coupable. Depuis, les Baker n'eurent pas de serviteur plus dévoué que ce Faratch.

Je ne puis garantir l'authenticité du récit, et ne fais que le rapporter. Quoi qu'il en soit, les noms de Baker et de sa femme vivaient encore dans la mémoire du peuple, quand allait sombrer l'œuvre qu'ils avaient si vaillamment entreprise, il y a déjà vingt ans.

Parmi les lettres attendant Emin, il y en avait une de Hamad Aga, major du 1ᵉʳ bataillon rebelle, au quartier de Redjaf. Cet homme, resté longtemps fidèle à son devoir, ne put tenir tête à la mutinerie des officiers égyptiens. Hamad écrivait que ses camarades, ayant appris qu'une expédition venait d'arriver au lac avec des munitions de l'Égypte, comprenaient maintenant que le Gouverneur ne les avait pas trompés, et demandaient à faire leur soumission. En conséquence Hamad Aga, le signataire, Faratch Aga, un capitaine, Cheikh Mouradjan, le premier moullah et un lieutenant partaient pour implorer le pardon du Moudir, et le supplier d'amener à Redjaf le représentant de M. Stanley, qu'ils désiraient tous voir. Au Pacha de dicter ses conditions : ils passeraient par tout ce qu'il lui plairait. Emin voulut attendre les envoyés qu'on lui annonçait. A ce moment, il se croyait fort malade ; il souffrait du cœur et respirait difficilement, aussi fut-il bien aise de se tenir tranquille pendant dix jours. S'il n'allait se reposer dans un climat tempéré, il n'aurait plus qu'un an de vie ou deux, disait-il ; ses treize années d'anxiété et de travaux forcés en Afrique, et tout particulièrement les cinq dernières, durant lesquelles il avait été abandonné à ses propres ressources, l'avaient complètement usé.

Quant à moi, conscient que le temps s'écoulait — nous étions, au 7 juillet — et que dans quelques semaines il me fallait, suivant ma promesse à Nelson, réintégrer le fort Bodo,

Vue prise de Ouadelaï.

je proposai à mes nouveaux camarades de construire une station à Nsabé, et de m'accompagner là-bas, pour en revenir avec les officiers et les bagages. A cette ouverture ils répondirent, tant à moi qu'au Pacha, que, premièrement, ils voulaient savoir ce qu'avaient à dire leurs « frères » des stations septentrionales; de plus, c'était le temps de la moisson, et ils ne pouvaient partir avant d'avoir engrangé. Cela me parut un tantinet bizarre comme réponse à un ordre officiel ; et à partir de ce moment je me pris à douter que le Moudir fût réellement maître chez lui. Je m'aperçus que ce 2ᵉ bataillon, en qui il avait mis toute confiance, se faisait prier pour les affaires importantes, bien qu'il obéît exactement aux broutilles et ne négligeât aucun des salamalecs dus à monsieur le Gouverneur. Sans porteurs ni soldats, comment accomplir ma promesse à Stanley de construire une station et d'emmener la garnison du fort Bodo? Je ne pouvais donc qu'aller au nord, parler aux gens, puis retourner à Ouadelaï, où je reviendrais à la charge auprès des miliciens.

Emin semblait espérer beaucoup de l'ambassade qui devait lui venir de Redjaf. On disait les officiers du 1ᵉʳ bataillon fatigués du désordre, d'autant plus que les habitants émigraient pour se soustraire à leurs exactions; déjà on ne pouvait plus se procurer de bestiaux. La sécheresse ayant en outre fait manquer la récolte, leur situation paraissait assez embarrassée.

Apprenant que le Faratch Aga qui venait visiter le Pacha était l'homme qu'avait sauvé Lady Baker, je pensai agir sur sa reconnaissance pour le pousser dans les voies de l'obéissance envers son Moudir. Emin avait exprimé le désir que je visse les envoyés, que je leur montrasse l'énormité de leur conduite. Il entendait pardonner, s'il était convaincu de la sincérité de leur repentir, mais ne voulait pas faire trop vite. Après les avoir écoutés, je dirais le Gouverneur fort irrité, puis j'intercéderais. Ce n'était qu'une comédie, mais je n'avais nulle raison de ne point m'y prêter.

Donc, après l'arrivée des officiers, Hamad Aga se présenta devant moi. C'était un Soudanais, long et maigre, physionomie agréable et cheveux blancs. Il raconta brièvement les affaires de Redjaf, qu'il dit en fort mauvais point: les approvisionnements avaient disparu; on ne mangeait que peu et très mal; les indigènes se révoltaient par suite des mauvais traitements qu'ils avaient subis. Les soldats pillaient de gauche et de droite, sans qu'il fût possible de les en empêcher; car, s'ils obéissaient assez volontiers à leurs chefs quand il y avait du mal à faire, ils se montraient ingouvernables quand on voulait arrêter leurs brigandages. Il déplora l'influence des officiers et employés égyptiens.

La mutinerie avait été brassée par un officier du Caire, un certain Moustapha Effendi, déporté pour avoir pris part à la rébellion d'Arabi. Hamad faisait les plus grands éloges d'Emin, qui s'était toujours sacrifié pour son monde, mais n'avait pas assez d'énergie pour le tenir en bride. « A pareilles gens il faut le fouet, qu'on ne leur a jamais fait goûter. Mais ils sont fatigués de ce long désordre, ils se repentent sincèrement, et désirent fort vous voir à Redjaf, et entendre votre histoire. Tout ira bien, maintenant que vous voilà arrivé. »

J'en doutais fort, car je devenais singulièrement sceptique à l'endroit du tiers et du quart. D'un côté, il y avait le Pacha, qui, fort de sa longue expérience, m'affirmait que ses gens étaient bons et fidèles ; il appuyait son dire sur le fait qu'ils avaient repoussé l'attaque du général mahdiste Kérem Allah, et tenu le pays sans la moindre assistance. Et puis, il y avait l'Europe, acclamant la sagesse et la fermeté d'Emin : nous étions partis avec le plus vif enthousiasme pour le héros qui pendant de longues années avait surmonté de si grosses difficultés, et qui passait pour connaître l'Afrique mieux que tout autre. D'un autre côté, une voix, encore bien timide, me glissait à l'oreille : « Prends garde ! — Cependant, répondais-je, qui suis-je avec ma petite expérience, pour préférer mon opinion à celle de cet homme, illustre dans le monde entier, et qui a pour lui sa longue pratique de l'administration ? » Pouvais-je ne pas me méfier de mon jugement, et ne pas faire la sourde oreille aux légers chuchotements de mes doutes ?

A son tour, Faratch Aga me rendit visite : il m'apportait quelques tasses en bois joliment sculptées, et de grands couteaux monbouttous d'assez bonne mine. Après les compliments ordinaires, après s'être enquis affectueusement de ma santé, et quand j'eus admiré le fini des objets dont il me faisait présent, il m'interrogea sur l'expédition. Mon histoire à peine terminée, il s'enquit avec sollicitude de Sir Samuel et de Lady Baker, me demandant si je les connaissais et s'ils allaient bien. « C'est le moment, pensais-je, d'appliquer le levier moral ! »

Je racontai que les yeux de toute l'Europe suivaient les mouvements de notre Expédition ; Sir Samuel Baker ne la perdait pas de vue, et serait un des premiers, sitôt notre retour, à nous interroger sur son ancienne province et les hommes qui avaient si vaillamment combattu à ses côtés. Et j'ajoutai : « Que dira Baker Pacha, que pensera Nayadoué, quand je leur avouerai que vous vous êtes commis dans la rébellion contre le Gouvernement ? »

Les larmes jaillirent de ses yeux, et il tordit ses mains avec un geste de honte et de regret. J'avais certainement touché le point vulnérable, car il semblait confondu à l'idée que les Baker n'ignoreraient point qu'il avait trempé dans la mutinerie.

Il répondit être entré dans l'échauffourée, et avoir mis sa signature au bas des lettres injurieuses adressées au Gouverneur, non point qu'il ressentît la moindre animosité contre le Moudir, mais parce qu'il s'était laissé mener par des intrigants auxquels il n'avait pas su résister d'emblée. Il protesta qu'il s'amenderait, me supplia de ne pas révéler l'incident à Baker Pacha et d'attendre que j'eusse constaté sa fidélité au Gouvernement et sa rupture avec ses anciens alliés.

Le lendemain Hamad et Faratch, le moullah et l'autre officier se représentèrent. Emin refusant de les recevoir, ils me priaient de les accompagner et d'intercéder en leur faveur.

Le Pacha les reçut froidement, parla longtemps, leur jetant à la tête les révoltes et les trahisons. Pendant quarante mois ils avaient désobéi, refusé de l'assister, et maintenant que du secours lui venait, ils imploraient leur grâce! Non, il n'aurait plus rien à faire avec eux : ce qui les surprit fort et les rendit plus humbles que jamais. Tout larmoyants, ils implorèrent leur pardon, faisant toutes sortes de promesses pour l'avenir; mais Emin tint bon et quitta le divan. — Et moi de dire que je comprenais fort bien que le Pacha n'eût pas le cœur au pardon, car la rébellion et l'ingratitude font les plus profondes des blessures. Toutefois je leur conseillais de rentrer au quartier tandis que je m'emploierais auprès du Gouverneur, afin d'apaiser son ressentiment. Ils m'exprimèrent leur gratitude et s'en retournèrent, humiliés mais non sans confiance : Emin avait pensé qu'ils ne mettraient pas un prix suffisant à un pardon trop aisément acquis.

Dans la soirée il me revint que Hamad Aga avait prêché les soldats, disant qu'ils ne devaient pas s'enivrer pendant ma présence à la station, car il serait trop honteux qu'un chrétien les vît dans ce misérable état. Ame naïve! s'il avait su combien de soi-disant chrétiens gagnent d'ivoire et de marchandise en important leur mauvais schnik et en empoisonnant les pauvres païens!

Les crocodiles pullulent ici. Dans la journée, les plages sablonneuses en sont couvertes, et le soir on les voit nagéant, le nez et la tête à fleur d'eau. Tous les ans ils font de nombreuses victimes parmi les femmes et les enfants. Ils attendent que les femmes soient entrées dans le flot jusqu'aux genoux afin d'emplir leurs cruches, puis ils les saisissent sous l'eau et les entraînent. A l'endroit où l'on venait puiser, Emin avait établi une forte palissade, comme on en met aux abreuvoirs de chevaux : mais, pour une raison ou une autre, les femmes préféraient s'approvisionner en pleine rivière. Même elles riaient et plaisantaient, criant : « Croco, tu ne veux pas de viande, dis? Tu n'as pas appétit aujourd'hui? » Avec semblables caractères, les précautions sont inutiles.

Une famille barie de l'endroit vivait de la chasse au crocodile, mangeant les petits, vendant la peau pour chaussures et les dents pour colliers. Ce que les indigènes en prisent le plus, est une glande contenant une forte sécrétion de musc, qu'on sèche et qu'on s'attache au cou, gris-gris précieux. Ces Baris envoyaient à l'eau leur garçonnet tandis qu'ils se cachaient dans l'herbe. Aussitôt qu'un de ces monstres bondissait sur l'appât, ils se précipitaient, dardaient dans les plis du cou un fort crochet de fer fixé à une corde au moyen de laquelle ils tiraient l'animal au rivage, où ils l'assommaient à coups de massue. On en prit un de la sorte qu'on amena dans ma case, les mâchoires attachées. Après l'avoir examiné, je déliai la corde et le lâchai, et lui de se réfugier dans un coin, essayant de happer qui l'approchait. Il fut tué, empaillé et suspendu à la porte du fort; car, placés à l'entrée d'une cour ou d'une maison, on les considère comme porte-bonheur. A noter qu'ici et au lac ces bêtes sont d'une nuance légèrement verdâtre, avec de larges anneaux noirs autour du corps.

Je fus témoin d'une curieuse coutume. Deux Soudanais devaient se marier. La veille, une troupe de jeunes gens s'assemble devant la paillote de la fiancée; formant cercle, ils se mettent à chanter et à s'entre-frapper jusqu'au sang avec des courbaches en peau d'hippopotame. La représentation a pour objet de montrer à la jeune personne à quelle vaillante race appartient le futur mari.

Après quelques jours d'attente, Emin envoya quérir Hamad Aga et les autres officiers mutinés : il disait s'être décidé à pardonner, pourvu qu'ils se montrassent sincères dans leurs protestations. Il les accompagnerait à Redjaf, où je parlerais au peuple. Cette nouvelle parut les combler de joie et de reconnaissance.

Hamad me venait voir chaque jour; d'après ses entretiens, il n'aimait pas l'Égypte et ne se souciait point d'y aller. Il préférerait nous suivre dans quelque pays proche de la mer et s'y établir. C'était la seconde fois que cette idée était mise en avant par un fonctionnaire.

Comme il était décidé que nous irions à Redjaf par Doufilé, je n'avais plus que le temps de faire mon discours aux militaires et employés de la station. Plus de deux cents réguliers y étaient casernés, et tout un régiment de scribes et autres civils. Ce ne fut pas petite affaire que de haranguer ce monde. Je parlai à peu près comme à Toungourou et les ajournai au lendemain pour me dire s'ils voulaient rester ou partir. « Nous suivrons le gouverneur. S'il part, nous partons; s'il reste, nous restons. » Encore comme à Toungourou.

Le chef de la station, Codi Aga, un homme qui avait la confiance du Pacha, vint me trouver. « Ces gens, dit-il, ne pourraient jamais entretenir en Égypte leurs femmes et leurs enfants, que d'ailleurs ils ne se soucient point d'abandonner. Quant aux Égyptiens et tous individus qui ont des relations au Caire, il est naturel qu'ils préfèrent rentrer dans leur pays. » A son avis il vaudrait mieux émigrer dans quelque contrée moins éloignée de la civilisation que les rives du haut Nil. C'était la troisième fois que revenait cette proposition; dans cette partie de la province, tout au moins, l'opinion générale était hostile au départ pour Suez.

Je fis donc convoquer les officiers et sous-officiers soudanais et leur tins ce langage : « Par ce que m'ont dit plusieurs d'entre vous, j'infère que ni vos subordonnés ni vous-mêmes ne vous souciez d'aller en Égypte, mais que vous aimeriez mieux suivre nous et votre Gouverneur dans un pays plus rapproché de la mer. Vous vous y établiriez. Est-ce votre désir ? »

Tous me répondirent par un étourdissant *Ayoué!* La chose était claire. Personne ne voulait de l'Égypte, sauf les Égyptiens, les Circassiens et les natifs de Khartoum, qui pour la plupart avaient au Caire des amis et des parents.

Codi Aga me fit visiter les magasins et l'ivoire du Gouvernement, dont il y avait de fortes quantités, arrangées par tas et suivant la grosseur des défenses. Il m'en montra une pesant 64 kilogrammes, la plus grosse que j'aie vue en Afrique. Je sus par Emin qu'il avait aussi à Doufilé de forts approvisionnements d'ivoire, et que, dans le Monbouttou, un chef de ses amis lui gardait encore un millier de défenses. Les magasins du gouvernement en contenaient, disait-il, pour 1 875 000 francs à 4 fr. 50 le kilo ; mais comme le prix était maintenant de 6 fr. 75 sur la côte, la province se trouvait en posséder pour une valeur de 2 812 500 francs, qui allait se perdre, puisque nous ne pouvions charrier tout cet ivoire vers la mer. Quel dommage de jeter à l'eau tout cet argent! Depuis trois ans, comprenant qu'il ne pouvait rien faire de son ivoire, le Pacha n'en ramassait plus : s'il eût continué, il en aurait eu pour une somme double.

Dans la matinée du 16 juillet nous montâmes sur le vapeur pour aller à Doufilé, distant de 110 kilomètres. La navigation du haut Nil s'y arrête; un peu plus bas, le fleuve, encaissé entre une double rangée de montagnes, s'engage dans une longue série de chutes et cataractes qui ne s'arrête qu'à Redjaf, où il s'élargit, et s'ouvre aux bateaux jusqu'à Khartoum. Il fallait donc se préparer à une marche de 158 kilomètres de Doufilé à Redjaf.

Entre Ouadelaï et Doufilé la rivière, déjà très difficile à naviguer, se partage en canaux innombrables, formant des îles couvertes de roseaux et de papyrus, à travers lesquelles le bateau doit chercher sa voie avec de grandes précautions. Çà et là, le Nil s'épand en vastes lagunes, où des bandes d'hippopotames cabriolent et plongent, lançant de puissants jets par les naseaux.

Des pluies abondantes ont dû tomber dans le haut pays, car l'eau a monté de 60 centimètres depuis deux ou trois jours, et a pris une teinte chocolat. Le courant, devenu plus rapide, s'encombre de débris de végétation, formant des îles flottantes où perchent des hérons et autres oiseaux aquatiques. Ces détritus s'accumulent par places; ils ont arrêté parfois des mois entiers les bateaux qui faisaient le service entre Khartoum et la haute province. Le dernier amoncellement coûta à Lupton Bey trente mois de travaux : il y employait deux vapeurs armés de crochets en fer au bout de câbles robustes; on jetait les crocs dans la masse feutrée à laquelle les navires s'attelaient pour détacher les débris et les abandonner ensuite au fil du courant. Le blocage était souvent si compact qu'on y trouvait les carcasses de crocodiles et d'hippopotames qui n'avaient pu se dépêtrer.

Nous fûmes obligés de nous arrêter à Bora pour embarquer du bois qu'apportaient des Choulis. Ce sont de beaux hommes, robustes, bien développés, à la figure placide et joviale; et sans autre costume que des dents de crocodile enfilées en collier.

La campagne s'étend en belles et grandes prairies onduleuses, mouchetées de palmiers palmyres, qui portent des régimes de grands fruits orangés, à odeur de melon, assez semblables pour la taille et la forme à des noix de coco, et qui contiennent un gros noyau blanc, dans une pulpe fibreuse dont on exprime une espèce de sorbet, d'un goût écœurant, à la fois doux et amer. L'amande moulue est mélangée à de la farine de millet et l'on en fait des gâteaux.

Tout le jour nous descendîmes le long de marécages cachés sous des papyrus, et campâmes à huit heures sur le premier terrain solide qu'on eût rencontré. Les moustiques nous y firent la vie si dure que, sitôt le dîner fini, nous fûmes heureux de nous abriter sous des rideaux de mousseline.

Le lendemain la rivière se déroule, sans îles ni marécages, dans un chenal large et profond. De nombreux oiseaux aquatiques, hérons, pélicans, cigognes, grues et plongeurs, perchent sur les rocs dont plusieurs surgissent à même le lit; des canards, oies et poules d'eau abondent sur la rive, que recouvrent des bosquets d'ambatch, dont le bois, plus léger que le liège, fait flotter les lignes et les paniers de pêche.

Le 14 à midi, nous entrions à Douflé, la plus grande et la plus importante des stations. Le premier établissement datait de Gordon, mais Emin, le trouvant insalubre, le transporta à quelques centaines de mètres en amont, sur une rive plus élevée. Nous amarrâmes les vapeurs à deux embarcadères construits sur pilotis.

Les soldats, rangés en ligne, nous firent le salut réglementaire, tandis que les trompettes claironnaient l'hymne du Khédive. Au moment où je débarquais, on coupa le cou à un taureau, et il me fallut traverser le sang qui s'échappait à flots. Ainsi, m'expliqua-t-on, est honoré l'étranger qui arrive au pays pour la première fois.

La garde d'honneur nous escorta jusqu'à la grand'place. Au milieu, de grands figuiers ombrageaient une estrade en terre-plein, enclose par un mur en briques, qu'on eût dit élevée pour des musiciens. Des chaises avaient été rangées à notre intention ; on apporta le sorbet, les fonctionnaires vinrent saluer ; après quoi nous nous rendîmes au siège du gouvernement, vaste carré

Débarquement à Doufilé.

entouré par une boma haute de 2 m. 50. La demeure du Pacha et la mienne étaient fraîches, hautes, construites avec soin. Les murs, en briques séchées au soleil, avaient 1 mètre d'épaisseur ; les portes étaient munies de battants et les fenêtres de contrevents ; du sable blanc recouvrait le plancher. Je n'avais encore vu rien d'aussi propre et d'aussi bien dans toute la province. Les autres cases de l'enclos étaient pour la cuisine, les ordonnances et les domestiques. Derrière ces paillotes croissent de hauts palmyras, perchoir de nombreux hérons, dont le croassement mélancolique troubla notre sommeil.

Sur la vêprée, Haouachi Effendi vint me promener. La station fait un large carré, bien nivelé, entouré sur trois côtés par un fossé profond de 4 mètres et large de 5. Le déblai rejeté à l'intérieur forme un talus haut de 2 m. 50 ; le fleuve défend le quatrième côté. A chaque angle, un bastion, armé d'un canon de montagne, flanque les terrassements et commande le fossé.

Deux chaussées se croisent à travers la place, celle qui part de la rivière aboutit à une grande poterne servant de corps de garde et d'entrée principale. L'autre, qui la rencontre à angle droit, aboutit à deux autres poternes, entrées latérales dont les portes, lourdes et pesantes, sont plaquées de fer. Défendue par une garnison vaillante, la station serait imprenable, car elle n'est commandée par aucune colline.

Le carrefour s'élargit en un grand carré avec trois énormes figuiers, sous lesquels s'élève l'estrade déjà mentionnée; leur ombre est si épaisse qu'aux heures les plus brûlantes il y fait toujours frais et sombre. C'était le rendez-vous des officiers, qui s'y rassemblaient tous les soirs pour fumer et bavarder. Sous ces arbres, Baker, Gordon, Gessi, Prout, Mason Bey et toutes les illustrations équatoriales ont pris le café, fumé des cigarettes et réglé les affaires de la province.

Là s'était assis le pauvre Lucas, racontant le désappointement de ses espérances et la ruine de son expédition. Emin savait cent conversations tenues sous ces ombrages; Gordon, devant sa carte et ses boussoles, lui avait confié ses projets, romanesques parfois et de trop haut vol, mais toujours marqués au sceau du génie. Sous ces ramures, d'autres scènes devaient bientôt se passer, près desquelles les premières seraient insignifiantes.

Le siège du gouvernement prenait un côté du carré. Vis-à-vis, nombre de paillotes avaient été élevées pour Stanley et sa troupe, dans le cas où ils viendraient à la station. Regardant le sud, l'enclos de Haouachi Effendi, chef de la place, avec un bel et ombreux verger d'orangers et citronniers chargés de fruits.

Sur la face, longeant le fleuve, la route s'élargissait, bordée par la mosquée, les écoles et le jardin du gouvernement. Sous de magnifiques arbres formant voûte on jouissait d'une vue charmante sur le Nil. La mosquée et les écoles, de jolis bâtiments en brique, étaient sous la dépendance d'un moullah, banni d'Égypte pour avoir été impliqué dans une affaire de meurtre. Il enseignait aux enfants à lire et à écrire d'après le Coran; il disait cinq fois le jour les prières

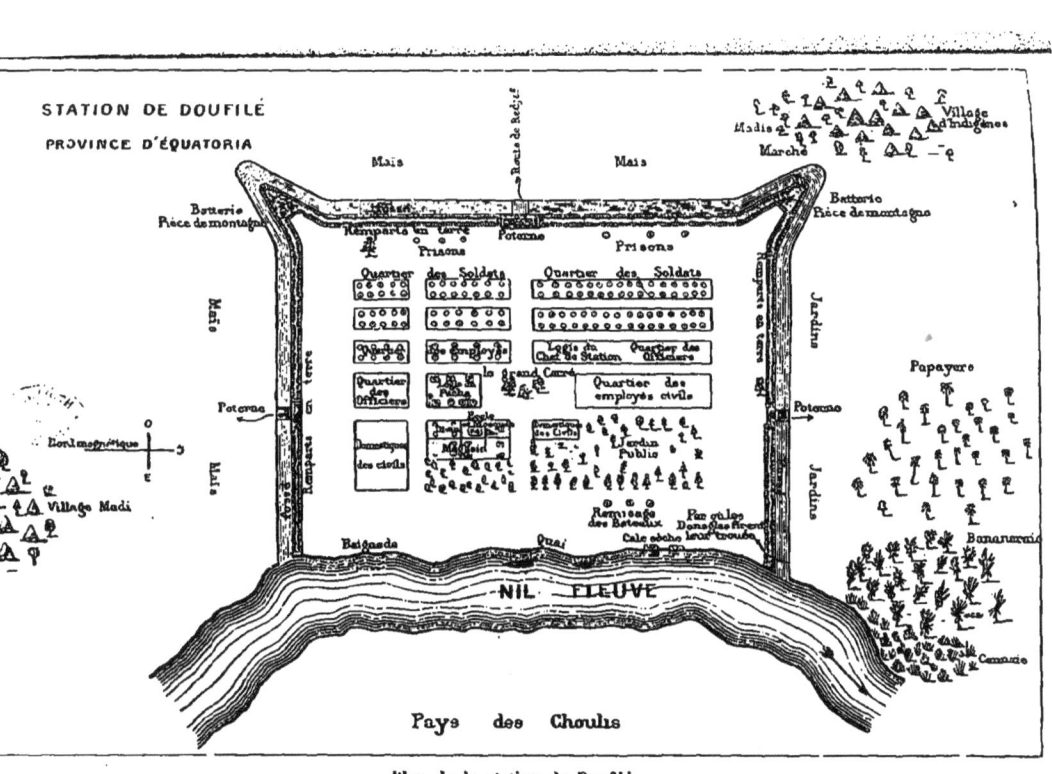

Plan de la station de Doufilé.

prescrites, et fonctionnait comme légiste et conseiller spirituel.

Tous les édifices publics sont en briques, de style robuste et solide. Quant à la mosquée, dans ce pays perdu, c'est réellement un triomphe d'architecture : un grand carré, bien soigné, blanchi à la chaux, et tapissé en long et en large de nattes élégantes, fabriquées dans le pays. Quantité d'œufs d'autruche pendaient de la voûte; le sommet était semblablement orné. Ces œufs font partie de la décoration officielle des mosquées, mais j'ignore pourquoi. Le jardin public regardait la rivière, fort bien tenu, plein d'ombrage, d'arbres fruitiers et de végétaux.

Entre les jardins et le fleuve courait une large esplanade avec des cales sèches et des magasins pour machines et instruments divers, boulons et barres de fer : tous débris des vastes approvisionnements laissés par Sir Samuel. Un bateau allait être lancé, sur le modèle des *neuggar* du Nil, sans nervures, formé de planches rudes et épaisses, maintenues par de fortes ferrures. Emin, qui en a construit plusieurs, les trouve d'un bon service, surtout depuis que les baleinières de Baker sont usées et peu sûres.

Tout autour, les employés s'étaient défriché des jardins, avec carreaux de pois et fèves, d'ail et d'oignons, de balmias, de chicorée et d'épinards, et des orangers, citronniers, grenadiers, anoniers, pommiers, goyaviers et papayers. Dans les paluds s'étendaient des cannaies et bananeraies. Sur un rayon de trois kilomètres autour de Doufilé, les gens cultivaient avec succès l'arachide (*Arachis hypogæa*), le millet, le dourra rouge et le dourra blanc, l'éleusine, le maïs et le sésame. Le riz et le froment poussaient assez bien, mais n'étaient cultivés qu'en faibles quantités.

Près du fossé, un marché pour la viande, le sel, les légumes, les tapis et autres articles; des échoppes de cordonniers et de charpentiers, des hangars où l'on fabriquait des nattes et des étoffes de coton. Des Madis vivaient sous la protection immédiate du fort, et servaient de portefaix ou d'interprètes quand on réclamait leurs services. Tout cela était bien tenu, propre et net, la station balayée deux fois par jour. En somme, on n'aurait pu faire mieux dans un pays si longtemps abandonné à lui-même. On avait abondance de chèvres et de bétail, de grains et de légumes; l'habitant vivait dans un bien-être que l'Égypte n'aurait pu lui donner. Le Pacha avait toute raison d'être fier de l'œuvre qui lui avait coûté tant de soucis.

Il se faisait un peu tard déjà, on avait apporté le café et les cigarettes, quand Haouachi Effendi vint faire un bout de conversation.

Cet homme, un Égyptien, du rang de *bimbachi* ou major, était le plus ancien officier de la troupe. Il avait été relégué pour avoir, lors de la guerre abyssine, vendu à l'ennemi des provisions du gouvernement. Grand coquin, à l'instar de la plupart de ses compatriotes, il faisait exception en ce que le travail ne lui répugnait pas et qu'il faisait aussi travailler les autres. Justement détesté pour sa violence et sa rapacité, il rendait les plus grands services à Emin, auquel il obéissait strictement; si le Pacha donnait un ordre, l'ordre était exécuté.

Haouachi avait le cynisme de sa coquinerie; il n'en rougissait pas le moins du monde. Un jour qu'il nous disait quels gredins étaient les Cairiotes, Emin le regarda et s'écria : « Hé bien! et vous? — Oh! fit le drôle, Votre Excellence n'ignore pas que je ne vaux pas mieux que les autres. » Et se tournant vers moi : « Vous êtes un étranger. Rappelez-vous bien mon avis et tenez-le pour dit : nous avons ici des Soudanais et des Égyptiens. Si un Soudanais vous arrive la figure renfrognée et un fusil chargé, tandis qu'un Égyptien s'amène avec un tapis et un salut amical, allez au Soudanais. Avec son fusil chargé, il vous fera moins de mal que l'Égyptien avec sa natte et son sourire. »

Ce même jour, l'Effendi donna un fort bon dîner en mon honneur. Dans son divan, des chaises avaient été placées à côté d'une petite table basse portant un large plateau en cuivre. Tout autour siégeaient Emin et moi, Haouachi, Hamad Aga et Vita Hassan le pharmacien. On plongeait les doigts dans les plats. Nous avions, pour pièce de résistance, une chèvre, rôtie entière, farcie d'oignons, de fèves et d'arachides.

Haouachi la saisit et, à la force du poignet, en arracha les gigots et les épaules, puis il cassa l'échine, faisant tomber dans le plat le garnissage du ventre. L'opération n'avait rien d'engageant, et la graisse lui giclait entre les doigts; néanmoins ce mets fut de mon goût et tout particulièrement les arachides. Suivirent des plats nombreux et divers, entre autres des sauces et coulis regorgeant de beurre et d'huile. J'avais une certaine difficulté à les faire parvenir jusqu'à la bouche, étant encore fort novice à la manœuvre. On passe ici pour mal élevé si on ne se sert largement. Je me levai de table avec la sensation d'être gavé. On apporta des aiguières et une poudre de fèves moussant comme du savon.

Après le café je pris ma pipe, et sortis avec Haouachi, qui m'entretint longuement des affaires courantes. Il ne dit de bien de personne, sauf du Pacha, tout en observant qu'il ne tenait pas assez son monde, se laissait duper par les politesses et les protestations de loyauté, tandis que sous main on le desservait et on intriguait contre lui. Quoiqu'il n'aimât guère Hamad Aga, le major du 1⁰ʳ bataillon, il pensait qu'on pouvait encore se fier à lui, « mais, ajouta-t-il, son influence n'est grande ni sur les officiers ni sur les soldats ». Tout ce monde ne valait pas cher, et il me recommanda d'ouvrir l'œil si le Gouverneur et moi nous risquions en cette compagnie. Il ne pouvait comprendre que nous allassions nous fourrer dans ce guêpier. Je lui expliquai que les soldats avaient refusé de construire le camp retranché à Nsabé, refusé aussi d'aller au fort Bodo avant de connaître la résolution de leurs frères aux stations septentrionales de Redjaf et de Kirri. Le Pacha avait pensé que mieux valait y voir par nous-mêmes. Sur ce, Haouachi exprima poliment l'espoir que, ma présence aidant, tout irait pour le mieux. Toutefois il conseillait de bien nous tenir sur nos gardes au moment de nous aventurer dans le 1⁰ʳ bataillon.

Cette conversation m'impressionna. Le doute me gagnait qu'Emin ne comprenait ni la situation, ni les gens auxquels il avait affaire. Des paroles isolées, certains dires des uns ou des autres, et qui, sur le moment, ne m'avaient pas frappé, me revinrent à la mémoire, tandis que je passais la nuit entière réfléchissant, réfléchissant encore. Que n'aurais-je donné pour cinq minutes de causerie avec Stanley, le temps d'entendre son avis, toujours si précis et limpide! Cinq minutes lui eussent suffi pour juger de la conduite à tenir. Il m'avait bien dit de me guider, plus ou moins, sur Emin. Mais, de ce *plus* ou *moins*, que choisir dans le cas présent? J'avais trop peu confiance dans mon expérience et mon jugement pour prononcer. Aujourd'hui que je regarde en arrière, je m'étonne, sachant ce que je sais, d'avoir pu hésiter une minute. Mais pour aller contre l'avis et le jugement d'Emin, il m'eût fallu faire litière de nos idées préconçues et de l'opinion que l'Europe se faisait du Pacha. C'était un fossé difficile à franchir; je n'osais faire encore le saut.

CHAPITRE IV

L'ORAGE S'AMASSE

Nous partons pour Redjaf. — Une harde d'éléphants. — Près des cataractes de Doufilé. — Chor Ayou. — Laboré. — Sélim Aga. — Les ânes du pays. — Les femmes Baries. — Arrivée à Mouggui. — Abdoullah Aga Manzal. — Les brigandages des soldats. — Arrivée à Kirri. — Bachit Aga. — Les plaisirs de Gordon. — Costumes et ornements des Baries. — L'état du pays occupé par le 1er bataillon. - Méfiance des soldats de Kirri à notre endroit. — Harangue aux Kirriotes. — Musique et danse des Mukrakas. — Lettre de Hamad Aga. — Notre retour à Mouggui. — Nouvelles alarmantes de Kirri. — Déplorable faiblesse d'Emin. — Les soldats de Redjaf visitent le Pacha. — Confiance invétérée du Moudir en ses soldats. — Nouvelles données par Haouachi Effendi. — L'histoire de Taha Mahommed. — Les visiteurs à Latouka. — La générosité du chef Bari. — Les dévotions de mon domestique Binza. — Possibilité d'un retour offensif des Mahdistes. — On commence à évacuer Mouggui. — État satisfaisant du pays autour de Mouggui. — L'heureuse influence exercée par Abdoullah Aga Manzal.

Dans la matinée du 17 juillet j'étais abattu et mélancolique. Tout en prenant le café, je risquai quelque chose à Emin de la conversation tenue la veille avec Haouachi Effendi. Le Pacha affecta de n'y pas faire grande attention ; il me dit cependant que nous n'irions pas directement à Redjaf, mais resterions à Kirri, qui en est à deux jours de marche. Hamad Aga et ses camarades écriraient pour annoncer notre visite au 1er bataillon et nous renseigneraient sur l'état des affaires.

Ce nouveau plan me rassura quelque peu, et nous partîmes pour Chor Ayou, petite station à 27 kilomètres de Doufilé, au confluent du Nil et de l'Ayou.

Notre caravane faisait grand effet. Avec ses deux cents porteurs, les officiers, les miliciens, les employés, les domestiques, nous devions bien être quatre cents. Nous partîmes de Doufilé entre deux lignes de soldats, bannières déployées et trompettes sonnant, et, dans la fraîcheur du matin, mon abattement ne tarda pas à s'évanouir. Pendant près d'une heure, nous traversâmes les cultures appartenant à la station, qui, tant était vaste son domaine rural, aurait pu, je pense, se suffire à elle-même, sans lever aucun impôt de grains. Vue superbe, que celle de ces champs de maïs, annonçant la paix et l'abondance. Par un sentier abrupt et inégal nous descendîmes dans une autre plaine, bordée par un chaînon parallèle au fleuve, couverte d'acacias et coupée de ruisselets descendus des montagnes, qui, dans le sol rocheux, se creusaient des lits profonds.

Dans un ravin gazonné nous avisâmes d'innombrables signes de la proximité d'éléphants : arbres brisés, terrains fouillés, une large sente ouverte par le passage de pieds nombreux. Quelques minutes après, j'eus un spectacle extraordinaire : tout près, à notre gauche, marchait parallèlement à nous une harde d'environ deux cents éléphants. On ne saurait se figurer la majesté de ces grands corps noirs déambulant lentement. Les longues défenses blanches brillaient au soleil. Sur une longueur de huit cents mètres les colosses se suivaient, avançant à loisir. La plaine elle-même semblait se mouvoir. Une vraie montagne de chair précédait les autres à une cinquantaine de mètres ; je la signalai à Emin, il répondit que le plus gros éléphant femelle conduit toujours le troupeau. Contraste à noter : une femelle mène les éléphants, un mâle mène les bovins. Il avait toujours observé qu'une femelle volait ou nageait en tête des bandes d'oies et de grues. Nos hommes, qu'inquiétait le voisinage des éléphants — deux cents mètres, — se mirent à siffler et à pousser des cocoricos afin d'empêcher ces animaux de fondre sur nous. On croit, en ces pays, que l'éléphant ne supporte pas d'entendre l'homme siffler ou le coq chanter ; il détale plutôt que de supporter ce bruit désagréable.

A midi nous vîmes les montagnes qui jusque-là courent parallèlement au Nil, se rapprocher à l'orient et à l'occident ; le sentier descend le haut plateau et suit à quatre ou cinq cents mètres de la rive gauche. En face, la chaîne s'élève à pic, et le fleuve resserré mugit à travers une longue série de rapides. Ce magnifique paysage ressemble à un parc. Des vallons boisés escaladent les hauteurs ; la langue de terre qui longe la rivière est couverte d'herbe courte, ombragée de massifs à formes élégantes. On ne saurait dire le calme qui se dégage de cette scène; dans cet enclos de hautes collines on se sent comme dans la plus sûre des retraites. Nous fîmes collation au ras de la rive, sous le vaste ombrage d'un arbre, et reposâmes sur l'herbe molle et douce.

A quatre heures trente nous étions à Chor Ayou, petit camp retranché, proche du fleuve, entouré de champs de

Troupe d'éléphants.

maïs et d'arachides. Par un accident quelconque, le courrier ayant manqué, nos cases n'avaient pas été préparées, mais je tremblais la fièvre et ne demandais qu'à m'étendre dans n'importe quelle paillote. Khamis Aga, le chef du poste, vint présenter ses respects; le Pacha, mécontent de l'état des lieux, le reçut froidement. Avec ses 25 soldats et ses 2 officiers — c'était la moins importante des stations — il avait à défendre le gué, sans cesse disputé par les montagnards voisins. L'Ayou, d'assez belle apparence, doit rouler beaucoup d'eau dans la saison pluvieuse; nous le passâmes dans un grand et fort neuggar amené de Doufilé. Je trouvai singulier que ces petites tribus se montrassent encore hostiles au gouvernement depuis si longtemps établi dans le pays; sans doute, les officiers, pour la plupart déjà mal notés en Égypte, lâchaient la bride à leurs subordonnés dès que le Gouverneur tournait le dos. Les tribus de la rive opposée n'avaient jamais été soumises, et l'endroit n'était pas loin où fut tué ce pauvre Linant de Bellefonds, que Stanley rencontra dans l'Ouganda en 1875.

Le lendemain, un peu tard, nous partîmes pour Laboré, situé à deux heures et demie de marche. Le paysage ressemblait assez à celui de la veille; la plaine, étroite, était presque tout entière cultivée, principalement en arachides.

A dix heures nous arrivions à Laboré, station assez importante, au sommet d'une colline escarpée qui regarde la rivière. Les 90 soldats et les 7 officiers se rangèrent en ligne pour saluer le Gouverneur. Notre demeure était entre la rivière et le fort. Sélim Aga, chef du district, et Sourori Aga, commandant la garnison, nous présentèrent le café et l'inévitable sorbet. Les cases étaient jolies et fraîches, les parois tressées en bambou fendu.

Dans la fraîcheur de l'après-midi nous allâmes prendre le café chez Sélim Aga. C'est le plus grand Soudanais que j'aie vu, haut de 1 m. 90 tout au moins, la face large, le corps obèse : un compagnon qui en prenait à son aise, gros réjoui, à face de chérubin, avec une pie-grièche de femme. C'était un des officiers qui allèrent à la rencontre de Stanley lors de notre visite à Nsabé. Il pensait que tout irait bien, maintenant que nous allions parler aux gens de Redjaf. Il me dit vouloir parler lui-même à ses soldats; pour le moment, il paraissait se défier de Sourori Aga, son second.

Nous inspectâmes la place, sise sur un sol inégal et rocheux. Close par une forte et épaisse muraille en pierres sèches, garanties au sommet par des fagots de mimosa épineux, elle n'était ni aussi propre ni aussi bien tenue que celles au sud de Doufilé, plus directement sous les yeux du Pacha. La campagne produit beaucoup de coton; mais, faute de pluie, la récolte de l'année avait été particulièrement mauvaise.

Le lendemain, nous partions pour Mouggui, à sept heures de marche. Les montagnes reculaient de côté et d'autre, ouvrant une large plaine; notre sentier longeait le Nil.

Les ânes de selle sont ici très robustes, mais ils ont le pas lent, aussi marchai-je la plupart du temps. Il y en a de grands troupeaux à l'est du pays des Dinkas, mais on les utilise pour le lait et non comme bêtes de somme. Nous quittâmes les Madis pour entrer sur le domaine des Baris : joli paysage, mais sans rien de remarquable, sauf beaucoup d'oiseaux qui me faisaient désirer un fusil : Emin me communiquait sa passion pour l'ornithologie. Il y avait là des tisserins d'un brillant écarlate, et des lamprocoles bleu d'acier qui voletaient dans les longues herbes.

Aux approches de Mouggui, les cultures se font plus étendues ; les oies et les pintades pignochent les récoltes. Les femmes besognaient aux champs, complètement nues, sauf un petit tablier en brillantes mailles de fer, et une longue queue en ficelle qu'en bêchant elles passent sous leur genou. Je constatai avec surprise que la plupart d'entre elles et quelques hommes ont cet aplatissement de la rotule connu en Angleterre sous le nom de « genou de la récureuse » et j'attribuai cette

Sélim Aga.

particularité à la posture qui leur est familière dans presque tous les travaux. Les portes des huttes sont si basses qu'on n'y entre qu'en rampant, autre circonstance qui favorise cette déformation, vu les petits grains de sable qu'on ne cesse de s'enfoncer dans la peau. On dit cette tare non douloureuse. La plupart des Baries, travaillant à leur maïs, avaient leurs bébés perchés sur le dos, et c'était chose curieuse, en entrant dans un champ, que de voir une douzaine de femmes dans leur humble attitude, chacune avec son gros négrillon lui gigotant sur la nuque.

A Mouggui nous n'entrâmes pas d'emblée dans le fort, mais dans une bâtisse à quelque distance, sur la rive droite du fleuve, qui fait ici une assez belle chute. J'aimais à entendre le gargouillement de l'eau si près de notre hutte. Le commandant

Abdoullah Aga Manzal, l'un des officiers les plus appréciés d'Emin, se montra bientôt, nous apportant le café. Il eût désiré nous garder quelques jours, mais nous avions hâte d'aller de l'avant et d'en finir avec l'affaire de Redjaf, pour retourner aux postes méridionaux et partir pour le fort Bodo. Abdoullah me parut plus intelligent que la plupart des officiers soudanais de ma connaissance. Ceux-ci ne m'avaient encore questionné que sur les aventures de l'Expédition, sur ce que nous avions pu manger, et ainsi de suite; mais Abdoullah s'enquérait des indigènes rencontrés sur la route, s'intéressait à leur façon de faire la guerre et de cultiver; il comparait leur physique avec celui des tribus qu'il avait vues dans les régions sylvaines, Monbouttous, Niam-Niams, Makrakas. La petite conversation m'enchanta.

Le 19 juillet nous partîmes de bonne heure pour Kirri, situé à quatre heures et demie de marche. Pays pauvre, mais pittoresque, coupé de ravins et de cours d'eau, ondulé de coteaux que recouvre une herbe courte. Des pierres marquent, en grands cercles ou en carrés, la place qu'avaient naguère occupée d'importants villages. Chassés par les manières hautaines et les incessants maraudages des soldats, les Baris abandonnent leurs établissements le long de la route, pour s'installer derrière leurs collines basses. A mesure que nous avancions vers le nord, dans les stations qui n'étaient plus sous l'influence directe du gouverneur, les villages ruinés se multipliaient; les chèvres et le bétail disparaissaient; évidemment les natifs tâchaient de se mettre à l'abri des razzias. Si cette soldatesque éprouvait des revers, elle ne manquerait pas d'être bientôt massacrée, car l'habitant n'aimait guère « le régime des Turcs ».

Pendant un long chemin nous traversâmes des terrains qui eussent réjoui le cœur d'un géologue : des terrasses aussi planes que si on les eût disposées exprès; des failles et soulèvements inattendus, des strates curieusement contournées.

Il était encore de bonne heure quand nous atteignîmes Kirri, petite place, encore diminuée par les désertions des soldats, qui, sous l'influence de la faction redjavaise, avaient filé dans un camp qu'ils s'étaient installé chez les Makrakas.

Le commandant Bachit Aga restait fidèle au Pacha, mais ne parvenait pas à empêcher les désertions; sauf son penchant à l'ivrognerie, il se montrait obéissant et de bon service. Notre logis, construit en dehors du fortin, sur un rocher étroit fort élevé au-dessus de la rivière, avait été la retraite favorite de Gordon, qui, lorsqu'il pouvait s'arracher à la besogne de Lado, se récréait, comme Gladstone, en abattant des arbres. Bachit Aga contait une amusante histoire de l'impatience montrée par Gordon, auquel un capitaine voulait absolument envoyer des hommes, afin d'épargner à Son Excellence l'énorme fatigue à laquelle il ne craignait pas de s'astreindre.

A notre arrivée, les gens, désireux de rendre nos huttes plus confortables, en avaient plâtré l'aire avec de la bouse fraîche, qui eût fait un sol excellent si on lui eût donné le temps de sécher, mais, pour le quart d'heure, les huttes étaient inhabitables. On y remédia en envoyant des Baries avec des charges de sable blanc et propre qu'elles répandirent dans les cases; elles les fumigèrent ensuite avec une gomme très abondante dans le pays, et qui exhale une odeur comme celle des pastilles du sérail. L'activité et la bonne humeur de ces créatures me plurent; la plupart s'entourent la taille de bandes en cuir, couvertes de petits et brillants disques en fer, imitant une garniture de sequins; de la ceinture descend un petit devantal en anneaux, de fer toujours, comme ceux d'une cotte de mailles. D'aucunes les remplacent par plusieurs chaînettes ou par un grand carré de cuir, cousu de petits cylindres métalliques, gros comme un crayon. Autour du cou elles portent de solides carcans, — de fer encore, — de toutes formes et de toutes grandeurs ; et, autour des poignets et chevilles, les bracelets et chevillères ordinaires. Je remarquai une ceinture formée de plusieurs tours de fils de coquillages en disques; par derrière pendait une longue et étroite queue de ficelles. En somme la Barie est très ornée, mais fort peu habillée. — Les hommes vont tout nus, comme les Madis.

Dans l'après-midi nous prîmes le café avec Bachit Aga et visitâmes sa bicoque, assez mal tenue et entourée d'un mur en pierres sèches, avec des épines sur la crête. Toutes les stations au nord de Doufilé sont ainsi construites, et telles quelles, elles sont presque imprenables pour les indigènes.

Comme il a été dit plus haut, le Gouverneur avait décidé de s'y arrêter; il ne voulait pas en bouger avant d'avoir reçu la réponse de Hamad Aga et des officiers du 1er bataillon envoyés à Redjaf pour dire qu'il resterait quelques jours à Mouggui. « Si les mutins venaient faire leur soumission, il pardonnerait à condition qu'on lui livrât les meneurs. S'ils s'y refusaient, il les abandonnerait à eux-mêmes, prendrait avec lui les garnisons de Kirri, Mouggui, Laboré et Chor Ayou, puis viderait le pays au retour de Stanley.... Quand bien même les officiers n'obéiraient pas, de nombreux soldats lui reviendraient! » Pour ma part, je n'y croyais guère.

Emin avait ses chasseurs d'oiseaux; il comptait enrichir ses collections pendant le temps que les Redjavais mettraient à se décider. Sur nos huttes perchaient la nuit quantité d'hirondelles remarquablement jolies; plus petites que l'espèce d'Europe, elles ont le dos et la tête bleu d'acier, la gorge brune, le ventre blanc. On nous apportait de tous côtés anneaux, colliers et ceintures, couteaux et vaisselle de bois, arcs et flèches. Les arcs sont longs, en bambou fendu; la corde est en cuir finement tressé. Les flèches ont près d'un mètre de longueur, avec une lourde pointe en fer de 20 centimètres et terriblement barbelée; dépourvues de plumes, le poids de la tête suffit pour les faire voler droit; on en trempe le fer dans le suc de l'euphorbe candélabre. La corde s'appuie à l'autre bout par une coche. Ni ces arcs ni ces flèches ne valent ceux des sylvains, qui mettent leur orgueil à les polir et à les orner.

Après quelques jours d'attente, Hamad nous manda qu'il avait convoqué les officiers pour leur dire que le Moudir, actuellement à Kirri, descendrait à Redjaf pour parler au peuple, si les officiers commençaient par faire leur soumission. Il fut répondu qu'on avait écrit au Makraka pour convoquer Ali Aga Djabor et Mahmoud Effendi l'Adénite, afin de se consulter sur la conduite à tenir. Avant de faire un pas, on voulait l'avis de ces deux personnages.

Or ces deux hommes avaient été les instigateurs de la rébellion. Contrairement aux ordres du Pacha, ils s'étaient établis dans le Makraka, prenant avec eux la moitié des garnisons de Bidden, Kirri et Redjaf, en même temps qu'une forte quantité de munitions. Ils vivaient en chefs de brigands, razziaient, enlevaient femmes et bétail, pendaient, fusillaient, mutilaient. Ces deux scélérats étaient les pires parmi de nombreux coquins; mais on n'osait bouger sans eux.

Emin, cependant, disait que, s'il pouvait voir Ali Aga

Djabor, il le gagnerait sûrement. Je pensais qu'il s'embarquait dans une bien dangereuse aventure, et qu'attendre encore ne serait que perte de temps : j'avais reçu l'ordre de faire la tournée des stations, mais, puisqu'on ne pouvait aller à Redjaf, il n'y avait plus rien à gagner ici. Il me tardait d'avoir exécuté ma mission, car je commençais à m'inquiéter.

Mon souci fut augmenté par une conversation que j'eus avec le plumitif de Kirri : Un employé de Toungourou, Achmet Effendi Mahmoud, qu'Emin, à son retour de la visite à Stanley, emprisonna comme fauteur de sédition, avait affirmé que j'étais un instrument entre les mains de Stanley et du Pacha pour tromper les gens. Nous ne venions pas de plus loin que de l'Ouganda; mes ordonnances soudanaises n'étaient qu'un trompe-l'œil; l'Expédition — une affaire de voyageurs — n'avait aucun rapport avec l'Égypte. Si elle venait réellement de l'Effendina, elle montrerait trois cents de ses soldats, et non pas trois seulement....

« Mais voyons! répliquai-je, qu'importe que nous venions de l'Égypte ou non, pourvu que nous vous portions secours?

— Personne ne bougera, répondit-il, à moins que vous ne prouviez que vous arrivez réellement de l'Égypte! »

Ces gens me fatiguaient et ne m'inspiraient qu'une confiance très restreinte. Je priai Emin de reprendre au plus tôt le chemin du Sud. Donc, il fut décidé que nous repartirions pour Doufilé.

Le lendemain je lus aux soldats la lettre du Khédive et la proclamation de Stanley. Ma harangue fut courte et incisive. Cette stupidité et cette ingratitude me dégoûtaient. Je leur remis en mémoire les treize années pendant lesquelles le Moudir avait travaillé pour eux; je fis valoir qu'ils avaient tout intérêt à l'écouter et non pas les Redjavais. Cependant, s'ils préféraient les croire plutôt que nous, ils n'avaient qu'à le dire et rester où ils étaient. Quant à Stanley, dès qu'il serait de retour, ceux qui seraient prêts partiraient avec lui, mais il n'attendrait personne, car il avait déjà perdu trop de temps. Je terminai en faisant le tableau de ce qu'ils deviendraient, une fois abandonnés à eux-mêmes. Leurs munitions, même très économisées, dureraient quelques mois, une année peut-être; après quoi, les indigènes, dont ils avaient gagné la haine par cent actes de violence, les balayeraient de la terre. Le petit nombre qui échapperait aurait à s'armer de flèches et de zagaies, à se vêtir de feuilles vertes ou retourner à la nudité première. Redevenant ce qu'étaient les indigènes, ils rentreraient dans la condition dont Emin les avait arrachés et qu'aujourd'hui ils méprisaient si fort. Sans compter que la main de chacun se tournerait contre eux.

Ces dernières considérations semblèrent les frapper, car c'était leur vanité de se considérer comme civilisés et bien habillés ; il leur était dur d'entendre qu'avant l'année révolue, ils retomberaient dans la sauvagerie.

Un des sous-officiers sortit des rangs : « Quel dommage que tu n'ailles pas à Redjaf, où tu répéterais ces paroles que tu nous as dites ! Ils verraient clairement où ils en sont, et nous serions tous d'accord. »

Dans la matinée du lendemain, Bachit Aga m'amena ses subordonnés. Il s'était bien comporté pendant la mutinerie, et quoiqu'il appartînt au 1ᵉʳ bataillon, il avait refusé de signer les lettres d'insultes à Emin. Naturellement, il suivrait le Gouverneur en Égypte, n'importe où. Je ne m'attendais pas cependant à la manière solennelle avec laquelle tous déclarèrent qu'ils étaient prêts à partir pour le Sud sur l'ordre du Moudir. Ils dirent qu'on n'avait fait que ruminer mon discours de la veille. Ils comprenaient maintenant quelle serait leur position s'ils refusaient notre assistance. Ils demandaient à être soustraits à l'action des meneurs redjavais ; ils voulaient que leurs paroles fussent inscrites dans mon *kitab* ou livre, car on leur avait dit que chaque jour j'écrivais ce qui se passait dans la province. Ils savaient aussi que je possédais un fusil merveilleux et désiraient beaucoup le voir : je leur montrai ma carabine winchester avec ses quinze cartouches, dont ils furent émerveillés.

Dans la soirée, le Pacha me fit chercher : on avait dit aux soldats que Stanley ne leur permettrait pas d'emmener leurs femmes, leurs enfants et leurs esclaves ; une députation venait demander si cela était vrai.

« Je n'avais rien à voir dans leurs arrangements domestiques, leur répondis-je, mais, en ce qui nous concernait, ils avaient l'entière liberté de se faire accompagner par qui leur conviendrait. » Ils n'en demandèrent pas davantage.

A la fraîcheur, Emin et moi assistâmes à une danse qu'arrangeaient en notre honneur les gens de la troupe, presque tous natifs du Makraka. C'est ce que j'avais encore entendu de mieux en fait de musique africaine. Il y avait là des cornets longs et des cornets courts, fabriqués avec des gourdes et des peaux de vache; des tambours de toute grandeur. Chaque danseur tenait en main un claquet d'osier avec lequel il frappait en mesure selon le pas. Le motif était donné par six ou sept notes profondes émises par un grand cor; on le répétait encore et encore, avec accompagnement de tambours et crécelles. A distance, cela sonnait bien; même j'y trouvais un accent pathétique. La danse makraka, moins passionnée que les danses des tribus environnantes, n'a pas les indécentes saltations des Lurs. Les danseurs font un double glissé et sautillent posément autour des musiciens. Les gestes et mouvements des femmes sont des plus gracieux.

Comme nous rentrions, un messager mit une lettre entre les mains d'Emin; écrite par Hamad Aga, elle venait de Redjaf, et en voici la traduction littérale :

A Son Excellence le gouverneur du Hatalastiva.

Après avoir humblement baisé tes mains, je prie le Très-Haut de ne pas me retenir longtemps loin de Son Excellence. Je demande la permission de dire que je suis toujours à Redjaf. Je cherche anxieusement l'occasion de m'en échapper, mais j'y suis retenu. Je tiens à porter à ta connaissance que, d'après ce que j'ai ouï dire, les officiers d'ici ont fait une conspiration pour s'emparer de Son Excellence, si Elle honorait cette ville de votre visite. Ils ne te permettraient pas de t'en retourner, mais iraient, avec toi, par le chemin de Gondokoro, rejoindre leur Gouvernement, qu'ils sont convaincus être toujours à Khartoum.

Son Excellence n'ignore point ce dont ces gens sont capables, et le dévouement que j'ai pour sa personne me fait considérer comme un devoir d'informer Son Excellence du complot. Quant à ce qui me concerne, depuis mon arrivée ici, je ne me suis en rien mêlé des affaires, et, pour tout ce qui a été fait, je n'ai point été consulté. Mon plus grand désir est de trouver un moyen pour m'échapper. Si Notre-Seigneur me couvre de sa protection et me sauve, que son saint nom soit béni, sinon, que sa volonté soit faite! C'est tout ce que je puis dire à Son Excellence.

HAMAD MAHOMED,
major du 1er bataillon.

28 juillet 1888.

C'était la confirmation de nos pires inquiétudes. Le nuage,

pas plus grand qu'une main, qui avait surgi dans mon esprit, grandissait, s'obscurcissant toujours, faisant disparaître la foi que j'avais eue en la sagesse du Pacha.

Le messager raconta que Hamad Aga l'avait envoyé secrètement et de nuit. Les soldats, disait-il, étaient mécontents de leurs chefs, et si Emin venait à Redjaf, ils ne manqueraient pas de se ranger sous ses ordres. Mais l'expérience était trop dangereuse, bien que le Pacha semblât croire à un revirement en sa faveur.

On se rappela que, neuf mois auparavant, quelques meneurs du 1ᵉʳ bataillon avaient tenté, à Kirri même, de capturer le Moudir. Craignant une autre tentative de ce genre, il fut décidé que, sans perdre de temps, nous nous replierions sur Mouggui.

Pour préparer l'évacuation du poste, Bachit Aga reçut l'ordre de faire suivre la poudre, en ne réservant que la quantité nécessaire pour les besoins immédiats. Nous n'avions pas fait beaucoup plus d'un kilomètre, quand un messager courut après nous, avec un billet de Bachit : au moment d'acheminer la poudre, les soldats s'y étaient opposés. — Le Gouverneur se borna à répondre qu'il insistait pour qu'on envoyât les munitions immédiatement!

Le refus constituant une insulte et une rébellion ouverte, je demandai à revenir sur mes pas, pour leur faire mettre les pouces. — Certes, si Stanley ayant donné un ordre avait appris qu'on ne l'exécuterait pas, il eût été bientôt sur la place afin d'enseigner l'obéissance. Mais Emin était incapable de résolution. Il ne me fallait plus d'autre preuve; tous les doutes qui, il y a une quinzaine, avaient surgi en mon esprit, étaient maintenant confirmés. A partir de ce jour je perdis toute confiance en la prudence du Moudir et en la fidélité de ses gens : une lourde nuée s'amassait, et ne tarderait pas à fondre sur nos têtes! A Mouggui, où nous arrivâmes dans l'après-dîner, nous fûmes rejoints par un exprès de Kirri annonçant que la garnison refusait d'obéir au second ordre donné par le Pacha.

Le lendemain matin, Bachit faisait savoir que les soldats s'étaient insurgés parce que le Gouverneur avait ordonné d'emporter la poudre, sans les avoir avertis qu'il se proposait d'évacuer la station. Se figurant que le Moudir s'efforçait de les tromper, ils disaient hautement ne plus se fier à lui, et préparer leur départ pour Redjaf. Avec les nègres surtout, il est dangereux de donner un ordre sans bien savoir qu'il sera exécuté. Si le Pacha avait fait quelques pas en arrière, quelques paroles eussent ramené les soldats dans leur devoir, et prévenu les désastres qui s'ensuivirent. On nous dit que Kirri avait envoyé à Redjaf pour renseigner les rebelles sur ce qui venait de se passer. Deux jours auparavant, Kirri déclarait obéir au Gouverneur, et demandait à être soustrait à l'influence du 1er bataillon; aujourd'hui ils emboîtaient le pas derrière lui. Quels êtres fantasques, et quelle foi ajouter à leurs protestations de fidélité!

Dans l'après-midi j'y allai de ma harangue, et lus les lettres du Khédive et de Stanley. Il y avait en tout 90 fantassins à Mouggui, qu'on croyait la garnison la plus fidèle au nord de Doufilé. Emin espérait beaucoup en Abdoullah Aga pour donner l'exemple d'une évacuation faite sans retard. Il avait le projet d'acheminer par la route fluviale toutes les troupes au nord de Doufilé, pour les transporter ensuite par ses vapeurs jusqu'à l'extrémité sud du lac : si l'on voyait Abdoullah partir, on n'hésiterait pas à suivre son exemple.

Vers minuit, Emin entra dans ma hutte et me réveilla. Une lettre du chef de Kirri lui annonçait que des soldats venus de Redjaf s'étaient saisis de la poudre, et le tenaient prisonnier dans sa maison. Après ce qui s'était passé la veille je ne fus nullement étonné. Le Pacha demanda mon avis et celui d'Abdoullah Aga. Je conseillai d'envoyer à Kirri quelques soldats et autant de porteurs qu'on pourrait trouver, avec une lettre mandant que tous ceux qui voudraient rallier Redjaf étaient parfaitement libres de le faire, puisque le commandement du Khédive portait que chacun pouvait rester s'il lui plaisait ainsi. Pour ceux qui préféreraient suivre le Moudir, des soldats et des porteurs les conduiraient à Mouggui, mais il n'acceptait que des volontaires et n'entendait contraindre personne. On adopta ce parti, et à trois heures du matin, au clair de lune, on dépêcha pour Mouggui une troupe commandée par Ismaïl Aga, un jeune officier soudanais des mieux avisés.

J'avais en compassion Emin qu'avaient épuisé les anxiétés incessantes d'une longue résidence dans l'Equatoria. Après s'être attaché à ses administrés et avoir repoussé les attaques du Mahdi, sans aucune aide du dehors, voilà qu'il tombait dans les soucis d'une nouvelle rébellion! Il était à bout de forces, disait-il, et déposerait son fardeau volontiers : « Mais qui voudrait s'en charger? »

Nous passâmes toute la nuit à converser sur la tournure que prenaient les affaires de la province. Avec une touchante simplicité, il me dit sa vie, ses craintes, ses espérances, ses luttes, ses déconvenues. En écoutant son histoire, j'eus honte de m'être irrité parce que, l'avant-veille, il avait manqué de résolution. Un jeune homme plein de vigueur et de vie ne comprend guère la difficulté pour un vieillard épuisé par les fatigues et les soucis d'agir avec énergie et décision.

Pendant plus de dix ans, Emin avait servi la Turquie comme chirurgien, et en des pays très chauds, Syrie, Asie Mineure, Arménie, Perse, Arabie et Tripoli. Passé en Égypte, il avait séjourné treize années dans l'Equatoria, dont le climat use vite les Européens, et pendant les cent derniers mois toutes les responsabilités du gouvernement avaient pesé sur ses épaules. Au début de son administration, c'est avec colère, puis avec désespoir, qu'il voyait ses plus ardents efforts pour la prospérité de la province et de son peuple contrecarrés et mis à néant par la honteuse politique de son état-major. A Khartoum, depuis soixante mois que ses communications étaient coupées avec le monde extérieur, il avait fait le possible pour tenir tête aux difficultés incessantes; pour nourrir et habiller des hommes qui montraient rarement quelque reconnaissance. Son épuisement ne lui permettait parfois que de deux à trois heures de sommeil; ses troubles cardiaques lui causaient douleur et inquiétude. A certains moments, quand les affaires, les insomnies et les soucis lui faisaient le fardeau plus lourd qu'il ne pouvait porter, il tombait dans la mélancolie et désespérait de trouver quelqu'un pour le remplacer. Mais ces crises duraient peu, et sauf exception, il s'affairait avec gaieté. Il n'avait d'autre récréation que ses recherches ornithologiques. Ses chasseurs allaient à la découverte, lui apportaient des oiseaux rares, et dans ses heures de loisir il mesurait et classifiait les trouvailles avec le zèle d'un spécialiste. Assiégé par les difficultés du dedans et du dehors, Emin supportait courageusement les épreuves, et sacrifiait sans regret les meilleures années de sa vie pour le bien de ses administrés; il méritait, à ce titre, l'admiration et la sym-

Emin à ses préparations.

pathie, mais tous ceux qui l'ont connu intimement faisaient plus et ne pouvaient que l'aimer pour sa bonté, son désintéressement et sa générosité.

Les soldats kirriotes revinrent dans la soirée, et nous stupéfièrent en annonçant qu'ils avaient amené un officier et quinze soldats de Redjaf. Abdoullah Aga Manzal conta l'histoire. Ismaïl Aga, l'officier qui avait été envoyé à Mouggui, s'était abouché à Kirri avec des Redjavais et leur avait remontré la folie de leur conduite : « Le Gouverneur les avait-il une seule fois maltraités ? Leur avait-il rien pris ? Le sachant et le voulant, avait-il jamais commis une injustice à leur égard ? — Non, pas une fois. — Est-ce que le Moudir ne vous a pas nourris et habillés ? Est-ce qu'il ne vous a pas donné des fusils et de la poudre ? Ne vous a-t-il pas soignés quand vous étiez malades ? N'a-t-il pas été votre père pendant ces treize années ? — Il est vrai. — Alors pourquoi ne venez-vous pas lui faire votre soumission ? » Sans plus tarder, ils se mirent d'accord pour se rendre à Mouggui et voir le Pacha. Une moitié arriva avec le lieutenant, l'autre moitié devait se présenter le lendemain avec le capitaine.

L'après-midi était déjà avancé quand ils furent introduits. Émin leur parla rudement d'abord, mais finit par s'apaiser. S'ils avaient été insubordonnés, disaient-ils, la faute en était à leurs chefs, mais, présentement, ils désiraient tous le voir à Redjaf : « Pourquoi n'es-tu pas venu vers nous ? — Parce que vos officiers avaient comploté de me saisir ! » Cette révélation parut les surprendre et les irriter, et ils assurèrent qu'ils ne manqueraient pas d'en informer leurs compagnons.

Le Pacha me pria de leur parler.

Je leur racontai que nous étions venus parce que le Gouverneur avait écrit en Angleterre pour demander qu'on secourût son peuple et que les Anglais s'étaient entendus avec le Khédive pour leur donner assistance. Et voilà, tandis que leur Pacha racontait à l'Europe combien bravement ils avaient lutté contre le Mahdi, ils complotaient et se rebellaient ! — Eux de secouer la tête : « Oui, notre conduite était mauvaise, mais par la faute de nos chefs ». Je leur lus la lettre du Khédive, je la leur expliquai. Sortant de l'Angleterre, nous avions visité leur souverain ; avions fait des mille et des mille kilomètres pour leur porter des secours, des provisions de poudre. Et, pour nous remercier, on demandait qui nous étions et l'on ne voulait point croire que nous vinssions d'Égypte ! Je jetais le plus gros blâme sur leurs capitaines, mais, eux, je ne les innocentais point du crime d'avoir prêté l'oreille à des calomnies contre le Moudir et de n'avoir pas voulu l'écouter.

Ce discours sembla les humilier, et ils promirent monts et merveilles, mais je devinais qu'il n'en sortirait rien. Sans doute, ils étaient sincères à l'instant, et s'ils avaient eu leurs femmes et leurs enfants, ils nous eussent suivis volontiers, mais, sitôt de retour, leur confiance en Emin ne manquerait pas de s'évaporer. Les choses retomberaient dans l'état, sauf que les officiers s'irriteraient et prendraient de meilleures précautions à l'avenir. Mais le Moudir croyait en leurs promesses, ne doutait point que ces quelques hommes ne dussent être, à Redjaf, le levain qui ferait lever toute la pâte. Et comme j'exprimais un doute : « En tout cas, nous avons semé la bonne semence ! — Oui, répondis-je en citant les paroles de l'Évangile, mais elle est tombée sur les pierres du chemin, où elle ne tardera pas à sécher. »

Avant de repartir, les soldats vinrent encore nous visiter, répétèrent, plus chaleureusement encore, les protestations de la veille. Le Pacha leur donna un veau et quelques chèvres, présent qui leur fit grand plaisir, car à Redjaf on ne connaissait plus depuis longtemps le goût de la viande. Ils devaient envoyer leurs camarades à Kirri, pour y voir le Gouverneur ; et cette promesse enchanta Emin. Je m'ébahissais qu'après une expérience de tant d'années il accordât une telle confiance à des marauds qui l'avaient trompé cinquante fois.

L'après-midi arriva une lettre de Haouachi Effendi, mandant qu'il avait envoyé ramasser l'impôt en grain chez les Choulis. Un cabocère racontait qu'une troupe de Khartoum, menée par Taha Mahomet, venait d'arriver à Latouka, munie de fusils, et accompagnée de nègres en grosse bande, tous armés. Haouachi disait avoir recueilli d'autres renseignements, et ajoutait : « J'ai la confiance en Dieu que cette troupe est expédiée par notre gouvernement de Khartoum. »

Ainsi Haouachi Effendi, un de nos plus intelligents, en était encore à croire fausse la nouvelle de la chute de Khartoum ! A Nsabé il avait vu Stanley, l'avait entendu raconter ce qui s'était passé au Caire, et il ne pouvait se tirer de la tête que le Khédive était encore le maître de Khartoum! Affolante stupidité! Un Européen aurait plutôt endoctriné une muraille en briques, que rien compris à ces manières de penser et de raisonner. Comme disait si bien Mme Poyer : « Il faut être chauve-souris pour savoir après quoi volent les chauves-souris ». Il n'y a qu'un Égyptien ou qu'un Soudanais pour comprendre comment opère l'intelligence d'un Soudanais ou d'un Égyptien.

Ces nouvelles nous agitèrent; elles pouvaient présager de grands malheurs. Taha Mahomet, m'expliqua Emin, était connu dans ces contrées. Il sortait de Khartoum, et avait servi Sir Samuel Baker comme garçon d'écurie, lors de la première expédition à la découverte de l'Albert-Nyanza. Baker séjourna quelques mois à Latouka, en repartit; Taha resta, rassembla quelque monde et des fusils, puis, à la longue, devint homme d'importance. Gordon, ayant été nommé gouverneur de l'Equatoria, institua Taha son lieutenant à Latouka, — un de ces choix singuliers comme il en a fait plusieurs. En 1879, lors des embarras d'herbes qui bloquèrent le Nil pendant deux ans, Emin l'envoya par la route de terre avec des lettres pour le gouverneur général; Gordon le garda un temps, puis le dirigea sur le Bahr el-Ghazal, au secours de Gessi Pacha, alors aux prises avec Zebehr. Taha assistait à la prise de Dem-Zebehr — ou la Forteresse de Zebehr, — et Gessi le réexpédia à Emin, avec une chaude recommandation. Mais il n'avait pas été un mois à Lado, que Gessi écrivit de lui retourner dans les chaînes Mahomet Taha, impliqué dans une grosse affaire de vol, au sac de Dem-Zebehr. Il fut donc renvoyé à Gessi, et l'on n'entendit plus parler de lui. Quelque temps après, Emin s'enquit à Khartoum de ce qu'était devenu Taha. « Il a perdu tout ce qu'il possédait, il est mort en allant au Kordofan », lui dit-on. Et maintenant il occupait Latouka! Emin lui supposait au moins trois cents fusils : on ne pouvait envahir le pays avec moins. Nul doute qu'il ne fût en communication avec les gens du Mahdi à Khartoum; il n'eût osé en effet tenter l'aventure sans avoir des munitions; peut-être venait-il se fournir d'ivoire et d'esclaves. Et puisque, sans permission, il se fixait en territoire égyptien, c'est qu'il arrivait en ennemi! Cet événement, du plus mauvais augure, pouvait être fécond en désastres, car le Latouka n'est qu'à trois journées de Redjaf, à cinq de Doufilé; le camp de Taha pouvait devenir le refuge de tous les désaffectionnés. Le Pacha ne doutait pas que les officiers de Redjaf ne se joignissent à lui. Mais leurs soldats ne suivraient pas, pour ne pas voir leurs fusils confisqués, leurs femmes et eux-mêmes réduits en esclavage; toutefois ils étaient de si faible cervelle qu'on ne pouvait préjuger de rien. A Laboré il y avait des Latoukais; Emin ordonna d'envoyer chez eux pour savoir qui étaient ces nouveaux venus, leur nombre et leurs desseins. Peut-être étaient-ils commandés par quelque chef du Mahdi. Il n'était nullement improbable que la lutte recommençât, comme il y avait trois ans. Nos soucis ne faisaient que s'accroître.

Abdoullah Aga pria Emin de rester encore quelques jours, tant que l'évacuation ne serait pas en train, car il fallait la présence du Gouverneur pour la mettre en mouvement.

Le gibier et divers oiseaux abondaient à Mouggui. Les chasseurs avaient rapporté une couple d'outardes très rares, dont on n'avait vu en Europe que cinq individus, apportés d'Abyssinie par le marquis Antinori, qui vante leur chair, supérieure, dit-il, à celle de tout autre volatile d'Afrique. Plusieurs fois j'allai à la chasse des pintades, assez nombreuses aux alentours; j'en logeai plusieurs dans mon carnier; mais Emin n'avait que des fusils de chasse vraiment misérables. La grenaille qu'il fabriquait, n'étant pas tout à fait ronde, écartait beaucoup et rendait le tir difficile. Une fois, je me laissai surprendre par la nuit; mais je finis par me retrouver, et comme je me rapprochais du fort, je rencontrai mon garçon Binza portant une lanterne et patrouillant avec quelques hommes d'Abdoullah, qui, inquiet de ne pas me voir revenir, avait envoyé trois compagnies à ma recherche.

Un employé me raconta que la veille, près de la montagne, il était tombé sur un troupeau de porcs; en ayant blessé un qui s'était retourné sur lui, il avait dû se réfugier sur un arbre. Je le priai de m'y conduire le lendemain. Nous partîmes de bonne heure, et battîmes le pays, mais sans trouver ce que nous cherchions. Nous aperçûmes quelques antilopes rayées — *Tragelaphus scriptus* — mais il fut impossible de les joindre : il n'y avait pas de couvert, et l'animal est très timide.

A mon retour j'entrai dans un village, où je fis la causette avec des Baris par l'intermédiaire de mon guide. Les gens y mirent de la complaisance, m'invitèrent à entrer dans leurs paillotes et à regarder leur mobilier : offre qui me fit plaisir, car je m'intéressais à cette tribu et cherchais à la connaître mieux. J'entrai dans plusieurs demeures, où j'examinai tout à loisir. Le jeune chef me vendit un arc, dit que cette arme devait être longue comme la hauteur du sol à la mâchoire. Il me fallait incliner la tête un peu en arrière et poser le menton sur une corne, tandis que l'autre corne reposerait sur la terre. L'arc, fait d'un certain bambou de montagne, très semblable au rotin, était entouré de longues bandes en peau d'iguane. Le cabocère me donna aussi une flèche. Je l'engageai à me suivre et je le paierais à mon logis. Il demanda des habits, je ne sais vraiment pourquoi : il était nu comme la main et l'avait toujours été. Je lui octroyai une de mes vieilles chemises de flanelle; il se déclara enchanté, et revint même dans la soirée, faisant deux fois 5 kilomètres pour me remettre quatre autres flèches. Je mentionne ce trait, car il n'arrive pas souvent qu'un indigène se montre satisfait d'un échange; encore moins qu'il donne quelque chose par-dessus le marché. Des indigènes et quelques soldats m'apportèrent de magnifiques zagaies, des boucliers, des arcs, des flèches, diverses curiosités venant des pays de l'ouest; mais ce que je vis de mieux, ce furent les couteaux monbouttous et les lances des Nains. J'en avais déjà rassemblé une importante collection, mais je craignais fort d'avoir à la jeter un jour ou l'autre.

Nous avions avec nous un vieux soldat, ordonnance d'Emin, ex-ivrogne déclaré, en train de se réformer et de passer dévot. Il récitait ses prières tous les matins et obtint de nos garçons qu'ils en fissent autant. Les domestiques d'Emin, d'excellents païens, auraient fait de très mauvais musulmans : aussi le Pacha les pria d'interrompre la pratique des matines, ce qu'il obtint sans peine. On me raconta que mon brosseur Binza, un Niam-Niam, ne discontinuait pas néanmoins ce qu'il pensait être la prière. Quelqu'un lui avait écrit l'alphabet arabe sur un papier. Chaque matin il sortait sa natte, s'agenouillait et lisait son alphabet une ou deux fois de suite; puis, le saisissant dans les mains, il se prosternait au moins cinquante fois, au lieu des cinq génuflexions prescrites par la loi de l'islam : il avait accompli son devoir envers Dieu!.. Je le laissai en prendre à son aise; épeler son alphabet ne pouvait lui faire grand mal.

Dans l'intervalle j'avais causé avec les Mougguiotes, et leur avais raconté le pourquoi de notre Expédition. Satisfaits de ces éclaircissements, ils déclarèrent vouloir suivre leur Gouverneur et lui obéir sans broncher. Emin, y allant aussi de son discours, annonça qu'il désirait évacuer immédiatement la station, d'abord parce qu'il voulait les voir partir pour Doufilé, ensuite parce qu'il avait entendu parler à Latouka de Khartoumais, qu'il croyait appartenir à Mahomet Achmet, le Donagla, comme ses gens l'appelaient. S'ils appartenaient réellement au Faux Prophète, ils ne manqueraient pas d'envahir la province, et cette attaque pourrait être désastreuse si l'on n'était pas concentré plus au sud.

Tous approuvèrent les paroles du Moudir, et promirent d'exécuter ses commandements. Du reste, on voyait chaque jour le départ de femmes, d'enfants, de bétail, de bagages. La poudre fut envoyée droit à Doufilé, et quand nous partîmes pour Laboré, la place était déjà à moitié vide. Je ne vis tenir les ordres du Gouverneur pour chose sérieuse qu'à Mouggui, la mieux disciplinée des stations. Elle avait pour chef Abdoullah Aga Manzal, un homme intelligent et de prompte obéissance, lequel semblait vivre en parfaite amitié avec tous ses subordonnés, dont il était respecté. De tous les commandants au nord de Doufilé, lui seul empêchait ses hommes de larronner. Aussi le fort était entouré de villages baris, qu'il protégeait, et les habitants vivaient en bons termes avec la garnison, au lieu de la fuir et de s'en éloigner le plus possible comme on faisait ailleurs. Près des murs paissaient de nombreux bestiaux à robe couleur crème, comme on n'en voyait point d'autres de Doufilé à Redjaf. Ici on n'injuriait pas les collecteurs, auxquels le propriétaire de chaque paillote devait, deux fois l'an, fournir un petit panier de grains. Un détachement faisait rentrer l'impôt. L'institution en elle-même n'était point mauvaise, mais on en abusait ailleurs. Sous la conduite de quelque gredin, les rapaces et brutaux soudards enlevaient chèvres, volaille; bétail, même femmes et enfants; ils revenaient trois fois, voire quatre fois. Cette coutume existait déjà au temps de Gordon, qui la qualifiait d'« abominable brigandage ». Dans les stations méridionales sous l'influence plus directe d'Emin, les choses allaient moins mal; lui-même, cependant, n'était pas capable d'abolir tous les abus. Abdoullah Aga, pour sa part, tenait les soldats sous sa main, et les relations entre eux et les natifs semblaient très satisfaisantes.

CHAPITRE V

LA TRIBU DES BARIS

Le physique du Bari. — Sa vêture. — Ornements en fer. — Le pouvoir des chefs. — Les amendes. — Manière de faire la guerre. — Armes. — Chasse. — Huttes et villages. — Approvisionnements. — Polygamie. — Chiens. — Bétail. — Élève des bestiaux. — Le lait. — Animaux domestiques. — Alimentation. — Tabac. — Cuisine des Baris. — Relations matrimoniales. — Les cérémonies observées aux naissances. — Cérémonies nuptiales. — La position des femmes dans la société. — Obsèques. — Superstitions religieuses. — L'office du faiseur de pluie.

Pendant mon séjour à Kirri et à Mouggui j'ai, autant que faire se pouvait, étudié les Baris, dont le domaine s'étend de Laboré à Lado. Emin me communiqua de nombreux renseignements sur leur costume, leurs cérémonies nuptiales et autres coutumes.

Les Baris, de race haute et maigre, ont pour la plupart une taille approchant de 1 m. 85; des cuisses très longues, tout à fait disproportionnées au reste du corps, leur donnent l'air cagneux. Nuance chocolat sombre. Les femmes ont le teint un peu plus clair que les hommes. Grandes mains. Pieds grands aussi et très plats, comme chez la plupart des nègres. Front haut et très étroit, ce qui leur fait une tête pointue, d'apparence assez bizarre. Œil brillant, dents généralement bonnes, mais un peu jaunâtres; ils arrachent toujours les incisives de la mâchoire inférieure. Quoique laids, la physionomie n'est point désagréable, et paraît beaucoup plus joviale que celle des Madis et des Lurs. Des Baris on ne fait pas de bons domestiques, encore moins des soldats; ils sont trop lâches pour cela.

Presque jamais les hommes ne s'embarrassent d'aucune

vêture; mais, dans le voisinage des forts, ceux qui étaient entrés au service d'Emin s'habillaient en soldats.

Jusqu'à leur mariage, les filles portent une ceinture de

Homme Bari.

Femme Barie.

coton, avec des franges sur le devant, et un gros pompon derrière, ceinture ornée le plus souvent de bijoux en fer, et toujours colorée d'ocre rouge. Elles se sanglent avec des bandes de peau non tannée, où court un fil de fer, auquel pendent divers bibelots : demi-lunes, disques, sequins, chaînettes tressées, formant comme un tablier de mailles métalliques. Le fer

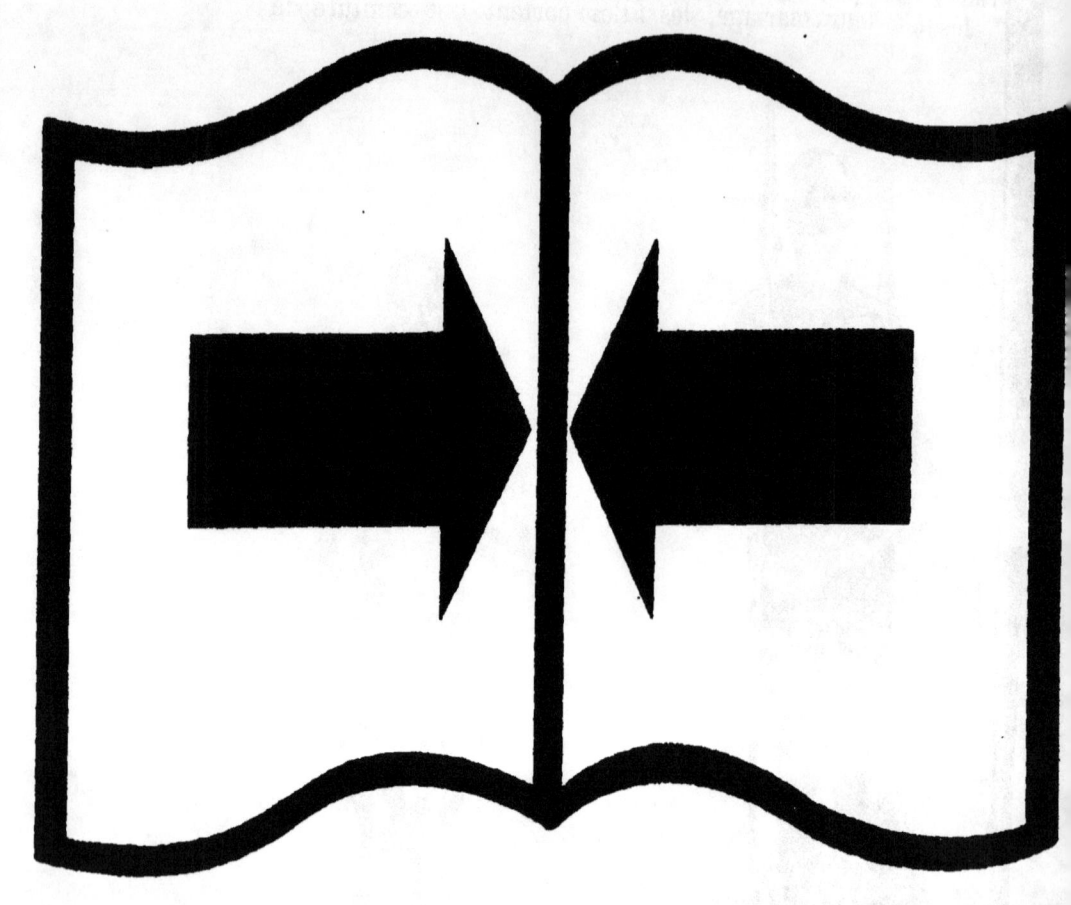

Reliure serrée

est ici très apprécié, et ces bijoux, qui font partie du costume, ne sont employés que par les riches.

Les femmes qui n'ont pas encore eu d'enfants portent sur le devant une bandelette frangée, et, de l'autre côté, du cuir rouge, avec de la grenaille en fer ou en verroterie. Après leurs premières couches elles échangent la bandelette contre un devantal semblable à celui qui leur flotte en poupe.

Tous et toutes ont des bracelets et chevillères, parfois jusqu'à cinq ou six l'un sur l'autre, plus un assortiment de torques et de petits colliers de fer, où s'attachent des racines tressées, auxquelles pendillent des sifflets et autres ornements de bois taillé. Les carapaces de la petite tortue sont estimées ; mais on préfère les dents de chien enfilées en collier.

Point de boucles d'oreilles, point de nez percé, comme dans les tribus circonvoisines. Aucune marque tribale. Le tatouage consiste en un petit nombre d'incisions sur les biceps. Les têtes sont rasées et les corps épilés. Bien qu'ils ne pensent pas souvent à se laver, ils n'exhalent pas l'odeur fétide de leurs voisins. Toute occasion leur est bonne pour se barbouiller de la tête aux pieds avec un mélange d'ocre et d'huile rouge, d'ordinaire tirée des graines du stéréosperme.

Les Baris se partagent en petites fractions dont les cabocères, quoique sans importance, jouissent d'un pouvoir presque despotique; ils règlent à leur gré, mais d'ordinaire assez équitablement, les disputes entre leurs sujets. Ces difficultés surgissent le plus souvent à propos de femmes ou de bétail volé; les délinquants sont punis par des amendes en vaches, brebis, chèvres ou bêches, proportionnées au délit. Si le meurtrier ne paye de dix à vingt vaches, il est livré aux parents de la victime, qui en font ce qu'ils veulent. L'enlèvement ou la séduction comportent jusqu'à vingt bêches, mais pas davantage. En cas de non-versement, on est fouetté publiquement et chassé du village; mais la fille n'est pas punie, non plus que la femme. Le vol est purgé par un payement plus ou moins fort; au voleur incorrigible on coupe la main droite.

Une part de chaque amende revient au chef; il ne peut exiger aucun tribut, mais on cultive ses champs. Tout ivoire qu'on apporte lui appartient de droit.

Ces petites communautés sont en état d'hostilité perpétuelle.

Elles ont une manière assez singulière d'engager le combat. Les deux cabocères ennemis s'asseyent à quelque distance l'un de l'autre, s'insultent et se lancent des brocards jusqu'à ce que les deux troupes se soient montées au degré d'exaspération voulu; ils se retirent alors à distance et laissent les sujets se battre autant qu'il leur plaira. Tels les héros scandinaves chantaient des « sirventes de haine » avant d'en venir aux mains. Les guerriers s'attaquent d'abord d'assez loin, se rapprochent à mesure que leur sang s'échauffe, et finissent par lutter lance à lance; mais il est rare qu'il y ait beaucoup de tués.

Le chef déclare la guerre, parfois après avoir consulté les anciens, cependant l'opinion des vieillards n'est pas toujours suivie.

Pour armes offensives, on a les zagaies, les arcs et les flèches. Les arcs, grands et assez rigides, sont faits d'un bambou spécial; les flèches, non emplumées, ont de lourdes pointes en fer ou en bois d'ébène, et une épaisse couche du suc de l'*Euphorbium candelabre*, lequel, à l'état frais, produit une irritation souvent fatale. Pas de boucliers. Les Baris avoisinant les Dinkas leur empruntent des gourdins lourds et massifs. Ces mêmes armes servent à la chasse, mais ils ne s'occupent guère de poursuivre les fauves. Si les lions ou les léopards déciment leurs troupeaux, ils ne font pas, comme les autres tribus, de sortie en masse pour tuer les maraudeurs, mais achètent aux sorciers des charmes et gris-gris.

Les hommes se réunissent en troupes pour attaquer l'éléphant parfois, l'antilope plus souvent. Ils s'en partagent la chair par égales portions, mais la tête et la poitrine sont réservées au cabocère. Ils regardent de très près à ne pas sortir de leurs terrains de chasse; néanmoins, si quelque animal qu'ils ont blessé va mourir sur un territoire étranger, le chef a droit à la tête et à un quartier postérieur. On ne touche pas à la chair des chiens, ni d'aucun carnivore. La pêche est une occupation favorite; on prend le poisson dans des paniers, on le harponne, on le croche. Faute d'arbres assez grands ou assez droits, les canots sont toujours petits, mal faits et vacillants. Des chasseurs de profession vont au crocodile avec des lances ou des harpons; ils en mangent les petits. Ce saurien a des glandes qui sentent très fortement le musc; elles sont très appréciées et portées en collier. La chair de l'hippopotame est fort goûtée, on s'en empare avec des lignes et des flotteurs.

Les villages baris sont épars, et pas toujours situés près d'une eau courante. Ce sont des huttes rondes, de grandeur différente, rangées en cercle, sans clôture d'épines. Les parois, très basses, sont faites de perches et d'herbes entrelacées, en torchis d'argile et de bouse. Le toit de chaume, haut et aigu, forme véranda en se projetant tout autour de la case; celle-ci a souvent double muraille, une à l'extérieur, une autre à l'intérieur, l'espace intermédiaire servant de magasin. Au milieu de la cabane est installé un foyer consistant en de longues pierres fixées dans le sol et sur lesquelles portent les marmites. Aucun endroit spécial pour dormir; les femmes ont tressé des nattes qu'on étend sur le sol et l'on se couvre avec des peaux; enfants et adultes reposent pêle-mêle.

Les gourdes à eau, la batterie de cuisine, les armes et instruments d'agriculture pendent du toit, noircis par la fumée. Les paillotes, dépourvues de fenêtres, n'ont d'autre lumière que celle qui pénètre par la porte basse, à travers laquelle on se glisse sur les mains et les genoux. Quelques cases, et particulièrement celles des chefs, ont un sol très lisse, en boue et bouse battues jusqu'à lui donner presque la consistance de la pierre; on la pave parfois de fragments de poterie, assemblés avec tant de soin qu'on dirait de la mosaïque noire. Par le beau temps, les ménagères s'installent en plein air; elles ont un hangar où elles cuisinent et où les enfants s'amusent.

Les portes, en lattes de bambou, recouvrent l'ouverture très exactement, glissent dans une rainure et se ferment de l'intérieur. Devant l'entrée, sur une aire recouverte d'argile bousée tenue toujours très propre, on met à sécher les légumes, le grain et la farine. Tout village a sa place publique semblablement préparée, où se font les danses; chaque hutte a ses pierres meulières à l'usage des femmes; elle a aussi un ou plusieurs greniers tressés en bambou, barbouillés de boue, et posés sur de hauts soubassements de pierre ou de bois; les plus grands servent pour le maïs, et les moindres pour le sésame et l'hyptis. On y dépose aussi les ornements et les objets mobiliers qui ne sont pas d'usage quotidien.

La polygamie n'est limitée que par la fortune du mari. Chaque épouse a une hutte à elle pour ses enfants et des

Village bari.

greniers qui renferment ses récoltes, car son entretien et celui de sa progéniture retombent à sa charge. Elle sème, bine et moissonne, le mari faisant les lourds ouvrages, tels que l'essartage et la construction de la cabane. Les hommes défrichent avec une grande bêche cordiforme en fer, et fixée à un manche lourd et encombrant; les femmes ont pour planter et sarcler une jolie serfouette.

Chaque hutte possède un ou deux chiens de l'espèce commune, dite paria d'Afrique; ils ont les pattes blanches ainsi que

Bœuf et chèvre des Baris.

l'extrémité de la queue; le corps est jaunâtre ou noir avec des sourcils couleur tan. Darwin tient ce type pour le primitif. Ces chiens sont de grands voleurs, car, tout attachés qu'ils leur sont, leurs maîtres ne les nourrissent guère. Il n'y a d'autres animaux domestiques que les bœufs et vaches, les chèvres, les moutons, la volaille. De temps à autre on rencontre des chats de Khartoum, fort en faveur, mais qui, frayant avec le chat sauvage, s'assauvagissent dès la première génération.

Les bovins appartiennent à la petite espèce à bosse répandue par tout le continent; ils sont de couleur crème et ont rarement de longues cornes. Généralement maigres, les vaches donnent peu de lait. Les Baris affectionnent leur bétail; c'est même la seule chose qu'ils soignent. Un homme auquel on enlèvera ses brebis et ses chèvres, ses femmes même, il s'en consolera, mais qu'on essaye de lui prendre ses bœufs, il se battra jusqu'à la mort; on pourrait tout aussi bien lui demander la vie, qui, sans eux, ne lui est plus rien. Près de chaque village se dresse un corral de hauts euphorbes, d'étroite entrée, qu'on ferme par des paquets d'épines vénéneuses, clôture effective contre les attaques nocturnes. Le milieu de ces parcs est toujours bien balayé; la bouse, ramassée en tas et séchée, est brûlée chaque soir, afin que la fumée protège les bêtes contre les piqûres des moustiques. Tout autour de l'enclos il y a des huttes pour les veaux et les vaches malades.

Au matin la traite se fait sitôt que bat le tambour du village. Avant d'opérer, le trayeur lave avec de l'urine de vache sa figure et ses mains, les pis et la seille. On ne permet pas aux femmes de s'occuper du lait. La traite achevée et la rosée séchée, tout le bétail est envoyé au même pacage, sous la conduite de jeunes gens armés. À cinq heures on rentre les vaches et on les trait à nouveau. On ne boit que rarement le lait frais, on le préfère caillé, le croyant moins indigeste.

On ne tue guère de bétail que dans les grandes occasions, le mariage ou la mort d'un chef, un traité de paix. On mange la chair des animaux morts de maladie; ils sont fréquemment décimés par les pneumonies et les ictères graves. Comme dans la Massaïe, on saigne les sujets forts; mélangé avec de l'huile et de la farine, le sang fait une soupe épaisse, qui passe pour très délicate. On ne touche pas à la viande crue.

Les gens ne veulent jamais vendre de bétail et ne se séparent qu'à contre-cœur de celui qu'il faut livrer pour un mariage. Les vaches, ainsi que les chèvres et brebis, sont maigres et sèches, par suite de la pauvreté des pâturages et des parasites nombreux qui infestent les prairies.

Chaque village a son troupeau d'ovins et de caprins, dont on mange assez souvent, et dont les peaux font des sangles et ceintures. Beaucoup de volaille, mais petite et peu productive.

Tout cabocère a son animal favori qui jouit d'une sorte de vénération. Si une razzia le lui enlève, cette perte passe pour un vrai malheur.

On cultive largement le dourra rouge, quoique très amer et de maturation lente, mais on ne se soucie pas d'en faire venir d'une autre espèce : il serait pillé par les millions de tisserins qui infestent le pays, qui ne se soucient pas du dourra rouge. Ce grain fait une sorte de pain et une boisson plus ou moins enivrante, mais épaisse et boueuse. On obtient l'huile de sésame en grillant et moulant la graine et en faisant bouillir la farine obtenue. Parfois on transforme celle-ci en une sorte d'échaudé qu'on mêle à la viande et aux légumes. On mange d'une fève blanche, impossible à garder quelque temps sans que les bruches ne s'y mettent. L'hyptis est une plante d'odeur âcre, avec un épi à semences blanchâtres ou noirâtres, dont on tire de l'huile ou que l'on consomme en bouillie. On cultive beaucoup l'arachide à tubercules ronds et durs, de même que l'éleusine *tullaboum*, petite graminée brune très prolifique, trop souvent détruite par les sauterelles. L'*Hibiscus sabdariffa*, une malvacée, donne des feuilles qu'on mange en guise d'épinards; les gousses non mûres, légèrement acides, vont dans la soupe, et les autres, quand on les met à bouillir, forment un mucilage qu'on met sur le pain. Les gens d'Emin s'en servaient comme de café.

Ils ont deux espèces de tabac, l'un à fleur blanche et rose, l'autre à fleur jaune, bien plus parfumée. On ne cultive qu'à proximité des villages, et jamais en quantité suffisante pour en livrer au commerce. Ils introduisent une fort petite quantité de tabac dans leurs grandes pipes en forme de coupe, ils les bourrent ensuite de braise, et s'empoisonnent de l'acide carbonique qu'elles dégagent. Les feuilles de tabac sont étendues au soleil, et cette préparation doit suffire. Les Baris orientaux, pour plus de raffinement, les ramassent encore vertes, les pilent dans un mortier, roulent la pulpe obtenue en boulettes qu'ils font sécher, mais la fermentation la gâte et la prive de toute agréable odeur.

Autres cultures : les citrouilles, courges et concombres, l'helmia ou patate grimpante. On ramasse dans les champs des feuilles diverses qu'on cuit comme les épinards.

La poterie, assez grossière et mal soignée, est toujours l'ouvrage des femmes, depuis les pipes jusqu'à la plus forte cruche. Les grands vases, qu'on ne se donne jamais la peine de colorier, ont un fond arrondi et sont parfois ornés de lignes droites ou en zigzag d'un noir sombre. L'argile du pays donne de meilleurs produits que celle des contrées avoisinantes.

Toute la cuisine est faite par les femmes, chacune pour sa famille. Le mari demande à l'épouse avec laquelle il veut passer la soirée, de lui préparer un pot de bière. Il mange seul, sur une natte propre qu'on lui a étendue sur le sol, la ménagère le servant et n'ayant pas la permission de s'asseoir, pendant que soupe le seigneur et maître. S'il est de bonne humeur, il appelle les enfants pour leur faire partager son repas. Les Baris mangent sobrement, et peuvent jeûner des journées consécutives sans se plaindre; mais ils se rattrapent à l'occasion. Des cas d'ivresse ne se présentent que très rarement, cependant ils entonnent volontiers leur bière de dourra rouge.

D'ordinaire, les relations entre conjoints sont convenables; un mari ne bat ses conjointes que rarement; une femme qui

Poterie des Baris.

a des enfants n'est presque jamais frappée. Les épouses, très jalouses les unes des autres, aiment à quereller. Leur moralité n'est pas des plus délicates : mais, comme les maris ne sont pas regardants, il y a peu de disputes conjugales. Les filles se tiennent bien; une conduite trop légère ôterait à leur valeur commerciale.

Les naissances n'amènent pas de cérémonies particulières. Sitôt l'enfant mis au monde, on le frotte avec de l'huile mélangée d'ocre, et on répète l'opération de deux jours l'un. La mère garde la hutte pendant une semaine, puis le mari lui rend visite, accompagné de la mère ou de la belle-mère, et l'on choisit l'appellation du nouveau citoyen. Généralement on donne des noms d'animaux aux garçons et des noms de plantes aux fillettes, à moins qu'on ne les rapporte à quelque particularité physique bien marquée de l'enfant. D'ordinaire, la naissance d'une fille est saluée avec le plus de satisfaction, si toutefois il ne s'agit pas d'un héritier de chef, dont on célèbre l'arrivée par une réjouissance générale et une magnifique buverie.

La mortalité sévit sur les enfants jusqu'à l'âge de trois ou quatre ans; elle a sans doute pour cause une alimentation irrégulière : tantôt les mères gorgent leurs bébés, tantôt elles les laissent des journées entières presque sans nourriture; c'est à cela que nous imputons le grand nombre de ventres ballonnés. Les naissances gémellaires ne sont pas précisément rares et

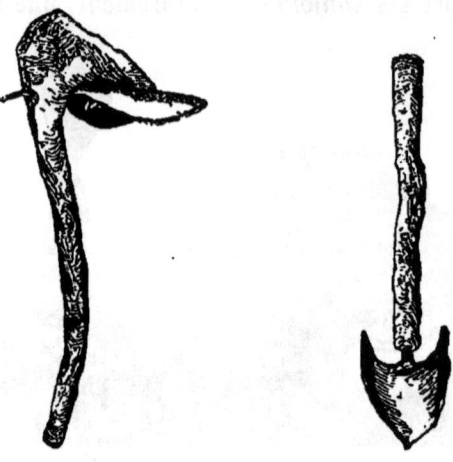

Houes des Baris.

passent pour de bon augure. Nous avons remarqué qu'on aime à donner aux bessons les noms de Kenyi et de Tomba. Cependant les femmes ne sont pas généralement très fécondes, et une famille de quatre ou cinq enfants passe déjà pour nombreuse. On marie les filles à douze, treize ans, le plus souvent sans autre cérémonie que de fortes potations; mais si les contractants appartiennent à de grandes familles, on tue des bœufs pour la fête. La fille doit avoir été payée en entier avant qu'il soit procédé à aucun préparatif nuptial. Quand la jeune femme est devenue mère, son père lui attribue plusieurs des bœufs que le mari avait livrés pour l'avoir, bœufs qui lui appartiendront exclusivement pour son entretien et celui de ses enfants. Si elle reste stérile, le mari a le droit de la renvoyer à l'auteur de ses jours, et d'exiger la restitution de quelques têtes de bétail. L'épouse ainsi divorcée peut se remarier, mais on l'achètera un peu moins cher. Les femmes ont la permission d'aller en visite chez leurs parents des villages éloignés; on ne doit les molester en aucune façon, même en temps de guerre, coutume qui leur permet de se conduire en ambassadrices et pacificatrices entre tribus ennemies. Les vieilles femmes sont très respectées et fonctionnent souvent comme mires et sorcières. La mère d'un chef est toujours très respectée, quoiqu'elle n'ait aucune voix dans les conseils. Quant aux vieux hommes, personne ne s'en soucie.

Les Baris vivent longtemps pour des nègres. On ne leur voit pas souvent de gens mal conformés, ni de graves maladies, mais les tumeurs, les ophtalmies et la syphilis sont assez communes; on tâche de se garer de cette dernière par une inoculation, qui ne donne guère de bons résultats. Parfois des milliers d'individus sont emportés par la petite vérole et la typhoïde, en épidémies. La mortalité est augmentée par les famines résultant de la sécheresse.

Quand meurt une personne du commun, on l'enterre dans une position couchée et on se lamente pendant deux jours; mais les gens en dignité sont ensevelis assis, avec des peaux de vache dessus et dessous, et un peu de maïs à côté. Lorsque la tombe a été remplie et aplanie, on tue un bœuf dont on distribue la chair à l'assistance. Des grains et de la farine sont déposés sur le sol, et si quelque parent rêve du défunt, il se hâte d'apporter une nouvelle offrande.

Aucun lieu de culte. Nulle trace de croyance religieuse, ni d'une foi en la vie future : les Baris ne montrent se souvenir du mort qu'en sculptant de grossières images à sa ressemblance, et en les plaçant dans sa maison; mais on ne constate point qu'ils aient pour elles de vénération particulière. Toute la propriété en femmes et troupeaux passe du chef décédé à un des garçons, qui en donne ce qu'il lui plaît à ses frères et rien à ses sœurs. Les conjointes du défunt deviennent les épouses légitimes du fils, à l'exception de la mère, laquelle ne pourra pas se remarier.

Comme tous les autres, ces nègres ont leurs superstitions relatives aux sorciers et à divers animaux. Le glapissement d'un chacal, le hululement d'une chouette, poussés près d'une maison, présagent le décès du propriétaire. Si quelqu'un voit un lièvre traverser son chemin, il s'en retourne et ne bouge de la journée. Le chant d'un hoche-queue près d'une porte annonce la prochaine arrivée d'un hôte. Les hurlements des chiens sans raison connue sont l'indication de quelque maladie imminente. Les lions et les léopards sont menés par les sorciers, et, sans leur ordre, n'attaquent ni homme ni bétail. Les gens malintentionnés se mettent souvent dans la peau d'une hyène pour courir le garou. — Cette croyance est partagée par les Arabes.

L'office de pluviaire pour la tribu, ou fraction de tribu, se transmet de père en fils. Le faiseur de pluie est un important personnage qu'il faut se rendre constamment favorable par des présents. En mourant, il communique à son héritier les secrets de sa profession, et lui fait remise de certaines pierres magiques, petites et plates, qu'un non-initié ne distinguerait pas de simples cailloux.

Quand il faut tirer la pluie, on tue des poulets, des chèvres, des vaches même, dont le sang asperge lesdits cailloux, mis ensuite dans une calebasse d'eau pure et portés à l'eau courante la plus prochaine, où ils séjournent pendant quinze minutes ou davantage. L'officiant les retire, les enterre, s'assied par-dessus, et continue les psalmodies qu'il n'a pas cessées depuis le commencement du rite. Les pierres restent en terre pendant plusieurs heures et même pendant plusieurs jours; on ne les en retire qu'à la pluie tombante.

Les victimes égorgées appartiennent au magicien. Ceux qui échouent dans leurs opérations encourent la colère de la tribu; ils sont tués parfois et leur avoir confisqué. Il n'est pas rare de voir des chefs occuper cette fonction. Dans son livre sur la découverte de l'Albert-Nyanza, Baker raconte d'amusantes histoires sur un vieux chef, tempestaire des Latoukas, et sur les trucs qu'il employait pour sauvegarder sa haute situation. Sans cesse il visitait Baker, possesseur d'un anéroïde, s'évertuait à se faire dire s'il y avait quelque chance d'orage, afin de pouvoir l'annoncer à son peuple et se poser en prophète; d'ailleurs, ne tarissant pas en plaintes sur la parcimonie avec laquelle son admirable faculté était récompensée.

Il y a quelques années, un autre chef du Latouka était venu demander asile à Emin, fuyant la colère de sa tribu à laquelle il ne donnait pas assez d'eau; il fallut cinq mois avant que les esprits fussent assez calmés pour qu'il se risquât à rentrer.

Un pluviaire des Baris disparut un jour, soit qu'il redoutât quelque accident, soit qu'il fût mécontent de n'avoir pas été mieux payé. Après son départ, la sécheresse fut persistante, et grande l'affliction. Quand il se décida à revenir, il fut reçu avec joie, les présents affluèrent, et sa réputation monta très haut. M'est avis que le compère prévit une longue sécheresse et sut la faire tourner à son profit, tandis que s'il était resté, le mécontentement populaire eût pu lui devenir funeste. Ces individus possèdent, sans doute, quelques règles de météorologie bien simples, qui, ponctuellement observées, leur donnent des indications suffisantes.

CHAPITRE VI

DÉBUTS DE LA RÉBELLION

Arrivée à Laboré. — Lecture des lettres. — Mutinerie des soldats. — Discours aux révoltés. — Défiance des soldats envers leur Moudir. — Conduite des suivants d'Emin. — Les mutins me font appeler. — Départ pour Chor Ayou. — Les Mahdistes à Boa. — La lettre du Khédive est envoyée à Redjaf. — Désertion de l'ordonnance du Pacha. — Lettre annonçant la rébellion du 2ᵉ bataillon. — Angoisse d'Emin à cette nouvelle. — Aveuglement des siens. — Nous quittons Doufilé. — L'averse et le beau temps. — Triste aspect de la contrée. — Nous allons rentrer à Doufilé.

Le 12 août nous arrivâmes à Laboré, avec l'intention d'y passer deux jours, puis d'aller en hâte à Ouadelaï, pour y former une troupe destinée au fort Bodo. A notre arrivée, Sélim Aga dit avoir causé avec tous les soldats, lesquels se déclaraient prêts à évacuer. Pour avoir des nouvelles, il avait envoyé à Latouka cinq soldats indigènes, qui n'étaient pas encore revenus.

Le lendemain j'accompagnai Emin à la station afin d'y parler aux gens avant de repartir pour le sud. Je lus les lettres de Stanley et du Khédive, et, comme à l'ordinaire, j'expliquai tout ce qui avait rapport à notre expédition. Mais, tout en discourant, je m'aperçus que les soldats n'étaient pas attentifs comme à l'ordinaire et chuchotaient beaucoup. Massée sur la plateforme au-dessus de la place, une foule inquiète semblait attendre quelque chose d'inaccoutumé.

Suivant sa coutume, Emin ajouta quelques mots. Il parlait encore quand un Soudanais à tête de taureau et à mine renfrognée sortit des rangs et s'écria : « Tout ce que tu viens de dire est un mensonge, et ce que tu as lu est un faux. Si l'Effendina eût vraiment écrit, il nous eût ordonné de venir, et ne nous eût pas dit de faire ce que nous voudrions. Et les compères ne viennent pas de l'Égypte, car nous ne connaissons qu'une route allant en Égypte, et elle passe par Khartoum. Nous irons par cette route, sinon, nous vivrons et mourrons en ce pays. »

Ce qu'entendant, Emin bondit sur l'orateur, l'appréhenda, essayant de lui arracher le fusil des mains, criant à ses quatre ordonnances de l'arrêter et de le loger en prison. Le Soudanais hurla à ses compagnons de ne pas l'abandonner; il s'ensuivit une échauffourée, une scène de tumulte et d'inénarrable confusion. Les réguliers, rompant les rangs, s'élançaient sur Emin et sur moi, vociféraient des paroles de haine et d'exécration, tandis qu'ils nous tenaient au bout de leurs fusils chargés. Le Pacha mit le sabre au clair et les défia d'avancer. Ce fut un horrible moment quand nous nous vîmes entourés par cette soldatesque en courroux; ces faces brutales grimaçaient la colère, et ces yeux étincelaient de fureur, pendant que les doigts tourmentaient les chiens de fusil. Pendant une seconde il me parut que ce serait la fin de nos efforts pour la délivrance d'Emin Pacha; la vision de Stanley et de mes compagnons me traversa l'esprit comme un éclair. En cet instant, quelqu'un cria que mes ordonnances s'emparaient de la poudrière. Par une de ces sautes de vent si fréquentes chez les nègres, les soldats arrachèrent leur camarade aux mains qui le tenaient, et se précipitèrent vers le magasin aux poudres, emmenant leur compagnon avec des cris de bravade et de mépris. Emin et moi fûmes laissés à peu près seuls : presque tous nos suivants s'étaient enfuis terrifiés, dès qu'éclata l'orage. Sélim Aga et les autres officiers avaient fait leur possible pour apaiser le tumulte, mais leurs voix se perdaient dans le vacarme et la confusion; ils eussent tout aussi bien calmé une tourmente de l'océan.

Je priai le Pacha de se retirer, tandis que je tâcherais de faire entendre raison à la troupe. Il préféra m'attendre.

Je pris mon garçon Binza et me rendis aux magasins, autour desquels les fusiliers s'étaient amassés, toujours fort excités. Comme j'approchais, ils me saluèrent de leurs vociférations et clameurs, me criant de ne pas avancer, et brandissant leurs fusils. « Vous voyez, leur dis-je, je viens à vous, seul et sans armes, car vous êtes des soldats et non point des sauvages. »

Révolte à Laboré.

Ils abaissèrent les canons : « Ne crains rien, nous ne te ferons pas de mal ».

Après une minute ou deux de protestations mutuelles ils s'étaient assez calmés pour m'écouter. Je dis combien grand était leur tort, et combien inutile cette scène dans laquelle ils avaient failli massacrer leur Gouverneur et moi, le représentant de Stanley qui avait organisé l'Expédition pour leur venir en aide. S'ils ne voulaient pas s'en aller, s'ils croyaient que nous ne vinssions pas d'Égypte, ils auraient pu tout aussi bien me le dire le lendemain, puisque j'avais terminé mon discours en les priant de me communiquer plus tard ce qu'ils en pensaient.

« C'est la faute du Gouverneur, qui voulait arrêter notre camarade!

— Mais vous connaissez suffisamment les devoirs du milicien pour n'ignorer point que l'homme qui sort des rangs pour insulter le Gouverneur doit être mis en prison!

— Le camarade pouvait avoir tort, mais le Gouverneur, en qui nous n'avons aucune confiance, n'avait qu'à le laisser tranquille! »

Tandis que je parlais, Emin me député plusieurs messagers pour me rappeler, mais je sentais que, leur premier mouvement de colère passé, je n'avais plus rien à craindre. En fin de compte, les soldats dirent qu'ils en reparleraient, mais ne permettraient jamais au Gouverneur de rentrer dans la place.

J'allai donc retrouver Emin, et nous rentrâmes au logis.

Qu'un de ces fusils que les rageurs brandillaient, tout armés et chargés, fût venu à partir, un massacre s'ensuivait; rien n'eût pu calmer les esprits et c'en était fait de nous.

Pendant ces minutes de péril, la conduite des familiers du Pacha fut curieuse à noter. Radjab Effendi, le secrétaire particulier, se cacha derrière un arbre, ses genoux se dérobant sous lui; on le trouva anéanti. Arif Effendi, autre secrétaire, un petit Circassien à mine drôlatique, se précipita en hurlant chez Sélim Aga, se sauva sous un lit, criant à tue-tête que le Moudir et Jephson avaient été assassinés par la troupe. Ce qu'entendant, les négresses poussèrent des gémissements aigus. Hassan Aga, le chasseur du Pacha, ne fit rien, sinon que tomber à genoux et clamer : « Nous n'avons rien pour nous défendre! Nous allons être tous massacrés. Qu'Allah ait pitié de nous! » L'ordonnance qui faisait de si belles dévotions avec nos garçons était ivre et fut renversée par les soldats, qui le foulèrent aux pieds, après lui avoir arraché son mousquet. A la première alarme, Vita Hassan, le pharmacien, s'était précipité vers la case du Pacha et lui apporta un revolver.

Emin fut terriblement excité toute la nuit; il croyait que les soldats nous attaqueraient incontinent, mais j'étais certain du contraire. J'envoyai chercher Sélim Aga et les officiers, qui s'entretinrent longuement avec nous. Tous se dirent horrifiés de ce qui s'était passé et déplorèrent la conduite des miliciens. En l'écoutant, ou plutôt en le regardant, je soupçonnai véhémentement Sourori Aga, le chef de place. Quelques jours plus tard, il transpira que l'indiscipliné qui était sorti des rangs et avait insulté le Gouverneur était l'ordonnance de Sourori, et que son patron l'avait poussé. Nous apprîmes encore, par hasard, que depuis l'arrivée de Stanley au lac, ledit Sourori avait été en communication constante avec les rebelles de Redjaf.

Je louai fort mes ordonnances pour leur conduite pendant la bagarre : tous, ainsi que mon garçon Binza, avaient montré un vrai courage, et m'avaient grandement aidé à calmer les agités.

Le lendemain matin, Sélim me fit dire que les troupes étaient sur pied et désiraient m'entendre. Mes ordonnances et celles d'Emin voulaient m'accompagner, le Pacha m'engageait à les prendre, mais je m'y refusai, sachant que pour calmer les exaltés il faut se présenter seul, et sans montrer sa peur. Mais je ne me sentais guère à l'aise. Donc, je me rendis au carré, suivi seulement de Binza, qui fonctionnait comme mon interprète; à tout événement, j'avais un revolver sur moi.

La troupe et les officiers étaient rangés en bon ordre et me saluèrent avec respect. Je parlai assez longtemps, je rejetai toute la faute sur l'homme qui nous avait accusés de mensonge. Ils avouèrent qu'il avait eu tort, mais persistèrent à blâmer le Gouverneur d'avoir voulu le faire arrêter, ajoutant qu'ils n'aimaient pas ce Gouverneur et lui refusaient toute confiance. Je répétai les mêmes arguments que la veille : on me les retorqua de la même façon.

DÉBUTS DE LA RÉBELLION.

Pourquoi, demandai-je, se méfiaient-ils tant du Gouverneur qu'ils connaissaient depuis treize années? Lui pouvaient-ils reprocher quelque cruauté ou injustice?

Ils admirent qu'il ne leur avait fait que du bien.

« S'il ne vous a fait que du bien pendant ce long temps, pensez-vous qu'il va maintenant changer de caractère?

— On se méfie de lui parce qu'il veut abandonner nos frères de Redjaf.

— Mais ce sont les gens de Redjaf qui l'ont abandonné, et même ont comploté de le saisir! »

Ceci, ils ne voulurent pas le croire, et il eût été inutile de chercher à les convaincre. Je conclus en disant qu'ils étaient parfaitement libres d'agir à leur guise, — rester ou s'en aller, comme il leur plairait. Nous avions fait des cent et des cent kilomètres afin de venir à leur aide, nous avions combattu quantité d'ennemis pour pénétrer jusqu'à eux; mais dans aucune mêlée je n'avais vu comme la veille autant d'armes dirigées contre moi! Et cependant j'étais leur hôte et je les avais pris pour des amis!

Ils semblèrent honteux, avouèrent regretter leur conduite de la veille, et je leur souhaitai le bonjour.

Emin et son entourage, inquiets de ma longue absence, me croyaient déjà prisonnier.

Bientôt après, Sélim et les préposés vinrent nous saluer, car nous devions partir pour Chor Ayou dans la journée. Ils répétèrent ce qu'ils avaient dit naguère, et firent entendre que la garnison avait été travaillée par des émissaires redjavais. Le chef de la place avait déjà fait transporter à Doufilé quantité de ses effets personnels, et semblait vouloir partir avec nous.

Ces Égyptiens et Soudanais ne valaient pas cher; tout en offrant leur amitié et protestant de leur loyauté, ils complotaient les plus noires trahisons. Binza me dit un jour : « Maître, ce sont tous de vilains drôles. Avec tout ce qu'ils ont de bon, il n'y aurait pas de quoi faire une cabane; avec ce qu'ils ont de mauvais, on bâtirait un palais! »

Nous arrivâmes à Chor Ayou dans l'après-midi, nous proposant d'y rester les trois jours de fête que dure Id el-Kébir, la plus importante festivité de l'année mahométane, et comme elle comporte beaucoup de visites, de potations et de banquets, et que ni le Pacha ni moi n'étions en bonne santé, nous préférâmes le tranquille Chor Ayou au bruit et à la confusion de Doufilé.

Une lettre de Haouachi Effendi nous manda que, sur l'ordre d'Emin, il avait envoyé une autre escouade pour s'enquérir des gens arrivés à Latouka : c'étaient des irréguliers du Mahdi venant du Bahr el-Ghazal ; ils avaient débarqué à Boa, et tenté de razzier le Latouka : mais les habitants, se levant en masse, leur infligèrent une défaite sérieuse ; sur quoi, battant en retraite, ils avaient remonté la rivière dans leurs bateaux et vapeurs.

Nous n'ignorions point qu'il y eût des Mahdistes dans le Bahr el-Ghazal, mais nous fûmes surpris de les savoir si près. Les affaires prenaient mauvaise tournure. Une autre lettre, de Hamad Aga, datée de Redjaf, nous informait qu'Ali Aga Djabor et Mahomed Effendi el-Adémi — ceux qui avaient instigué la révolte du 1ᵉʳ bataillon — étaient arrivés du Makraka, et disaient qu'ils n'iraient pas voir le Gouverneur, mais que le Gouverneur pouvait venir les voir. Trop de bonté, vraiment, trop de condescendance ! Sur le conseil du Pacha, je répondis à Hamad que j'avais eu d'abord l'intention, en tant que représentant de Stanley, d'aller lire la lettre du Khédive aux Redjavais, mais qu'après avoir été instruit de leurs intentions, nous avions cru plus sage de ne pas nous y rendre en personne. Je lui transmettais copie du message khédivial, qu'il pourrait lire aux soldats et officiers maintenant tous rassemblés à Redjaf. Et que si quelqu'un désirait me parler, il me trouverait à Doufilé.

Cette copie de la lettre du Khédive tomba par hasard entre les mains du général mahdiste, qui l'envoya à Khartoum, d'où elle fut transmise à Osman-Digma, puis au général Grenfell, comme preuve que l'Equatoria était tombée entre les mains du Mahdi.

Emin pensait que les chefs rebelles, dès qu'ils apprendraient l'évacuation des stations méridionales, remonteraient le Nil et emmèneraient les garnisons à Redjaf. Dès le premier moment le Pacha avait été d'avis que la lettre du Khédive aurait une fâcheuse influence ; lui aussi avait dit qu'il eût mieux valu *commander* aux soldats d'aller en Égypte, et non pas les laisser libres d'agir à leur guise. Et c'était grand dommage qu'on n'eût pas fait envoyer du Caire quelques lettres particulières

Types de Lurs et Madis.

aux parents et amis de la Province Équatoriale; on n'aurait pu prétendre que nous ne venions pas de l'Égypte.

Emin avoua encore que si nous fussions arrivés six mois plus tard, il était perdu, car la rébellion de Redjaf avait infligé un terrible coup à son prestige. Il regrettait n'en avoir rien écrit en Europe; s'il l'eût fait, les affaires auraient mieux tourné.

Sur la route de Chor Ayou s'éclipsa l'ordonnance pieuse mais ivrogne, probablement pour rejoindre les rebelles à Redjaf. L'avertissant qu'il ne l'attachait plus à sa personne, Emin lui avait signifié de rallier sa compagnie à Doufilé. Prévoyant sans doute qu'il serait puni sévèrement par Haouachi Effendi, il déserta, et nous ne fûmes plus témoin de ses prières et de ses ébriétés. Aucun de ces gens qui se donnent pour dévots ne montre valoir grand'chose; c'est triste à dire, mais je l'ai souvent remarqué.

Tard dans la soirée du 18 août, une lettre nous parvint de Haouachi Effendi, mandant qu'une rébellion avait éclaté à Doufilé et qu'il était prisonnier. Trois officiers, Fadl el-Moullah Aga, Achmed Aga Dinkaoui et Abdoullah Aga el-Apt, étaient arrivés le jour même de la station de Fabbo avec soixante fusiliers, avaient enlevé la poudrière et les magasins, puis harangué les soldats, leur disant qu'ils n'étaient que des imbéciles d'écouter les bourdes du Pacha, de Stanley et de Jephson : certainement nous ne voulions pas les conduire en Égypte, puisque nous n'allions point à Khartoum. Les lettres que nous avions produites étaient des menteries. On avait des preuves positives que nous voulions mener les habitants hors du pays, avec les femmes et les enfants, pour les vendre comme esclaves aux Anglais. Ce mot d'ordre avait couru comme un incendie, et ces abusés avaient fait cause commune avec les mutins. Tous les officiers de Doufilé étaient entrés dans la sédition et avaient pris pour chef Fadl el-Moullah, qui avait relâché tous les prisonniers.

C'étaient de terribles nouvelles. Nous étions pris comme dans un piège. Derrière nous, Redjaf avec le bataillon révolté; devant nous, Doufilé avec ses insurgés; à l'orient et à l'occident, des tribus qui avaient toujours détesté le gouvernement égyptien. Aucun trou par lequel déguerpir. Même Doufilé franchi, nous n'aurions pas gagné grand'chose, car tout le pays par delà était mûr pour la rébellion : on nous eût capturés et renvoyés ignominieusement à la station.

J'avais grand'pitié pour Emin. Ce n'est pas qu'il manquât de hardiesse, car il était brave de la tête aux pieds, mais ce qui lui allait au cœur, c'était de voir se tourner contre lui le peuple pour lequel il avait tout fait et s'était sacrifié tout entier. Il me dit combien il était peiné de m'avoir inconsciemment conduit dans ce traquenard. Mais je ne regrettais pas de partager ses peines. Certes nous étions dans une position terrible, et l'on ne pouvait prévoir comment cela finirait.

La nuit, Emin envoya des messagers à Laboré porter l'ordre à Sélim Aga de venir incontinent et de l'accompagner à Doufilé : car cet officier avait de l'influence dans la province, et s'était toujours montré ami du Pacha. Le pauvre Moudir ne dormit pas de la nuit, ne fit qu'aller et venir par la chambre, ruminant ses infortunes.

Sélim arriva dans la journée suivante, mais il pleuvait si fort que nous ne pûmes partir. Il écrivit au chef de la sédition, Fadl el-Moullah Aga, avec lequel il était en bons termes, de ne rien précipiter, car le Pacha et lui seraient le lendemain à Doufilé.

Une seconde lettre de Haouachi Effendi racontait qu'aucun acte de violence n'avait été encore commis, mais que le peuple se persuadait que le Gouverneur voulait les contraindre à émigrer, et que tout le mal venait de cette fausse idée. Depuis longtemps il avait très bien compris qu'à l'exception de quelques rares individus, personne ne se souciait de quitter un pays où ils avaient tout à souhait.

Moi, de mon côté, je sentais que les gens avaient beau me répondre avec enthousiasme, qu'ils suivraient le Gouverneur partout où il lui plairait d'aller, à peine si un seul se souciait de partir. Rien ne les émouvait de ce qui pourrait arriver quand ils auraient refusé notre secours; « aujourd'hui » les choses allaient assez bien, et quant à « demain » ils étaient incapables d'y songer.

Dans la soirée on aperçut quelques soldats qui tournèrent la station et traversèrent l'Ayou à la nage un peu plus haut. Sélim courut après eux, mais ils s'enfuirent. Le but de leur course n'était que trop évident : ils apportaient de Doufilé des lettres pour Redjaf, annonçant que les révoltés des deux stations feraient désormais cause commune.

Le 20 août, nous partîmes pour Doufilé, et, n'ayant plus de porteurs en nombre suffisant, nous laissâmes derrière nous plusieurs charges.

La pluie du 19 avait tout inondé, le Nil avait monté de

Sur la route de Doufilé.

120 centimètres pendant la nuit. Partout les ravinements causés par les eaux furieuses sillonnaient les flancs de la montagne. Les torrents et ruisseaux, qui roulaient la veille des flots déchaînés, s'épanchaient aujourd'hui en courants d'eau claire et tranquille, tant les abats de pluie s'écoulent rapidement dans le haut pays.

Les monts éloignés qui s'étendaient parallèlement à notre route, et qui par endroits tombent à pic de 180 mètres, brillaient comme de l'argent poli ; le soleil faisait reluire l'eau qui dégouttait des pentes. La nature avait pris un bain.

Un jour brûlant suit une pluie continue, la règle est constante dans l'Afrique centrale. Le matin se leva sur les collines encore enveloppées de vapeur, au-dessus des vallées et du bas pays cachés sous un voile de brouillards impénétrables. Mais, au bout de deux à trois heures, les brumes avaient fondu, le soleil lançait des rayons aigus qui semblaient percer le crâne. Vers midi l'ardeur devint presque insupportable. Tandis que nous traversions la plaine triste et nue, le sol semblait panteler sous la chaleur.

Plus encore qu'au voyage d'aller, je fus frappé par l'aspect de solitude et d'inexprimable abandon de cette rocaille déserte. Kilomètres après kilomètres, nulle culture, aucune trace d'habitation ; rien qu'une lugubre étendue quartzeuse, coupée de rochers massifs, soulevés et déchirés en formes curieuses ou bizarres de châteaux démantelés. L'immense espace n'avait d'autre végétation que de minces mimosas et des buissons rabougris. A l'occident, la plaine était close par une longue ligne de hautes montagnes escarpées et déchirées, d'aspect inhospitalier ; à l'orient, aussi loin que l'œil pouvait discerner, le désert se déroulait dans la direction de la lointaine contrée des Choulis. A cette vue me revint vivement en mémoire un passage que j'avais lu quelque part, dans Walter Scott peut-être :

« Ces mornes déserts imposent le sentiment de leur solitude, même à ceux qui les parcourent en grandes troupes ; tant est grande la disproportion entre la vastitude du milieu et l'exiguïté de l'homme. Ainsi, dans les déserts de l'Afrique ou de l'Arabie, une caravane composée de mille hommes éprouve une impression d'isolement tout autrement intense que l'individu marchant seul au milieu d'une contrée prospère et cultivée. »

Après avoir atteint le sommet d'une colline, d'où nous apercevions Doufilé à trois kilomètres au-dessous de nous, nous fîmes halte pour attendre l'arrière de la caravane. Il y avait Emin et moi, Vita Hassan le pharmacien, les deux effendis, Radjab et Arif, secrétaires du Pacha, Kismoullah, le chasseur et empailleur, nos serviteurs et ordonnances, vingt et quelques porteurs madis. Nous contemplions la forteresse, cherchant à deviner la réception qu'elle nous ferait. Pourrions-nous avoir quelque influence sur les mutins et les retirer du complot, ou dirions-nous un long adieu à notre liberté?

Nous changeâmes de chapeau, nous soignâmes notre toilette; on rangea la colonne bien en ordre; on mit au vent toute notre étamine, bannières et drapeaux, et, le cœur résolu, les dents serrées, nous descendîmes vers Doufilé.

CHAPITRE VII

EN PRISON

Nous approchons de Doufilé. — Attitude du peuple. — Entrée dans la station. — Les sentinelles nous entourent. — Les soldats nous insultent. — L'étameur circassien. — On nous emprisonne. — Contraste avec notre première entrée à Doufilé. — Sélim Aga consulte les mutins. — Fadl el-Moullah. — Les mutins de Redjaf. — Notre existence en captivité. — On injurie nos domestiques. — Baouachi Effendi. — Les rebelles brassent un complot pour s'emparer de Stanley. — Nouvelles de Msoué. — Bruit de l'arrivée de Stanley à Kavalli. — L'arrivée des rebelles redjavais. — On questionne mes ordonnances. — Je suis cité devant le Conseil des rebelles. — Les questions qu'on m'adresse. — Lettres lues devant le Conseil. — « Vous êtes des imposteurs! » — Ma tirade contre les rebelles. — Noble attitude d'un nègre. — Fadl-el-Moullah tient bon. — Emin signe les pièces. — Le vapeur mis en réquisition. — Départ de Doufilé. — Désagréables incidents à bord. — Arrivée à Ouadelaï. — La petite Féridé. — Naissance quintuple. — Mécontentement général. — La trahison est dans l'air.

Comme nous descendions la colline, nous vîmes beaucoup de monde, habillé de blanc — car c'était jour de fête, — se promener sur les avenues de la station, mais en ayant l'air de parler affaires sérieuses. Des hommes se mouvaient avec vivacité, leurs gestes passionnés marquaient qu'ils exhortaient le peuple : à quoi? Nous l'ignorions encore. A notre approche, ces groupes se disjoignirent et se rangèrent le long du chemin. L'attente se lisait sur les visages qui se montraient en haut du rempart; dans l'intérieur régnaient le bruit et la confusion : mais comme nous avancions il se fit un profond silence, chacun retenait son souffle, pour mieux voir ce qui allait se passer. Nous chevauchions à travers des lignes de spectateurs muets. Aucune décharge ne nous salua, les soldats n'étaient pas en rang pour souhaiter la bienvenue à leur Gouverneur. Emin vit d'un coup d'œil qu'il serait inutile de parler à ses gens; ils avaient beaucoup bu, sans doute, et paraissaient fort excités.

Entrée à Doufilé.

La poterne franchie, un officier égyptien eut soin de nous isoler par des sentinelles placées devant et derrière nous. Tout aussitôt il se fit une poussée contre Kismoullah, le chasseur, auquel on arracha le fusil des mains, puis on l'entraîna en prison avec quelques autres. A ce signal s'éleva un tumulte de voix, la station grouillait de monde; hommes, femmes, enfants se pressaient en avant pour mieux contempler l'humiliation du Gouverneur; mais les employés et les officiers se tenaient sur l'arrière-plan : on eût dit qu'ils n'osaient rencontrer l'œil du Moudir. Les soldats massés sur la place devant la prison, tous plus ou moins montés par la boisson, se mirent à chanter et à nous lancer des épithètes injurieuses. C'étaient probablement les rebelles de Fabbo. Pendant qu'on nous conduisait vers la place, la populace braillait, piétinait et s'étouffait pour mieux savourer le spectacle.

Sur le carré, devant notre logis, une foule énorme s'était amassée pour nous voir emprisonner, et nous montrer son dédain par des gestes insultants. Le seul à nous saluer fut un petit étameur circassien. Malgré les rebuffades et les regards menaçants, il se jeta en avant, saisit les mains du Pacha et les miennes. Il pleurait trop pour parler, ne pouvait que porter nos mains à ses lèvres avec un regard de désolation muette. On nous conduisit à notre maison, qu'entourait une épaisse boma, et huit sentinelles reçurent l'ordre strict de ne laisser entrer ni sortir personne. Ainsi débuta mon second séjour à Doufilé.

Combien différente notre entrée il y avait à peine un mois! Alors les soldats, mis en ligne, saluaient le Gouverneur et lui rendaient les honneurs dus à ses fonctions. Des acclamations s'adressaient à l'hôte honoré, au représentant de Stanley, le grand voyageur, l'envoyé du Khédive; des paroles cordiales sortaient des bouches, les lèvres souriaient la bienvenue. Aujourd'hui il n'y avait visage qui n'exprimât le mépris et la dérision, bouche qui ne nous outrageât. Certes les incendiaires égyptiens avaient bien fait leur œuvre! Tout le monde s'était retourné contre nous.

Les ricanements et cris de moquerie qui nous faisaient escorte me mirent le sang en ébullition. La place entière semblait pleine de soldats à moitié ivres, ces risées et railleries faisaient assez comprendre en quelles mains nous étions tombés.

Les domestiques et les ordonnances vinrent se plaindre qu'en allant chercher nos bagages ils avaient été insultés, bousculés; on leur avait craché dessus. « Prenez-en votre parti aussi bien que vous pourrez, et tâchez de ne pas irriter les soldats! »

Ni Fadl el-Moullah, ni Achmet Aga Dinkaoui, les deux meneurs de la révolte, ne s'étaient encore montrés. Ils logeaient à l'autre bout de la place dans l'établissement construit pour recevoir Stanley et sa suite. Nos sentinelles, prises parmi les soixante soldats qu'ils avaient amenés de Fabbo, ne juraient que par eux.

Emin s'était fait accompagner de Sélim Aga, afin de l'employer comme intermédiaire entre lui et les rebelles. Il le pria de voir Fadl el-Moullah, et de recueillir des renseignements sur la rébellion. Dans la soirée Sélim vint nous faire visite : il avait conversé avec Fadl et les chefs de la révolte pendant une couple d'heures. Le boute-en-train avait été Achmet Effendi, l'employé qui s'était plaint d'Emin à Stanley, et qu'on avait emprisonné à Doufilé pour avoir déjà semé la révolte à Toungourou. Au chef de Fabbo il avait écrit des mensonges concernant l'Expédition; et quand il sut Mouggui vidé de sa poudre et presque évacué, il fit agir Fadl el-Moullah.

Une des principales causes de la rébellion avait été le mécontentement qui depuis longtemps s'amassait, chez les officiers et soldats, contre Haouachi Effendi, le plus ancien fonctionnaire d'Emin.

Autre motif : les gens s'imaginaient que le Moudir s'entendait avec Stanley pour les forcer à quitter le pays. On ne pourrait emmener sa famille, on ne pourrait emporter le mobilier. D'ailleurs ils ne connaissaient rien d'une route conduisant en Égypte à travers le Zanzibar, et ne croyaient pas encore à la chute de Khartoum. Puis c'était tout un fretin de menus griefs contre le Pacha; on le représentait comme traître au Khédive et à ses administrés, comme injuste envers les capitaines. On manifestait surtout une profonde aversion contre Vita Hassan, l'apothicaire, qu'on accusait d'espionner pour le Gouverneur, et de gâter les affaires dans la province.

Contre moi il n'y avait d'autres griefs que ceux-ci : j'étais un envoyé de Stanley, je l'aidais ainsi qu'Emin dans le plan de les obliger à quitter la province. Je n'étais qu'un comparse obéissant aux ordres reçus. On me laissa libre de mes mouvements, mais des sentinelles devaient suivre et rapporter tous mes faits et gestes.

Les mutins avaient fait demander aux rebelles du 1ᵉʳ bataillon de les venir retrouver; ils avaient écrit aussi aux officiers de Bidden, Kirri, Mouggui et Laboré. On devait se concerter, aviser aux mesures à prendre quant au gouverneur, à Haouachi Effendi et à la sécurité de la province. On dressait des chefs d'accusation contre Emin et plusieurs officiers, qu'on ferait juger par un Conseil de guerre où entreraient des représentants de chaque station.

Sélim me dit plus tard que Fadl était moins mauvais que la plupart des autres rebelles, mais qu'il était sous l'influence d'Achmet Aga le Dinka, son officier en second, un fanatique violent. L'un et l'autre étaient entre les mains de quelques scélérats d'Égyptiens, officiers et employés. De toutes ces confidences, je conclus qu'on était monté contre le Gouverneur. Lui reprochait-on d'être trop facile? Du reste, les rebelles n'avaient été ni très communicatifs ni très amicaux avec Sélim. Nous eûmes de nouveaux détails sur les intrigues faites à Laboré par Sourori Aga, et sur la part qu'il avait prise à la révolte avec son grand ami Achmet Aga.

De tout ceci il résultait que nous n'avions rien à faire, sinon attendre, avec toute la patience et la résignation possibles, l'arrivée des révoltés redjavais, puisque rien ne devait se conclure sans eux. N'importe quoi eût mieux valu que cette terrible incertitude.

Entre temps, dans ce petit logis et au milieu d'une station bruyante, notre vie n'était rien moins qu'agréable. Le public se rassemblait dans le carré, et discutait les affaires avec assez de tapage et d'éclats de voix pour nous mettre au courant. Notre enclos étant à la croisée de plusieurs routes, allants et venants profitaient de l'occasion pour corner maints propos qu'ils pensaient nous être particulièrement désagréables. D'un côté l'école, avec des enfants qui faisaient vacarme toute la journée; de l'autre, un officier égyptien, toujours à battre un esclave ou quelqu'une de ses nombreuses femmes dont les cris fendaient le cœur.

Après les premières vingt-quatre heures on ferma notre porte à Sélim Aga; nous n'avions plus, pour nous renseigner, que les bruits du carrefour et les commérages des domestiques.

Haouachi Effendi avait été aussi enfermé. Nos garçons glissaient, dans les grains et légumes qu'ils allaient acheter, des billets de lui ou d'autres personnes qui nous voulaient du bien. Nos partisans se plaignaient avec amertume des lardons, impertinences et quolibets dont on les gratifiait.

Fadl el-Moullah avait ordonné que notre garde fût toujours prise, ainsi que les sentinelles de la poudrière et des magasins, dans la compagnie qu'il avait amenée de Fabbo. Il s'était fait remettre plusieurs pièces des machines appartenant aux vapeurs, car il n'ignorait point que les matelots le détestaient, et il craignait qu'ils ne conspirassent pour nous faire échapper.

De temps à autre, nous avions vent des intentions qu'on entretenait en haut lieu à notre égard; le sort qu'on voulait nous faire n'aurait rien d'agréable. Haouachi était très malade quand on l'arrêta, et, bien qu'il se fût un peu remis, nous pensions qu'il n'aurait pas la force de supporter sa captivité et ses soucis. Sitôt les autres officiers arrivés, on devait discuter un plan d'attaque contre Stanley dès son retour au lac. On bonderait les vapeurs de soldats, qui tomberaient inopinément sur le camp, rafleraient les fusils, la poudre et le bagage, puis disperseraient tout son monde. Je doutais fort qu'ils pussent exécuter ce projet aussi facilement qu'ils l'avaient imaginé, car j'avais dans la prudence et la sagesse de Stanley une confiance sans limite; néanmoins l'inquiétude me talonnait, et, pour le mettre en garde, j'écrivis une lettre que je pensais lui faire tenir à la première occasion par Choukri Aga, de la fidélité duquel j'étais absolument convaincu.

Cependant, de jour en jour, se multipliaient les cent et une vexations mesquines, les nouvelles fâcheuses. Nous apprîmes que les officiers du 1er bataillon et le grand moullah de Redjaf étaient prochainement attendus.

Dans la soirée du 26 août, mon garçon nous raconta que des courriers étaient arrivés de Msoué et de Toungourou avec des dépêches de haute importance; elles avaient fort ému Fadl el-Moullah, qui tout aussitôt les communiqua aux officiers, dans le divan, portes closes.

Emin ne fut pas moins troublé, et, fort avant dans la nuit,

nous faisions nos conjectures et discussions de notre côté. Binza apprit qu'une lettre de Toungourou avait été interceptée, par laquelle Souliman Aga priait le Moudir de venir au plus tôt. A l'agitation des insurgés se mesurait l'importance de la nouvelle.

Kaba Regga avait-il attaqué une des stations? — Accident était-il arrivé au vapeur qui devait surprendre un des villages de l'Ounyoro? — Une des stations sur le lac s'était-elle mutinée? Dans ce cas nous aurions été coupés de l'Expédition. — La dernière et la moins probable des conjectures était l'apparition de Stanley. Nous ne l'attendions pas encore de quatre à cinq mois, mais peut-être avait-il rencontré Barttelot beaucoup plus tôt qu'il ne pensait? Nous allâmes nous coucher sans nous être mis d'accord.

Le lendemain, de bonne heure, je fus réveillé par Emin entrant dans ma hutte. Il était en caleçon : donc il avait été surpris par quelque circonstance vraiment extraordinaire. « Stanley venait d'arriver au lac : O glorieuse nouvelle, ô message bienvenu à pareil moment! »

Je sautai du lit en m'écriant : « Mais non! c'est impossible! »

La nouvelle était merveilleuse et tout à fait inespérée. Sélim Aga lui avait fait parvenir en cachette un billet annonçant que deux lettres avaient été reçues, l'une de Codi Aga à Ouadelaï, l'autre de Choukri Aga à Msoué. Codi mandait que Stanley venait d'arriver au lac avec beaucoup d'hommes et quantité de colis, trois éléphants et un grand bateau. — Le bateau et les éléphants, pensais-je, voilà bien les exagérations des nègres! Peut-être a-t-on dit trois animaux — des ânes — et ces gens impressionnables ont compris des éléphants.... Stanley était certainement arrivé, à preuve que Souliman Aga était parti dans le petit vapeur pour aller à sa rencontre!

La lettre de Choukri était adressée au Pacha; les mutins l'avait interceptée et ne voulaient l'ouvrir qu'à l'arrivée des Redjavais; Sélim Aga assurait qu'elle portait en suscription : « Nouvelles très importantes. Grande joie. »

Emin était d'avis que je devrais demander la permission d'aller vers Stanley avec le Pacha. Si l'on n'y consentait, il faudrait les persuader de me laisser partir seul; car ni Souliman ni Choukri ne connaissaient les événements de Doufilé, dont il était indispensable de prévenir mon chef. Un billet suffirait, mais il vaudrait bien mieux l'avertir de vive voix.

Nous commençâmes donc par écrire à Stanley, lui racontant notre position et donnant d'amples informations sur le pays, la route, les habitants et le reste ; nous suggérions des plans pour notre délivrance. Je lui signalai le complot imaginé pour le surprendre, et lui recommandai de ne se fier qu'à Choukri Aga. Je pensais passer cette lettre au pilote du *Khédive* qui la donnerait à Choukri, lequel la ferait tenir à Stanley par des messagers de confiance. Tout cela, bien entendu, si les rebelles me refusaient la permission de rejoindre mon capitaine ; je comptais pourtant les voir accéder à ma demande : mais le pauvre Emin se désespérait, et j'avais à tâcher de le remettre sur pied. C'était encore une ressource pour lui que de m'avoir en sa compagnie. Cette captivité dans un enclos fort restreint était assez dure pour des individus qui n'avaient pas encore goûté de la prison, et je commençais à me sentir bien déprimé, quoique notre détention ne datât que de douze jours. L'avenir nous paraissait bien sombre. La terrible pensée que Stanley et mes camarades tomberaient dans le même piège que moi, qui ne pouvais leur tendre une main secourable, ni même les avertir, me hantait nuit et jour. Les nerfs tendus, j'attendais ma comparution devant le cénacle des rebelles.

Quant au malheureux Emin, très impressionnable et de ceux qui couvent leurs chagrins, ses réflexions le torturaient. Abattu par le poids de ses inquiétudes, sa plus amère pensée était qu'après tant d'années de dévouement, ceux pour lesquels il s'était sacrifié se retournaient contre lui. Quelle faible prise il avait eu sur leurs cœurs ! Les plus fidèles de ses scribes, employés, assistants et suivants avaient été emprisonnés, et nous étions isolés, absolument isolés, sans personne à qui nous fier.

Le 31 août arrivèrent les gens de Redjaf. Ils entrèrent en triomphe, bannières au vent et trompettes sonnant, la garnison sous les armes. Comme pour nous railler, la procession fit halte en face de notre logis, au milieu des acclamations populaires. Après quelques allocutions, et les soldats renvoyés à leurs quartiers, les officiers se rendirent à leurs huttes, dans l'enclos même occupé par Fadl el-Moullah, à l'autre bout du carré. Cette réception faisait contraste avec la nôtre.

Les notabilités de Redjaf se nommaient :

Ali Aga Djabor, Hamad Aga, Farratch Aga Adjok, Ali Aga Chamrouk, Daouel Beyt Aga et Cheikh Mouradjen, le grand moullah de la province. De Mouggui vinrent Bachit Aga Ramadan et deux autres; de Laboré, Sourori Aga, et, des stations méridionales, plusieurs officiers qu'on ne m'indiqua pas. Ils étaient suivis de soixante soldats, tirés des diverses garnisons et d'un nombreux domestique.

Ces messieurs se renfermèrent dans leur quartier, et le bruit de leurs voix échauffées nous parvenait à travers la place. Le cor envoyait des appels, des ordres partaient, toute la station était en rumeur. Les fusiliers, groupés sous les arbres du carré, riaient et parlaient haut; ils fraternisaient avec ceux de Redjaf, qu'ils avaient depuis longtemps perdu de vue.

Dans la soirée, de grandes jarres de bière et de schnick qu'avait fait préparer Fadl el-Moullah furent portées aux officiers, qui se donnèrent une fameuse régalade, si l'on en peut juger par les rires, les éclats de voix et les querelles qui nous parvenaient.

Nous apprîmes que, le lendemain, je serais interrogé devant les officiers en Conseil. On devait s'enquérir minutieusement des affaires de l'Expédition. Haouachi Effendi serait aussi amené en jugement et confronté avec les témoins à charge. Je craignais fort qu'il n'en sortît pas blanc, car tout individu avec lequel il avait été en contact semblait lui avoir gardé rancune. J'espérais toutefois qu'on se bornerait à le dépouiller, et qu'on ne le pendrait pas, comme on disait tout haut; en somme, il avait été fidèle à son gouvernement et l'avait bien servi, quelque répréhensible qu'eût été sa conduite privée.

Le lendemain matin, Bachit, une de mes ordonnances soudanaises, vint m'avertir qu'il était mandé au divan, ainsi que ses deux camarades Abdoullah et Mouradjan. Je leur dis de répondre avec la plus entière véracité, pour qu'on ne les mît pas en contradiction.

Après une demi-heure ils revinrent me raconter que tout d'abord on leur avait demandé qui était Stanley, et s'il venait de l'Égypte.

« Mais au fait, qui êtes-vous?

— Des soldats de l'Effendina, envoyés par lui au nombre

de soixante-quatre, avec Stanley, pour porter secours au Moudir et à son peuple.

— Alors où sont vos uniformes et vos accoutrements?

— Les uniformes ont depuis longtemps disparu dans la forêt qu'il a fallu traverser pour obéir à l'Effendina, lequel nous avait envoyés porter des secours et des munitions à vous, hommes qui nous interrogez si durement!

— Vous mentez! Vous avez été ramassés par ce Stanley, un aventurier. Vous n'êtes pas de vrais soldats, et l'on vous mettra dans les fers jusqu'à ce que vous en fassiez l'aveu! »

Sur quoi Abdoullah, un garçon de ressources, présenta son remington, montra la marque égyptienne, le croissant et l'étoile du canon. « Voici la marque de l'Effendina! Et qu'un officier me mette à l'exercice! il verra bien si je suis un soldat ou non! »

Effectivement on lui fit faire l'exercice, et il s'en acquitta à merveille. Après d'autres questions touchant Stanley et moi, on les laissa partir.

Bientôt après, mon garçon me prévint que j'étais mandé au divan. Je renvoyai tout aussitôt Binza répondre que j'irais volontiers; que je n'étais pas accoutumé à recevoir des messages par l'intermédiaire d'un domestique, mais suivrais immédiatement l'officier qui viendrait me requérir. Alors Ali Aga Chamrouk, un Égyptien, se présenta et me pria poliment de vouloir bien l'accompagner.

Il y avait foule pour voir les témoins qu'amenaient les gardes. Depuis mon emprisonnement, c'était la première fois que je sortais de notre enclos; et tandis que je traversais, on me regardait curieusement, mais sans insultes ni grossièretés. J'étais quelque peu nerveux, il faut le dire, car mon sort dépendait de cette entrevue. J'avais pris Binza comme interprète.

Les officiers, au nombre d'une trentaine, se levèrent à mon entrée et me saluèrent respectueusement. Fadl el-Moullah et Ali Aga Djabor, que je voyais pour la première fois, s'avancèrent et, après s'être nommés comme présidents du conseil, me présentèrent aux assistants, dont plusieurs m'étaient inconnus. Je dis que, puisqu'on le désirait, j'étais ici pour répondre; ils s'inclinèrent, et un long silence suivit, pendant lequel j'eus le loisir de jeter un regard circulaire et de saisir les visages.

Autour du divan courait un siège en briques, large, assez

élevé, couvert de nattes propres, sur lesquelles étaient assis les juges, presque tous Soudanais : un groupe lourd, maussade, à physionomies bestiales, paresseuses et stupides. Mon ami Sourori Aga, à moi connu depuis Laboré, était assis derrière, près de la porte; quand je le dévisageai, ses yeux inquiets s'effacèrent, se voilèrent et se détournèrent. Ni Hamad Aga, ni Sélim Aga n'étaient présents. Jambes croisées, assis sur une natte à terre, quatre scribes, Coptes et Égyptiens, écritoire en main, se préparaient à relater mes dires. Les trois hommes dont l'apparence me frappa le plus étaient les deux chefs du conseil et le premier moullah, Cheikh Mouradjan.

Fadl el-Moullah, l'instigateur de la rébellion, énormément obèse, d'un noir de jais, avait une figure assez intelligente, pas du tout déplaisante; pour un Soudanais, il était fort bien. Ali Aga Djabor, un autre Soudanais de même physique et de même tempérament, représentait parfaitement le bravache, brigand et ivrogne qu'il était.

Cheikh Mouradjan avait grand air avec sa longue robe blanche, son large turban et sa barbe sur laquelle il avait neigé; il était du Dongola et semblait un Arabo-Juif. Quand mon regard tombait sur lui, ses petits yeux rusés, fixés sur moi, se baissaient immédiatement.

Fadl el-Moullah rompit le silence. Il me questionna sur l'Expédition, son origine et son but. Je lui dis qu'elle avait été incitée par les lettres que le Moudir avait envoyées en Europe; que le Khédive y avait participé et avait donné à Stanley ses dernières instructions avant le départ pour Zanzibar. Les lettres du Moudir faisaient de son peuple les plus grands éloges; il avait écrit en faveur de ses gens, sans rien demander pour lui-même. Je racontai aussi simplement qu'il me fut possible l'histoire de notre long voyage et de notre rencontre avec Emin.

L'Effendina avait-il réellement vu l'Expédition? Et pourquoi n'avait-il pas envoyé quelqu'un de son administration, un soldat, un pacha en fonctions? Et pourquoi, si nous venions de l'Égypte, n'apportions-nous pas des lettres d'amis et de parents cairiotes?

Je répondis que Stanley connaissait mieux l'Afrique qu'aucun homme vivant, et qu'il était considéré comme plus capable que tout autre de commander l'Expédition. Quant à ce que nous n'apportions pas de lettres venant de leurs amis d'Égypte, je reconnaissais que cela avait été un oubli.

Ici les assistants se parlèrent à voix basse, me regardant par intervalles, comme si j'eusse fait l'objet de leur conversation.

Fadl el-Moullah me questionna maintenant sur la route à prendre, et les moyens de transporter les enfants et le mobilier, si on se décidait à quitter le pays. Pouvait-on vraiment aller en Égypte par la voie de Zanzibar? Trouverait-on des vivres par le chemin? Je répondis de mon mieux, et, prenant les lettres du Khédive et de Nubar Pacha, je les tendis au premier secrétaire pour qu'il les lût à haute voix, et qu'on vît bien que ni l'Effendina, ni le Gouverneur n'obligeaient personne à quitter le pays.

Les lettres furent lues, la signature du Khédive soigneusement examinée par les greffiers, qui dirent vouloir la comparer avec celle qui accompagnait les brevets de promotion. Je répondis n'y voir aucun inconvénient; plusieurs officiers sortirent pour querir leurs parchemins.

Fadl, en attendant, parla de Haouachi Effendi, et dit combien il était détesté par tous. Il se saisissait des femmes, du blé, du bétail et des brebis; il abusait de ses fonctions. Le Moudir l'avait soutenu envers et contre tous, il avait partagé ses intrigues. Pourquoi le Moudir n'avait-il pas poussé jusqu'à Redjaf? pourquoi avait-il donné l'ordre d'évacuer Mouggui? Emin s'entendait avec Haouachi pour emporter toutes les munitions et les abandonner comme une épave au milieu des natifs, qui leur étaient hostiles.

Je répondis de mon mieux, mais sans succès, car on m'interrompait sans cesse pour me poser de nouvelles questions, ou lancer des exclamations d'incrédulité.

Les officiers, de retour avec leurs brevets, en comparèrent minutieusement la signature avec le chiffre khédivial que je leur avais présenté, et qui malheureusement était un peu barbouillé et altéré par l'humidité de la forêt. Ces lettres passaient de main en main; on ne savait que conclure, il y avait discussion. Enfin un scribe les jeta à mes pieds : « C'est un faux! Toi et ton maître, vous êtes des imposteurs! »

Mon premier mouvement fut de l'abattre d'un coup de poing; avec un grand effort je me retins. Mais quelque chose qui passa

Lecture de la lettre du Khédive devant le Conseil des rebelles.

sur ma figure fit comprendre la peine que j'avais eue à me maîtriser, car on repoussa l'employé en lui ordonnant de se taire.

A partir de ce moment on décida de bonder les vapeurs et d'envoyer les soldats à la rencontre de Stanley, qu'on disait à Nsabé.

« Rien de moins utile, leur dis-je, si vous ne vous faites accompagner soit par le Moudir, soit par moi, car la première question de Stanley ne manquera pas d'être : « Où est votre « Moudir? Où est mon officier? » Tout de suite il devinera ce qui est arrivé, et fera feu. » Je leur conseillai donc de me prendre sur le vapeur avec le Moudir. Nous irions ensemble chez Stanley, et tiendrions une consultation dans son camp. Ils refusèrent net, le Moudir ne devant pas bouger de sa prison de Doufilé. Voyant qu'il n'y avait pas à insister, je leur demandai de me prendre avec eux, ce dont ils ne voulurent pas davantage. Ils comptaient dire à Stanley que le Gouverneur et moi nous étions fort occupés. Ils le prieraient de les suivre et le mèneraient vers nous. A quoi je répondis qu'ils ne connaissaient pas l'homme. Il percerait comme la foudre leur ruse cousue de fil blanc et agirait avec la rapidité de l'éclair. Mais ils s'obstinèrent à ne pas me laisser aller.

Alors je leur reprochai vivement d'infliger ce traitement à leur hôte et de se conduire en vrais sauvages. En venant à eux je n'avais voulu que leur être utile, et après m'avoir fait entrer dans leur pays avec force salamalecs et belles paroles, ils avaient intrigué contre moi, menacé ma vie à Laboré; ici ils m'avaient insulté et emprisonné; maintenant ils me refusaient d'aller retrouver les miens! « Ne recommencez pas vos compliments et vos protestations, je vous prie, et ne me tendez plus vos mains, car je sais que vos cœurs préparent la trahison contre l'hôte qui croyait vous rendre service. Vous des soldats? non, vous n'êtes que des sauvages! »

Cette exclamation souleva un terrible brouhaha; ce fut la confusion des langues. Quelques-uns, Ali Aga Djabor entre autres, voulaient châtier mes paroles téméraires. D'autres criaient : « A la honte, à la honte! » J'avais touché la note juste. En les accusant d'avoir violé la loi stricte de l'hospitalité musulmane, je ne pouvais leur faire reproche plus amer. Ces gens-là, ces nègres, ont je ne sais quelle touche grossière de chevalerie. Je l'ai constaté à Doufilé, je l'avais souvent constaté chez nos Zanzibaris.

« De la chevalerie chez un nègre? s'écrie dédaigneusement tel de mes lecteurs.

— Oui, la chevalerie d'un gentilhomme. Elle peut revêtir une autre forme, mais c'est toujours de la chevalerie et de la plus vraie. Touchez cette corde, frappez sur cette note, et il vous sera répondu par un son aussi franc que de n'importe quel Européen. »

Au-dessus du tumulte résonna la haute voix de Fadl el-Moullah : « Par Allah, il a bien parlé, et il rejoindra les siens! Moi, le chef du Conseil, je le jure! »

Sauf exceptions, on se rendit à son avis, et il fut décidé que le vapeur partirait dans trois jours, moi dedans. C'est tout ce que je demandais. Serrant la main de Fadl et m'inclinant devant les autres personnages, je sortis. J'avais une fièvre abominable, et durant les trois heures de mon interrogatoire dans cette salle étouffante, plusieurs fois la tête m'avait tourné et j'avais failli choir. De retour à notre logis, je me jetai tout épuisé sur mon matelas, tandis qu'Emin accourait vers moi.

N'ayant guère espéré son élargissement, il se réjouissait d'apprendre qu'on me laissait partir. Nous discutâmes quel plan il fallait suggérer à Stanley; nous n'osions compter qu'il se sentît assez fort pour s'emparer du vapeur et l'employer à la délivrance du Pacha.

Afin de rétablir la confiance, les rebelles proposèrent au Gouverneur de réintégrer dans leurs positions les gradés et employés qu'il avait mis à pied; et, cédant à la force majeure, le malheureux Emin signa ce qu'on voulut. Notez que les condamnations avaient été prononcées par la Cour martiale, composée de ces mêmes officiers qui maintenant revenaient sur leur décision. Notez encore que plusieurs des condamnés avaient volé ou frappé leurs supérieurs; un de ces hommes, de propos délibéré, avait tiré sur Souliman Aga, son capitaine, et l'avait blessé. On eût pensé que cette amnistie ne pouvait que diminuer le prestige de la hiérarchie, mais ces chefs, achetant aux enchères la popularité, disaient comme l'Irlandais : Tout, pourvu que ce soit contre le Gouvernement.

Puis les rebelles requirent du Gouverneur la signature approuvant quelque changement dans l'administration de la province, et le Gouverneur y apposa son sceau. Des plans de campagne circulaient, et plusieurs d'une absurdité ridicule. La faction au pouvoir décida de ne rien entreprendre avant d'en avoir fini avec Stanley. Si son arrivée ne se confirmait pas, les vapeurs amèneraient plusieurs officiers et employés des stations méridionales pour les faire assister à un grand Conseil qu'on tiendrait à Doufilé.

Le vapeur devait partir le 4 septembre; mais dans la nuit du 2 j'appris par mon brosseur que l'on se préparait pour le lendemain. J'envoyai demander au capitaine quels ordres il avait reçus : « Partir pour Ouadelaï dans la matinée. » Sur ce, je réclamai audience à Fadl; il me fit répondre par deux de ses ordonnances qu'il me verrait avec plaisir; et, accompagné par eux, je me rendis à sa case. Il offrit des cigarettes et du café; nous parlâmes de choses indifférentes, telles que voyages, coutumes africaines, etc. Puis je lui exprimai mon étonnement :

« Tu m'as donné ta parole que je monterai sur le vapeur. Comment se fait-il qu'il parte un jour plus tôt et que je n'en sache rien? Ne tiendrais-tu pas ta parole, — cette parole à laquelle j'attache plus de prix que toi-même? Après l'expression si nette et si ferme de ta volonté donnée devant le Conseil, je me fiais en toi, et je découvre que tu me trompes! »

Il avoua qu'en effet il ne jouait pas franc jeu. La veille, Ali Aga Djabor, Moustapha Effendi Mahmoud et quelques autres l'avaient prié et même pressé d'empêcher mon départ : ils ne pouvaient me pardonner mon langage au divan. Il avait cédé, bien malgré lui, et consenti à faire partir le bateau sans m'en informer. Mais, puisqu'il avait donné sa parole, je partirais, qui qu'en grogne!

Je racontai à Emin mon entrevue, et préparai mes affaires. Je ne pouvais me fier à personne, et, si je n'y avais pas l'œil, on pourrait encore démarrer sans moi. Mon compagnon me prêta divers objets qu'il croyait m'être utiles; sa bonté et sa générosité étaient inépuisables; jamais il ne se fatiguait de donner. Mais il se désolait à l'idée qu'il resterait seul, car j'intervenais comme un tampon moral entre les rebelles et lui : il pensait que la protection d'un étranger les empêcherait de se porter à des extrémités contre sa personne. Toutefois il valait mieux que je partisse; je trouverais peut-être à le tirer du mauvais pas. Il me donna des commissions pour Ouadelaï : prendre ses notes et ses collections ; les remettre à Stanley, au cas qu'il lui arrivât malheur. Je devais aussi emporter plusieurs lettres, m'aboucher avec certaines personnes qu'il espérait lui être fidèles ; y mettant toutefois beaucoup de précautions, car si on se doutait de quelque chose, il arriverait malheur. Il me donna certains ordres pour ses domestiques et me recommanda de faire tout mon possible pour lui envoyer des nouvelles par un fidèle interprète.

Le 5 septembre j'étais levé de bonne heure ; tout était prêt, et je fis demander à Achmet Aga le Dinka, commandant le vapeur, des hommes pour transporter mes effets. Ce personnage eut l'insolence de renvoyer mon garçon en disant que mon bagage serait mis à bord quand tout celui des officiers aurait trouvé place. Soupçonnant quelque nouveau stratagème pour me laisser en plan, je donnai l'ordre aux domestiques d'Emin et aux miens de porter mes effets dans l'une des cabines, et de m'en remettre la clef. De ce pas je me rendis chez Fadl, le priant de ne permettre aucune brutalité contre le Gouverneur pendant mon absence, car si l'on entrait dans cette voie, on ne pourrait plus s'arrêter. Il me donna l'assurance que rien ne serait fait contre le Pacha, et que, pour toute affaire en cours, on attendrait les officiers des provinces méridionales. Pendant que je parlementais, Ali Aga Djabor revint encore à la charge, il dissuadait Fadl de me laisser partir ; mais il lui fut répondu que la parole était donnée et qu'il fallait s'y tenir.

Les adieux à Emin furent tristes ; nous reverrions-nous jamais ? En me souhaitant bon succès, il me prit la main ; je ne pus que serrer la sienne en silence ; je sentais ma gorge s'embarrasser.

L'état-major n'était pas encore arrivé sur le bateau ; je m'installai résolument sur le pont, ils vinrent après une demi-heure. Toute la garnison assistait à notre départ ; Fadl aussi. Je lui dis que je désirais ramener à Stanley notre bateau l'*Avance*.

Les officiers ne voulaient pas en entendre parler, objectant que ce n'était pas la peine, puisque je devais revenir à Doufilé. Mais j'insistai, et présidai moi-même à la manœuvre de la mise à l'eau de l'embarcation avec ses rames et tolets. Fadl dit en permettre la sortie à une condition : je donnais ma parole que je reviendrais à Doufilé, Stanley arrivant ou n'arrivant pas. A quoi je m'engageai volontiers.

Je n'avais été captif que pendant quinze jours, mais que c'était donc délicieux de me retrouver en plein air! Que la rivière semblait charmante! Que l'herbe était verte! Et combien belles les montagnes lointaines!

Huit gradés étaient montés à bord, et de nombreux soldats; le bateau était surchargé, et la confusion abominable. Les officiers avaient leurs matelas sur le pont; ils y restaient couchés, si bien qu'on n'avait pas de place pour se tenir debout; les fusiliers et les domestiques se pressaient à l'arrière. On fumait, on mangeait, on crachait, on éructait; je n'aurais pu prendre aucun aliment dans cette société. Et le graillon des beurres rances, le relent des machines sous un soleil brûlant, dont on n'était protégé que par une tôle mince, dans un air puant et étouffé! Les épaulettes voulurent bien m'inviter à leur repas, mais je remerciai avec un doux sourire.

Beaucoup de monde s'affairait à mon garçon Binza : c'était pour savoir de lui si nous avions été réellement en Égypte.

La terrible chaleur du vapeur ne pouvait manquer de me donner une attaque de fièvre; et dans la soirée je demandai aux officiers une place pour mon angarep. Sur les neuf heures, un violent orage me mouilla jusqu'aux os, et j'en eus à grelotter jusqu'au matin. La pluie pénétra sous le rouf, l'eau coulait partout. Des individus trouvèrent à se glisser sous mon matelas, et à tirer sur la moustiquaire : qu'on juge de mon agrément! Après cette trempée j'eus une fièvre telle que je pouvais à peine me tenir quand nous arrivâmes à Ouadelaï.

J'allai droit au logement du Pacha, et m'y établis. Plusieurs personnes bien intentionnées vinrent aux nouvelles. Le signor Marco et le garde-magasin, un chrétien, en furent si impressionnés, que les larmes leur coulaient le long des joues. Ils me dirent ignorer le retour de Stanley et n'en rien croire. Quel amer désappointement!

La nourrice apporta la pauvre petite Féridé qui demandait son « Baba ». Elle sentait qu'il y avait quelque malheur dans l'air, mais n'y comprenait guère.

Après avoir salué les quelques personnes qui s'étaient présentées, j'allai me coucher, car je me sentais fatigué et bien malade. Le lendemain matin, je n'étais guère mieux, mais il y avait tant de choses à faire pour ce pauvre Emin qu'il ne fallait pas s'écouter. A plusieurs je remis de ses lettres, j'empaquetai les journaux et collections pour qu'ils fussent portés à Stanley, je fis venir les domestiques, qui tous se présentèrent et protestèrent de leur fidélité. Avec le signor Marco je réglai quantité d'affaires. Il me dit que les officiers rebelles s'étaient enfermés avec ceux de Ouadelaï, mais que rien n'avait transpiré de leur entrevue.

Il raconta aussi le fait surprenant d'une parturition quintuple, 2 filles et 3 garçons, dont 1 était mort, mais les autres se portaient bien, ainsi que la mère. Ces enfants étaient de petite taille, mais bien formés; le père était un rabougri, qui avait été grièvement blessé à Rimo, dans la guerre mahdiste. J'envoyai à la mère un cadeau de dix dollars.

Dans l'après-midi, les rebelles et leurs hommes examinèrent en détail la poudrière et les magasins. On disait qu'ils avaient l'intention de transporter une partie des munitions à Doufilé, dont ils feraient le quartier général de la province.

Une longue séance avait été tenue dans la journée entre les officiers de Fabbo, de Ouadelaï et de Doufilé; puis on avait pris la moitié des munitions et on les empaquetait. La garnison ne trouvait pas cet arrangement de son goût.

Le lendemain matin, des sentinelles furent mises à ma porte, avec ordre de ne laisser entrer que mon domestique et mes ordonnances. Défense même à Marco de me visiter; j'en conclus que les rebelles, voyant les gens de Ouadelaï peu disposés en leur faveur, craignaient que je n'entrasse en quelque complot contre la faction maîtresse à Doufilé. J'étais derechef prisonnier.

Le jour suivant, Marco me fit tenir une note portant que les rebelles, trouvant dans les magasins moins de capsules qu'ils ne s'y attendaient, menaçaient de fouiller le logis du Pacha. C'était le pillage si la menace s'exécutait. Sans doute, on grommelait et l'on murmurait à Ouadelaï. L'arbitraire déployé par les seigneurs de Doufilé déplaisait, mais il n'en sortirait rien, car ces gens n'étaient qu'un troupeau de moutons entre les mains de leurs supérieurs.

Par trois fois j'envoyai querir Codi Aga, le commandant de place, qui, par trois fois, se débarrassa de mon garçon sans avoir l'air de comprendre ce qu'il voulait. Emin avait la plus entière confiance en sa fidélité; moi aussi, je l'avais tenu pour notre ami. Je voulus bien attribuer son refus de me visiter à la défense qu'on lui aurait faite d'entrer dans ma case.

Ces longs retards ne me plaisaient guère; les gens paressaient et ne faisaient pas de bois pour le vapeur; impossible de savoir ce qu'il y avait de vrai dans le bruit que Stanley était arrivé. Si les capitaines rebelles ne se hâtaient pas davantage, c'était, je pense, qu'ils ne se souciaient point de quitter la place avant d'avoir gagné les habitants à leur cause. Des désordres surgissaient constamment et des querelles entre gradés et non gradés, preuve que les gens d'ici n'étaient pas autant portés pour la rébellion qu'on se l'imaginait à Doufilé. C'était un abominable ramassis que ces gens d'Emin, et leur compagnie faisait l'effet d'un cauchemar. Nulle atmosphère n'est plus infecte que celle de la trahison. Sentir qu'on ne peut pas mettre la main sur un honnête homme, quelle désespérance! Voir chaque parole dénaturée, et toute action présentée à faux par ceux-là mêmes pour lesquels vous pensiez vous dévouer! L'histoire de la perte du Soudan n'est qu'une série de trahisons. Combien je comprenais ce qu'avait dû souffrir Gordon, se dévouant, défendant longtemps et courageusement la liberté de gens qui se méfiaient et faisaient arme contre lui de ses efforts et de ses sacrifices! Et tout ce qu'endurait le Moudir, enfermé chez ces demi-sauvages, qui ne songeaient qu'à l'abreuver d'insultes et à lui arracher de nouvelles concessions! Chaque nuit recommençaient les mêmes scènes d'ivrognerie dans les corps de garde, chaque nuit ces furieux pouvaient commettre quelque acte de violence qui dégénérerait en massacre. Je frissonnais en pensant à ce pauvre Emin abandonné à Doufilé, Emin qui s'était, comme Gordon, sacrifié pour son peuple!

Fallait-il donc que pareils hommes périssent en de si inutiles dévouements! Mais toute l'œuvre accomplie dans l'Equatoria aboutissait à la plus complète déconfiture! La trahison avait tout ruiné. L'ignorance, l'orgueil, la cruauté peuvent être combattus : la perfidie, jamais. Elle est innée dans cette population, et il lui faut se produire. Jamais la civilisation n'en viendra à bout.

CHAPITRE VIII

EN VAPEUR AVEC LES REBELLES

La défection de Codi Aga. — Une barre de sable. — Débarquement à Toungourou. — L'arrivée de Stanley ne se confirme pas. — Griefs de Casati. — Abdoullah Vaab Effendi. — Comment Casati vivait dans la province. — Pourquoi il vint en Afrique. — Comment il fut traité par Kaba Regga. — Souliman Aga battu par ses propres soldats. — La maison de Vita mise à sac. — Les irréguliers d'Emin. — Départ du vapeur pour Msoué. — Protestations d'amitié. — Action des Égyptiens sur les Soudanais. — Message du chef de la station. — La ruse de Choukri Aga. — Les factieux se saisissent des munitions. — De Toungourou à Oudelaï. — Des officiers ivres mettent le feu aux huttes. — Un déjeuner africain. — Le collier de Féridé. — Trajet sur le vapeur. — Les juges d'Emin. — Arrivée à Doufilé. — Le scribe de Kirri mangé par un crocodile.

Je racontai à Émin ce qui s'était passé, confiant ma lettre au signor Marco, qui promit de la faire passer par un interprète de la tribu des Lurs.

Après quatre jours d'attente, nous quittâmes Ouadelaï, accompagnés de Codi Aga, le chef de station. J'en fus marri, car c'était un indice qu'il se joignait aux rebelles. Je m'aperçus qu'il évitait mon regard. Mauvais augure pour le Pacha, qui lui avait donné toute sa confiance !

Après trois ou quatre heures de navigation, un banc de sable coupe droit à travers le fleuve, qui, à l'étiage, ne roule guère d'eau par-dessus. Le vapeur toucha, et comme il était lourdement chargé, on mit tout le monde à terre et l'on descendit du bois. Il fallut plus de cinq heures pour franchir le mauvais pas.

Toutes les sablonnières des rives pullulaient de sauriens, depuis les bébés crocodiles jusqu'aux monstres longs de six mètres, répugnants à voir. Toungourou ne put être atteint dans la journée, et, le soir venu, le navire fut amarré au rivage. De nuit, ces arrêts en rivière sont toujours fâcheux, surtout dans la saison humide, quand tombe une lourde pluie sans discontinuer, ainsi qu'il nous arriva ; de plus, nous étions tourmentés par les moustiques. Ce fut pis au matin ; toujours les averses et un froid des plus désagréables. A son issue du lac, le fleuve s'élargit énormément ; le vent en balayait la surface et nous glaçait jusqu'aux os.

Pour la première fois j'aperçus des girafes sauvages ; elles paissaient en troupeaux. A distance, ce sont d'étranges animaux. Quand ils broutent, ils ont une manière cocasse d'écarter brusquement les quatre jambes : leur garrot est si haut que, sans cet artifice, leur chanfrein n'arriverait pas jusqu'au sol, malgré leur long cou. Quand le vapeur se rapprocha, ils détalèrent à un trot lent et balancé, des plus risibles.

A Toungourou, nous trouvâmes le petit vapeur *Nyanza*. Souliman Aga se tenait sur le quai ; il venait de boire, car après m'avoir serré la main il voulut m'embrasser, mais je manœuvrai de manière à esquiver cette familiarité déplaisante.

Les soldats me saluèrent rangés en ligne, et plusieurs personnes vinrent me complimenter. Je me rendis au logis du capitaine Casati, qui me reçut avec une chaleur méridionale, et demanda anxieusement des nouvelles. Des rumeurs lui étaient parvenues que des troubles avaient éclaté dans le nord ; il n'en savait pas davantage. Il fut profondément troublé par le récit des événements et par la lecture d'une lettre que Vita Hassan, le pharmacien, lui faisait parvenir. Pendant l'absence de Vita, Casati présidait à l'établissement. Écrite en une crise de désespérance, l'épître contenait un récit des plus lamentables.

Casati ne savait rien de Stanley, qui, d'après certains dires, serait maintenant à proximité du lac. Seulement Choukri Aga avait entendu raconter qu'une forte bande était arrivée à « la grande rivière » et la traversait. « C'est l'Itouri », fis-je en moi-même. La nouvelle venait de Nampigoua, un allié de Stanley et l'un des mieux décidés. Depuis dix-huit jours déjà, Choukri l'avait reçue, et il avait immédiatement envoyé le chef Mogo — celui qui nous avait transmis une lettre du Pacha — porter une dépêche à Kavalli, un autre de nos amis. Mogo devait revenir immédiatement avec les nouvelles qu'il aurait obtenues.

L'impression était générale qu'il ne s'agissait pas de Stanley.

Pour mon compte, je n'éprouvais plus aucun doute : tous ces bruits étaient faux. Les racontars indigènes ne méritent pas grand crédit : ils se propagent de tribu en tribu avec toutes sortes d'additions; au bout du compte, celui qui a mis l'histoire en train ne la reconnaîtrait plus.

Casati avait un long chapitre de griefs contre Souliman Aga qui ne le fournissait plus de maïs et qui, pratiquement, l'avait mis en quarantaine. Casati s'était fort attaché à son garçon Vékil, qui ne cessait de lui rapporter des racontars auxquels il ajoutait foi et qui le faisaient mal venir. Et le malheureux capitaine dépendait de l'autorité pour la nourriture et l'habillement; le chef de station pouvait donc, en l'absence d'Emin, le vexer à plaisir.

Je pris logement dans la case que j'avais déjà occupée; les domestiques de Vita m'apportaient les repas, et me mettaient à l'aise autant qu'ils le pouvaient.

Abdoullah Vaab Effendi, officier égyptien qu'Emin avait emprisonné, mais que les rebelles avaient mis dehors, vint m'offrir ses services et mettre sa maison à ma disposition. Impliqué jadis dans la rébellion d'Arabi, il avait fort desservi le Pacha; mais, la rébellion ayant éclaté, il semblait effrayé de ce qui en sortirait. Des yeux de renard gâtaient sa bonne mine.

Casati me rapportait les événements du jour, car les factieux ne me permettaient plus de quitter le logis et de recevoir d'autre visiteur. Il disait vouloir m'accompagner à Doulilé, afin d'assister le Pacha, si la chose était possible. Emin et lui s'étaient si bien brouillés peu après mon arrivée dans la province, qu'ils évitaient de se parler, mais Casati oublia ses griefs en apprenant que son ami était tombé dans le malheur.

Pendant les huit années de son séjour en Afrique il avait renoncé aux habitudes européennes, et vivait à l'orientale. Il fumait toute la journée, ne lisait, n'écrivait pas, ne sortant que le soir pour faire la causette avec le tiers et le quart. Je ne pouvais comprendre comment il s'arrangeait pour ne pas s'ennuyer. Quoi qu'il en soit, il rendait à Emin de réels services.

Huit années auparavant, Gessi Pacha, alors gouverneur du Bahr el-Ghazal, avait demandé à la Société géographique de Milan de lui envoyer un topographe, dont il paierait le voyage jusqu'à Khartoum et l'entretien subséquent. Cet arrangement devait procurer à Gessi les relevés de sa province et à la

Société de Milan un stock de renseignements géographiques. C'est ainsi que Casati fut expédié. Mais à peine arrivait-il dans le Bahr el-Ghazal, que Gessi reprenait le chemin de l'Europe; il mourut à Suez. Laissé sans ressource, Casati dut se retirer chez les Monbouttous, où il vécut pendant trois ans presque en indigène; il était aux dernières extrémités quand Emin le

Portrait du capitaine Casati.

tira de là. Pendant dix-huit mois il résida près de Kibéro, dans l'Ounyoro, à la cour de Kaba Regga, où il fonctionnait comme agent du Moudir; il expédiait ses lettres à Zanzibar par la voie de l'Ouganda. Mais, six mois auparavant, le tyranneau l'avait chassé du pays, anéantissant les observations géographiques qui avaient coûté des années de travail.

Une des premières choses que firent les factieux après une courte entrevue avec leurs confédérés, fut de casser Souliman

Aga. Ils allèrent parmi les soldats, et leur dirent que, dorénavant, ils n'auraient plus à obéir à Souliman, mais à Saleh Aga. Redouté et haï par ses subordonnés, qu'il était sans cesse à battre, l'ancien chef se rebiffa et barra de son corps l'entrée de la poudrière; mais il avait trop présumé de son ascendant, car il fut renversé et maltraité; une scène pénible s'ensuivit. Les rebelles soufflaient un vent d'insubordination, et je ne doutais pas qu'il ne dût leur en cuire tôt ou tard. Pour le quart d'heure, les esprits étaient mûrs pour la rébellion, hostiles à tout ce qui représentait l'ordre et la loi. La station avait été tournée sens dessus dessous; personne n'eût osé résister.

Le 11 septembre, les officiers et employés rebelles firent une descente chez Vita Hassan, prétendant qu'il avait dissimulé des objets appartenant au gouvernement. La perquisition ne fit rien trouver, mais les investigateurs surent se dédommager. En vain les femmes et les domestiques essayèrent quelque résistance, une grosse bagarre s'ensuivit. On put voir avec quelle facilité ces individus tiraient parti du désordre pour voler et brigander.

Dans les stations de Toungourou et de Msoué il y avait de nombreux Dongolais immigrés depuis longtemps dans le Bahr el-Ghazal et la province d'Emin afin d'y trafiquer. Les réguliers les détestaient, comme appartenant à la même race que les suivants du Mahdi. Pour les sauver des miliciens qui les voulaient tuer, le Moudir les groupa en un régiment d'irréguliers. Presque tous artisans, ils exerçaient la cordonnerie, le tissage, la sellerie; plusieurs faisaient la grosse bijouterie; ils étaient, en somme, les plus utiles habitants de la province. Après la chute d'Emin, cette population ne se trouvait guère à l'aise. Son principal notable, Ibrahim Aga, me prévint que les réguliers menaçaient de les massacrer. Je ne pus que les engager à se tenir tranquilles pendant que durerait l'effervescence, et à ne pas donner prétexte à des mauvais drôles qui cherchaient une occasion de violence.

Hamad Aga le Dinka décida qu'il resterait à Toungourou et renverrait le bateau à Msoué, car il n'ajoutait plus foi au bruit relatif à l'arrivée de Stanley. Moi non plus, hélas! Je préférai rester avec Casati. Je communiquai mon intention aux rebelles, qui me dirent d'en faire à mon gré.

Après le départ du vapeur et de la majeure partie des mutins, la garnison se calma, et plusieurs s'enhardirent à me visiter, parmi lesquels Souliman Aga, que j'appris être un frère de Fadl el-Moullah. Il se plaignit avec amertume du traitement qu'il avait subi, protestant bruyamment de sa fidélité au Moudir et de son amitié pour moi ; je ne l'écoutais qu'avec impatience, excédé que j'étais de tout ce verbiage de traîtres. Chacun se donnait pour un ami dévoué et serviteur fidèle, protestait que sa maison m'appartenait, et qu'à mon commandement il me chargerait sur le dos ou mettrait mon pied sur sa nuque ; il demandait qu'on lui coupât la langue ou la gorge s'il ne disait la vérité. Avec ces platitudes ils croyaient m'en imposer : autre insulte.

A son tour Abdoullah Vaab Effendi m'apporta trois bougies de cire qu'il avait fabriquées pour me prouver son dévouement. Il s'étendit longuement sur les routes que Stanley pourrait prendre ; quant à ce qui le concernait, il semblait fort désireux de quitter le pays. Cette rébellion avait été concertée par des Égyptiens, et maintenant qu'ils voyaient les Soudanais prendre le mors aux dents, et la province plonger dans la confusion et la ruine, ils eussent voulu conjurer la tempête qu'ils avaient déchaînée. Longtemps ils avaient glissé des paroles de sédition et de trahison à l'oreille des Soudanais, lents à comprendre une idée, et plus lents encore à l'exécuter. Maintenant l'idée avait trouvé prise, la lourde machinerie de leur cervelle s'était mise en mouvement : ils allaient aux extrêmes, prenaient leur élan comme des taureaux, et il ne fallait pas se trouver sur leur chemin ; dès qu'ils s'étaient logé fantaisie en tête, impossible de l'en arracher. Ceux qui avaient fait le plus de mal étaient les employés égyptiens, qui, sachant lire et écrire, et possédant une éducation minime, exerçaient sur les ignorants Soudanais un immense ascendant dont ils mésusaient pour les plus ignobles fins.

D'un autre côté, les Soudanais, tout en subissant la direction des Égyptiens, leur gardaient rancune et ne pouvaient que mépriser leur ignominie morale et leur insigne lâcheté. Si bien qu'après avoir mis les Soudanais en branle, les meneurs regrettaient d'avoir trop réussi, et pensaient déjà à profiter de notre escorte pour se tirer d'affaire. Leur déloyauté avait irrité le Moudir ; les Soudanais se retournaient contre eux ; ils se voyaient entre deux selles. Quant à moi, loin de plaindre ces traîtres, j'espérais qu'on profiterait de l'occasion pour régler de vieux comptes.

On disait que le vapeur reviendrait après trois jours d'absence, mais la chose n'était guère probable : les rebelles ne quittaient pas sitôt un endroit; ce n'est qu'après avoir épuisé tout ce qu'il y avait à boire, qu'ils se dirigeaient « vers d'autres champs et de nouveaux pâturages ».

En attendant, Casati me tenait fréquente compagnie. Il racontait ses expériences dans l'Ounyoro; il me parlait des Nains qu'il avait fréquemment rencontrés dans le Monbouttou et les pays avoisinants.

Cinq jours après son départ, le vapeur ramenait les capitaines factieux, plus deux officiers et un employé de Msoué. Ce dernier, soi-disant chargé d'acheter quelque bétail, venait me dire comment les choses se passaient, et me remettre un message de Choukri Aga.

Choukri, en apprenant que les officiers rebelles allaient arriver, prit le parti de s'absenter, sous prétexte de l'impôt à recouvrer. Son employé devait lui faire savoir quand il pourrait revenir. C'était son meilleur moyen de se tirer d'affaire, car il ne se souciait pas de se mettre sur le dos les factieux, qui le destitueraient purement et simplement, pour le remplacer par l'un des leurs. Et, si Stanley arrivait, il n'y aurait plus moyen de communiquer avec lui.

Cette conduite marquait beaucoup de finesse; durant toute la rébellion il s'arrangea de manière à garder sa place en même temps que sa fidélité au Moudir. N'ayant aucun soupçon du tour qu'on leur jouait, les rebelles ne firent autre chose que d'emporter les trente et une caisses de munitions pour rémingtons que nous avions laissées pour Emin, plus deux autres pour winchesters appartenant à l'Expédition, remises par Stanley à la garde du Pacha. Choukri en était à croire encore en l'arrivée de Stanley, nouvelle qui avait déjà trente jours de date.

Dans la soirée j'allai dire aux rebelles qu'ayant appris qu'ils emportaient deux caisses de winchesters, je les priais de les restituer à l'Expédition. Ils refusèrent, mais j'insistai. Allant moi-même au magasin, je me les fis délivrer, et dès le soir j'ordonnai de les déposer chez Casati.

Le 18 septembre, on nous fit monter à bord du *Khédive* et du *Nyanza*. Nous arrivâmes à Ouadelaï cette même nuit, emmenant plusieurs employés et officiers de Toungourou, parmi lesquels Souliman Aga. Casati avait demandé de nous accompagner jusqu'à Doufilé, permission qui lui fut accordée. J'allai loger à la case du Gouverneur et Casati chez le signor Marco.

J'appris avec un vif regret que Marco n'avait pas envoyé ma lettre au Pacha. Il expliqua que, dans ce remue-ménage, son attachement pour le Moudir l'ayant fait l'objet des suspicions, il n'avait pas voulu risquer la prison. Par quelle pénible anxiété Emin avait dû passer en ne recevant aucune nouvelle! J'avais solennellement promis de lui écrire. Quelles avaient été ses perplexités quand il se demandait ce que devenait Jephson, et si Stanley était arrivé ou non?

Comme d'ordinaire, les factieux se donnaient du bon temps. Codi Aga avait fait préparer la bière et le schnick; cruches et dames-jeannes étaient déjà rangées en bataille.

Ils restèrent à boire tout l'après-midi, et, l'ivresse les gagnant, ils oublièrent la prudence, et l'un d'eux alluma, en même temps que sa pipe, la paillote, qui flamba du coup; plusieurs huttes se consumèrent. L'année précédente on avait perdu de grands amas d'ivoire dans un pareil incendie. Encore sous l'impression de l'accident, les soldats accoururent avant que le feu eût beaucoup gagné, ils y jetèrent tout d'abord les jarres de bière et réussirent à l'éteindre. Le hasard y mettait de l'ironie.

Plusieurs femmes égyptiennes ou coptes et des négresses vinrent me faire salamalec, et me prier de porter leurs hommages au Moudir, qu'elles priaient Dieu de vouloir bientôt délivrer de la main des rebelles. Habillées dans leurs belles robes blanches, elles faisaient tableau. Une vieille négresse, Hadji Fatma, laide, ridée, et tant soit peu bizarre, me fit rire, tandis qu'elle s'efforçait d'extraire un pleur sur les infortunes du Pacha. Les domestiques me soignaient de leur mieux, me préparaient les dîners les plus fins; ils montraient leur sympathie en me bourrant. Au déjeuner de sept heures, une omelette, un pot de miel, du lait, du pain chaud et des panouilles vertes de maïs rôties à la perfection. A dîner et à la collation, plusieurs plats, de délicieuses salades, et des tomates prises dans les jardins du Pacha, et de minuscules tasses de café arabe. Malheureusement, je ne pouvais savourer ces friandises africaines en pensant à Emin et au sort que pouvait lui avoir fait le Conseil de guerre. Je retrouvai Ouadelaï très désorganisé, mais on y semblait avoir oublié les griefs contre les gens de Doufilé, que l'on recevait très poliment.

Avant mon départ, Féridé vint me souhaiter le bonjour, et, détachant son collier de verroterie, elle me pria de le remettre à son Baba. Elle avait entendu dire qu'à Doufilé on ne lui donnait pas beaucoup à manger, elle voulait qu'avec ce collier il s'achetât des poulets. Pauvre mignonne! Chez nous, quelle fillette de quatre ans aurait eu semblable idée?

Nous quittâmes Ouadelaï de bonne heure, dans l'intention de coucher à Doufilé; mais le bois manqua, et vers le soir il fallut atterrir.

Dans le vapeur bondé de gens et de paquets, la saleté et l'infection empêchaient de respirer. De Ouadelaï et de Toungourou toute l'écume y moussait; plus, femmes, enfants, colis, chèvres, moutons, poulets, voire même des lapins. Nombre d'officiers étaient ivres avant de partir, les autres ne tardèrent pas à se mettre dans le même état, car ils burent toute la journée. Quand il fallait exécuter une manœuvre, chacun s'en mêlait, et criait son ordre à tue-tête. Ce voyage, pire que tous les autres, semblait un mauvais rêve.

Dévisageant ces figures bestiales, les unes moroses, les autres rusées et traîtresses, toutes de mauvaise expression, je leur rendais cette justice que jamais je n'avais rencontré lot pareil de ruffiens et coupe-jarrets. « Et voilà les juges d'Emin, voilà les hommes qui nous tenaient en leur pouvoir, et qui passeraient sentence sur nous. Notre sort en pareilles mains! Que le ciel nous assiste! »

Nous débarquâmes à Doufilé le lendemain à une heure. Le petit *Nyanza* nous avait dépassés pendant la nuit, de sorte qu'Emin était prévenu de notre arrivée. Une foule énorme se pressait sur le quai; officiers, employés et individus quelconques étaient accourus des stations septentrionales pour s'affairer au Conseil. La place regorgeait de monde; des curieux avaient dû se loger dans les villages madis des entours.

Fadl el-Moullah, Ali Aga Djabor et autres gros bonnets de la faction formaient groupe, un peu de côté, écoutant le rapport d'Achmet Aga le Dinka. Casati alla leur parler, je ne fis que m'incliner en passant. Comme je me hâtais vers le logis, je vis, parmi ceux qui vinrent me saluer, une ordonnance d'Emin ; en hâte je lui demandai : « Comment va le Moudir ? » Sur l'assurance qu'il se portait bien et qu'on ne lui avait fait aucun mal, je poussai un soupir de soulagement. Mais une des sen-

Féridé donnant son collier.

tinelles me barra le chemin : « Par ordre supérieur, tu ne logeras plus avec le Pacha ! » Saisi de colère, je pris le factionnaire par le cou et l'envoyai rouler à terre. Les sept camarades ne firent que regarder, bouche bée, et je passai sans autre molestation.

Emin avait assez bonne mine, et montra de la joie à me revoir. Il raconta combien le temps lui avait paru long, n'ayant personne à qui parler, sauf Vita Hassan; aucun livre à lire, et à peine quelques nouvelles du dehors. Les rebelles n'avaient commis aucun acte de violence et s'étaient assez bien comportés, sauf leur ivrognerie et leurs batteries incessantes. A mesure que le temps passait, il avait compris que Stanley ne frappait pas à notre porte. Il se montra touché que Casati fût venu lui tenir compagnie et l'assister, si possible. Il s'indigna que les factieux eussent fouillé et déménagé la maison de Vita; comme nous, il pensait que ce n'était qu'un début. Achmet Aga le Dinka avait demandé à Ouadelaï la permission de perquisitionner dans la maison d'Emin, mais Fadl ne s'y était pas prêté; le magasinier avait insinué que Vita et le Moudir avaient dû celer dans leur demeure des objets appartenant au gouvernement. Et c'était l'homme qui versait des larmes quand Marco et moi lui racontions l'emprisonnement du Pacha! Comment se fier désormais en des Orientaux, et surtout en des Égyptiens?

J'eus le regret d'apprendre que l'employé civil de Kirri, un aimable petit bonhomme, se baignant dans la rivière, avait été happé par un gros crocodile qui hantait les abords du baignoir et s'était déjà saisi de trois ou quatre enfants. Depuis, les Baris, ayant capturé le monstre, n'avaient pu le tirer de l'eau vivant; il fallut que les soldats lui logeassent d'abord plusieurs balles dans le corps : il mesurait 6 m. 25; on n'en avait pas vu de pareil. On le traîna en triomphe jusqu'à la maison du défunt; l'estomac se trouva contenir une des jambes du malheureux, on enveloppa ces débris dans du coton et on les présenta à la veuve. Triste consolation! Puis cette jambe fut emportée et ensevelie en procession solennelle.

Casati nous arriva un peu plus tard et se logea dans une hutte, l'ancien garde-manger. Nous avions un compagnon de plus.

CHAPITRE IX

LE CONSEIL DE GUERRE

Fadl el-Moullah ouvre les débats. — Accusations portées contre Emin. — Fin de la première séance. — Arrêt porté contre le gouverneur. — Emin est déposé. — Que faire du Moudir? — Emin voudrait voir des arbres. — Le cas de Haouach Effendi. — Fureur du peuple contre ce concessionnaire. — L'accusation est prouvée. — Spoliation de Haouachi. — Osman Latif. — La lettre du Khédive reconnue authentique. — Emin doit être envoyé à Redjaf. — Temps d'arrêt. — Livres. — Les brouilles entre rebelles. — La femme de Binza. — Femmes fouettées. — Visite à Osman Latif. — Tout le monde va aux mutins. — Désappointement d'Emin. — Mécontentement des soldats. — Emin fait son testament. — Procès de Vita Hassan. — Vita Hassan m'interroge. — Impuissance des gens à se tirer d'affaire. — Prétentions exorbitantes. — Pillage de la maison d'Emin. — La province a pour devise : « *Laissez faire* ».

Le 24 septembre s'ouvrirent les séances du Conseil de guerre, composé de 67 officiers, scribes et employés, pris dans chaque station. La plupart des officiers sortaient du Soudan, les employés étaient égyptiens, coptes, gens de Khartoum ou métis.

Le Conseil se réunit sous les arbres au milieu du carré. La plate-forme un peu surélevée qui faisait le tour fut garnie de coussins formant divan pour les gros bonnets; les moins qualifiés trouvèrent place plus bas. Au delà se tenaient les sous-officiers, que l'on consultait parfois, sans qu'ils fissent partie de l'assemblée. On se pressait autour du petit mur d'enceinte pour écouter les débats. Un sous-officier et plusieurs factionnaires introduisaient les témoins et maintenaient l'ordre. La première séance dura depuis huit heures du matin jusqu'à quatre heures de l'après-midi; plus tard on ne siégea que pendant cinq heures.

Un discours de Fadl el-Moullah ouvrit les délibérations : le Conseil avait été convoqué pour prendre en sérieuse considération plusieurs affaires de gouvernement qui depuis longtemps avaient fort mécontenté les sujets du Khédive dans le Hatalastiva. Le Conseil se proposait d'investiguer les actes du gouvernement depuis 1885, de reviser tous les livres et papiers officiels apportés de Ouadelaï, siège de l'administration. M. Stanley, arrivé quelques mois auparavant, avait séjourné avec le Moudir, puis était parti avec l'intention de revenir, laissant un de ses lieutenants avec le Gouverneur. Depuis, certains faits tendaient à prouver le bien fondé des soupçons qu'avait inspirés la gestion du Moudir. Donc, on le pria, lui Fadl el-Moullah, de s'interposer en faveur des sujets du Khédive. Ce qu'acceptant, il vint à Doufilé, fit arrêter le Moudir et le représentant de M. Stanley, jusqu'à l'issue de l'enquête qu'on allait instituer.

Diverses accusations avaient été portées contre Son Excellence Mehmed Emin Pacha, le moudir du Hatalastiva, — contre Haouachi Effendi, le plus ancien des bimbachis, — contre Vita Hassan Effendi, l'apothicaire, — et plusieurs autres personnes soupçonnées de connivence avec le Moudir. Quand ces accusations auraient été dûment examinées, il appartiendrait au Conseil de porter sentence sur les délinquants, et de prendre telles mesures qui assureraient la paix et la prospérité de la province. Lui, Fadl el-Moullah, requis d'agir comme président du Conseil, avait accepté l'invitation; car il n'avait d'autre désir que de contribuer au bien de la province, ainsi qu'il convenait à un fidèle et loyal serviteur de l'Effendina.

Cette harangue fut saluée par des cris d'approbation.

Tout d'abord on examina les livres contenant copie des lettres que le Moudir avait envoyées en Égypte. Les plus importantes furent lues à haute voix par le greffier principal : au grand étonnement de chacun, Emin n'avait jamais que loué ses administrés. Quelques employés de Ouadelaï, les pires de la province, s'écrièrent que ces copies n'étaient pas la transcription des originaux. On s'attaqua ensuite aux épîtres du Moudir relatives à l'administration, mais on n'y put rien trouver de blâmable. Alors on regarda aux comptes, et surtout au compte personnel d'Emin avec le gouvernement, mais sans y trouver à redire, sans découvrir la moindre irrégularité. Tout se montrait exact, régulier et correct.

Battus sur ce point, les accusateurs se replièrent sur les

Le Conseil des rebelles.

affaires de détail. En ce moment, le Moudir avait encore des adhérents qui le défendaient jusqu'à un certain point; il s'ensuivit une altercation dont rien d'important ne sortit. A quatre heures, la séance fut ajournée au lendemain huit heures du matin.

De notre logis nous entendions ce qui se disait sous les arbres — combien Emin dut souffrir!

Le lendemain, le parti hostile au Moudir réussit à souhait. Il mena l'attaque par un discours véhément. Dans les termes les plus violents, plusieurs employés accusèrent le Gouverneur de tous les crimes. Leur réquisitoire minutait 57 chefs d'accusation :

1° Le brevet par lequel Emin disait avoir reçu du Khédive le titre de pacha était un faux; Emin n'était pas un pacha, mais seulement un bey, et ce, de par Gordon.

2° Les missives transcrites au copie de lettres, qui louaient les administrés et racontaient si favorablement leur conduite dans la guerre mahdiste, constituaient un faux. Ces lettres n'avaient jamais été envoyées en Égypte.

3° Les lettres que Stanley avait produites comme venant du Khédive et de Nubar Pacha étaient aussi des faux.

4° Stanley ne venait pas de l'Égypte, comme le Moudir le prétendait; Stanley n'était qu'un imposteur et un aventurier.

5° Le Moudir avait conspiré avec Stanley pour arracher la population du pays et la livrer comme esclave aux Anglais.

6° Le Moudir avait comploté, cinq années auparavant, avec le général Kerem Allah, pour livrer les femmes entre les mains du Mahdi.

7° Le Moudir avait soutenu Haouachi Effendi dans tous ses agissements, et avait eu sa part dans les escroqueries.

8° De complicité avec Vita Hassan, Emin avait empoisonné le major du 1ᵉʳ bataillon, quatre années auparavant, etc.

Les autres accusations portaient, pour la plupart, sur des négligences, des injustices, des actes de favoritisme et acceptations de présents,... insultantes et absurdes, toutes les unes autant que les autres.

Après lecture du réquisitoire, les scribes haranguèrent de nouveau l'assemblée, en protestant qu'ils prouveraient chacune des accusations. Puis ils produisirent une pièce portant que le Moudir était déposé en punition de sa déloyauté envers le Khédive et de sa trahison du peuple. Ils enlevèrent la signature du document par les officiers présents. Intimidés par ce flot d'accusations et par l'affirmation des scribes qu'ils avaient la preuve de chaque crime, tous se laissèrent faire. Fadl el-Moullah signa sans enthousiasme, et, après lui, tout le monde. Quelques-uns eussent bien voulu ne pas apposer leurs sceaux, mais les menaces et les vitupérations eurent raison de leur courte résistance. Que l'on tarabuste le Soudanais avec vivacité et obstination, il ne manque pas de céder, au moins pour un temps.

Dans la soirée, le Pacha reçut un pli l'informant que, d'après la volonté du peuple, il avait été relevé de toutes ses charges administratives. On lui mandait de signer l'acte. Je le suppliai de n'en rien faire; car, en donnant cette signature, il se livrait entre leurs mains. Mais il assurait qu'une signature semblablement extorquée était fausse et sans valeur. Casati opinait que le Pacha devait céder à la force majeure. Emin signa.

Aux rebelles de décider maintenant ce qu'il fallait faire du Moudir. Le garder prisonnier à Doufilé? — L'envoyer à Redjaf, à Kirri, ailleurs? On ne nous céla point que les plus haineux demandaient son exécution. Mais les autres ne pouvaient s'entendre là-dessus, bien qu'ils en parlassent à chaque instant, et discutassent la proposition à tous les points de vue. Elle fut réservée à plus ample informé, mais on y revenait toujours.

Casati et moi fûmes plusieurs fois mandés devant le Conseil et interrogés sur divers sujets. Quand une mesure particulièrement plus violente que les autres était mise en avant, Casati la combattait et souvent avec succès. En ma qualité de prisonnier et d'envoyé de Stanley, je n'avais pas voix au chapitre, bien entendu.

Chose bizarre, ces hommes parvenaient à couvrir d'un voile d'ordre et de décence les plus abominables complots de cruauté, de pillage et de désordre. Tout le monde ne comprendra pas comment ils s'y prenaient, mais il en était ainsi.

Pendant ces longues journées de captivité, encagés que nous étions dans une petite cour, enfermés derrière une boma haute et épaisse, tout au milieu d'une station bruyante, Emin soupirait après les arbres, il eût voulu revoir l'herbe verte une fois encore. Je fis la découverte qu'en montant sur une chaise, nous pouvions apercevoir un bout de gazon avec cinq ou six

Notre prison à Doufilé.

palmiers borasses à deux kilomètres de là, et plus d'une fois nos yeux se rafraîchirent à cette vision.

Au bout de quelques jours on appela la cause de Haouachi Effendi. Ce malheureux était l'objet de la haine universelle; tout le monde désirait sa chute et son humiliation. De plus, on le savait riche, riche pour le Hatalastiva, s'entend; chacun comptait participer au pillage, lui arracher au moins une plume de l'aile.

Les rebelles m'avertirent qu'ils avaient quelques questions à me poser. Haouachi Effendi fut aussi amené. Comme il traversait la place entre des gardes, des cris d'exécration retentirent de toutes parts; il n'y avait figure qui ne marquât la haine et le mépris. Les vers de Macaulay me revinrent à l'esprit :

Quand, parmi les visages ennemis, — se montra celui de Sextus, — la ville entière poussa une clameur, — une clameur qui déchira le ciel.

Il n'y avait femme qui du haut de sa terrasse — ne crachât et ne sifflât sur l'être abhorré, — il n'y avait enfant qui ne bégayât une malédiction — et ne lui montrât son petit poing !
Les Chants de l'ancienne Rome.

Haouachi avait l'air harassé et malade, un regard abattu qui m'alla au cœur. Pour malhonnête que je le connusse, il était pénible de voir si déjeté, si démoli, un homme qui avait exercé si grand pouvoir. Maigre de tout temps, aujourd'hui il avait tourné au squelette. Il allait avoir soixante-dix ans, et la captivité et l'humiliation l'avaient mis fort bas.

Le greffier lut un réquisitoire relatant qu'il s'était approprié injustement de l'argent, des femmes, des esclaves, du bétail, ceci et cela. Cette lecture, accompagnée d'un brouhaha rageur, fut suivie d'une tempête d'insultes. Chacun semblait lui porter une rancune personnelle, chacun avait son injure à lui lancer. Froid en apparence, il haussait les épaules et tournait vers le peuple les paumes de ses mains, à la façon égyptienne. Quantité de témoins apportèrent leurs accusations, et la plupart avec des preuves à l'appui, une très longue ligne qui semblait ne devoir pas finir.

Fadl el-Moullah prononça que la majeure partie des chefs d'accusation étaient suffisamment prouvés contre Haouachi, qui avait volé tant les vivants que les morts. Ses biens en numéraire, bétail, chèvres, etc., seraient confisqués, les femmes et esclaves qu'il s'était injustement appropriés seraient restitués à leurs possesseurs légitimes. Un officier reçut l'ordre d'aller avec une escouade de soldats saisir l'argent et les objets de valeur qu'il trouverait chez Haouachi. L'ordre fut exécuté avec alacrité. — Fiez-vous aux Soudanais pour tout ce qui peut ressembler à un pillage !

Bientôt on les vit revenir, avec des malles et des coffres. Tables, chaises, lits, marmites, grands estagnons d'huile, du miel, du beurre, tout le capharnaüm fut apporté devant les juges. On savait à Haouachi beaucoup d'argent, mais on ne trouva chez lui que 400 dollars.

« Où est le reste?

— C'est tout ce que j'ai ! »

Lui jetant un regard de mépris, Fadl ordonna de fouiller encore, et de creuser le sol de ses huttes. Par suite, on apporta 400 autres dollars; mais on pensait bien que ce n'était pas tout, et l'on envoya perquisitionner dans les villages des interprètes madis. 800 autres dollars renfermés dans des cruches furent tout ce que l'on put trouver pour le moment.

Fadl, se tournant alors vers moi, me dit qu'à mon arrivée à Doufilé, Haouachi m'avait prié de prendre les reçus de sommes par lui prêtées à plusieurs individus. « Était-ce vrai?

— Parfaitement. »

Cette réponse provoqua une certaine sensation, et l'on me demanda ces papiers.

« Si Haouachi Effendi m'en donne l'autorisation ! »

Et Haouachi de hausser les épaules. « Remets-leur ces papiers. Puis-je faire autrement? »

J'envoyai donc chercher mon nécessaire à toilette et j'en tirai une liasse que je remis à Fadl; on y trouva un reçu de 700 dollars, signé par le docteur Junker, et de 600 autres dollars par plusieurs individus. On éventra les caisses, répandant leur contenu sur place — quel bric-à-brac ! L'inventaire dressé, on laissa quelques marmites à Haouachi et des habits de rechange; le reste passa dans les magasins du gouvernement.

Fadl el-Moullah me dit que j'étais libre d'aller et de venir dans la station. Hamad Aga et Sélim Aga me prièrent de les visiter. Je rencontrai chez eux Osman Effendi Latif, le vékil.

ou administrateur en second de la province, un Égyptien, ex-préposé au service des espions à Khartoum. Pendant un temps il avait donné à Emin beaucoup de fil à retordre, mais il s'était bien conduit depuis la rébellion. Il m'accabla de compliments, s'essaya à parler français, mais je n'arrivai pas à le comprendre. Pour : « j'ai vu », il disait : « je suis les yeux ». Cet homme ne me revenait pas, un véritable Cairiote, flatteur et servile. Cependant je dois reconnaître qu'il nous fit passer plus d'un renseignement utile et il promit de faire son possible pour nous tenir au courant.

Avec Hamad et Sélim je m'entretins longuement des affaires, et leur demandai de s'employer à ce que le Moudir fût interné, à Doufilé ou bien Ouadelaï : tout valait mieux que Redjaf.

Cependant plusieurs juges n'avaient pas ajouté foi aux scribes qui avaient donné pour fausses les lettres du Khédive et de Nubar Pacha. Abdoul Vaab Effendi, qu'on disait le mieux lettré de la province, qui avait habité l'Égypte jusqu'à l'insurrection d'Arabi, et connaissait les signatures du souverain et du premier ministre, les voulut voir, les examina devant le Conseil, et les déclara authentiques sans conteste. Les scribes, les ayant réexaminées, revinrent sur leur verdict, les prononcèrent véritables, et reconnurent qu'après tout Stanley pouvait venir de l'Égypte. Le message du Khédive passa de main en main, chaque officier baisant la signature suivant l'usage, et l'on cria trois hourras pour le souverain. Cependant cette authenticité n'infirmait pas, disaient-ils, les autres accusations portées contre le Moudir.

Dans l'intervalle on poursuivait l'affaire Haouachi. On avait trouvé 500 autres dollars dans le toit d'une des huttes; en tout 3200 dollars. Des soldats inventoriant le cheptel avaient compté 700 bovins, 1100 ovins et caprins. Ce bétail, qui provenait de razzias opérées sur les indigènes, devait maintenant être réparti entre les officiers, proportionnellement à leur rang.

Après longue discussion, Fadl annonça que le Conseil allait remettre le Moudir à Redjaf, entre les mains d'Ali Aga Djabor. C'était le pire chenapan de la province. Certes Emin eût été bien mal en point si la décision eût été exécutée. La majorité tenait toujours pour fausse la lettre du Khédive, bien qu'en dernier ressort elle eût été déclarée authentique. Tant que dura la rébellion, on ne sut jamais ce que les gens croyaient ou ne croyaient pas, ni même ce qu'ils voulaient. Un projet n'était mis en avant que pour lui en substituer un autre. C'est ce qui nous sauva: on préparait contre Emin des plans que l'on n'arrivait pas à exécuter. Quant à Vita Hassan, il fut décidé qu'on le laisserait à Doufilé, mais sans aucune fonction du gouvernement. Haouachi serait mis aux fers et envoyé dans le Makraka; on lui faisait grâce de la vie.

Ces nouvelles consternèrent Emin, qui croyait la décision finale. Je lui remontrais en vain qu'on changerait d'avis demain et jours suivants, que l'on jacasserait pendant des semaines et encore des semaines sans aucun résultat, mais je n'y gagnai rien; la moindre rumeur suffisait à le plonger dans un abattement profond. Un moment il s'abandonna tout à fait; après plusieurs années d'épuisante fatigue il ne pouvait guère en être autrement; néanmoins j'eusse désiré qu'il eût pris sur lui de mieux sauvegarder les apparences, car cette prostration était d'un très mauvais effet. Ce n'est pas qu'Emin eût peur, la chose n'entrait pas dans son caractère. Mais le manque de sommeil et d'appétit l'avait complètement énervé; au moindre son il sursautait; les mains lui tremblaient. L'incertitude, l'attente étaient réellement terribles, et, tout en m'efforçant de ne pas voir la gravité de notre situation, il y avait des jours dans lesquels, malgré mon espérance facile, j'étais, moi aussi, loin de me montrer bien sociable.

Nous avions à notre disposition l'ouvrage de Royle *Sur l'Égypte*, les *Voyages* de Cameron, en français, une demi-douzaine de romans de Walter Scott, et l'*Obélisque de Cléopâtre*, par Mme Brown. Comment, je vous prie, ce dernier livre avait-il passé dans les mains d'Emin? N'importe, il fut, comme les autres, lu et relu avec le plus vif intérêt; car nous n'avions, en outre, que des bouquins de médecine et quelques numéros dépareillés du *Graphic*. Ces *Graphic*! que de fois nous les parcourûmes, et avec quelle attention nous en étudiâmes les annonces : le savon Pear's, la préparation Bird pour flans et œufs à la crème, et ceci et cela!

Dans l'intervalle, Casati et moi allions et venions par la station, faisant de notre mieux pour encourager les officiers amis d'Emin à s'employer en sa faveur; tous promettaient, mais la crainte de la prison les empêchait d'agir ouvertement.

Osman Latif se conduisit très bien. Parlant aux officiers, il les blâma sans aucuns ménagements, ce qui lui attira de sérieuses difficultés. En fin de compte, il refusa de mettre son nom au bas d'un factum contenant des accusations contre le Moudir; et comme on voulait l'y contraindre, il n'hésita pas à se jeter à l'eau. On criait : « Laissez-le crever! laissez-le couler à fond! » Mais de bonnes âmes le recueillirent dans un bateau, et on lui ordonna de garder les arrêts. Ce fut grand dommage, car précédemment il nous rendait de grands services en faisant passer nos messages en contrebande.

En tant que président du Conseil, Fadl el-Moullah donna de l'avancement aux factieux; lui-même et Hamad Aga furent promus beys, du consentement unanime. Tous les officiers des stations éloignées qu'on savait portés vers Emin furent mandés à Doufilé, puis cassés et remplacés par de mieux complaisants.

Ce qui n'empêchait pas les rebelles d'envoyer constamment à Emin des lettres qu'il signait toutes, sur l'avis de Casati. Le dicton : « L'appétit vient en mangeant » se vérifiait dans notre cas; ces missives se faisaient plus fréquentes et exorbitantes.

Et le Conseil de siéger jour après jour, réglant à son gré la future administration de la province. Les nouveaux maîtres se querellaient fréquemment, car, dans ce chassé-croisé, chacun courait à la meilleure place. L'un ne se souciait pas de la fonction qu'on lui avait assignée, un second ne voulait pas subir les ordres d'un troisième, un quatrième répugnait aux services d'un cinquième, un autre voulait autre chose. Les querelles se prolongeaient, les altercations s'exacerbaient. Fadl, en tâchant de plaire à tout le monde, ne contentait personne. Sa position était loin d'être agréable, assiégé qu'il était par toutes sortes de gens, clamant chacun de son côté. Et les rebelles qui, aux premières séances du Conseil, avaient gardé un semblant de décorum, en prenaient de plus en plus à leur aise et ne reculaient pas devant le scandale. Ils passaient les après-midi et les soirées en débauches et ivrognerie, mais en même temps discutaient les affaires du lendemain; un jour ou l'autre nous pouvions y passer. De notre logis nous les entendions jurer, crier, quereller; à tout instant ils pouvaient se porter à quelque extrémité: je ne comprends pas encore comment nous ne fîmes pas naufrage. La Providence, qui nous avait protégés dans la forêt, veillait encore sur nous.

Voyant tout ce qui se passait, les soldats se chamaillaient et mutinaient. Sélim Aga assurait qu'ils se prenaient à regretter le Moudir. Casati et moi ne manquions pas de développer ce sentiment. Nous allions à ceux qu'on disait portés en notre faveur et les encouragions à parler, mais il fallait y mettre de la précaution, car nos mouvements étaient surveillés, les miens surtout.

Au moment où nos affaires allaient au plus mal, mon domestique Binza m'étonna fort un jour en venant me dire qu'il voulait changer de femme, car la sienne était trop revêche.

« Juste ciel ! mon garçon, m'écriai-je, est-ce bien le temps de se marier ou de divorcer? D'une heure à l'autre peut tomber le coup qui sera le dernier. Et puis, il n'y a pas quinze jours que tu as acheté ta femme !

— Oui, massa, j'avoue que l'instant n'est pas bien choisi, mais si tu savais comme elle a la tête dure ! »

Cela fut dit avec un tel sérieux et une telle conviction que j'éclatai de rire, et lui permis de prendre une épouse mieux accommodante. Ce Binza avait su se faire bien venir de tous, et je l'envoyais en expéditions de bavardage ; il nous affirmait que le Moudir regagnait du terrain. D'après lui, les soldats, en parlotant dans leurs huttes, répétaient que les choses allaient bien mieux sous le moudirat d'Emin, et que c'était à Fadl une fantaisie ridicule de changer le grade des officiers, et de titrer Hamad Aga en bey. Binza m'apportait des billets que nous écrivaient les amis du dehors et qu'il cachait dans son tarbouch ou ses habits. On avait privé Emin de ses ordonnances, renvoyées à Ouadelaï, dans leur ancienne compagnie : cette petite humiliation ne nous portait pas grand préjudice, puisque nous conservions, moi mes trois ordonnances, et le Pacha plusieurs domestiques.

Mais on ne se tenait pas pour satisfait de l'argent pris à Haouachi. Ses femmes et serviteurs furent attachés et menacés du fouet s'ils ne révélaient d'autres cachettes. Et comme ils prétendaient les ignorer, on fustigea cruellement les garçons, depuis le matin jusqu'à midi, mais sans obtenir aucune indication. Après, ce fut le tour des femmes, dont les cris fendaient le cœur; tant que la courbache leur sillonnait le dos, notre sang bouillait à les entendre. Ces malheureuses dirent où l'on trouverait un certain nombre de molotes ou bêches en fer. En effet, on les déterra et on les apporta dans les magasins du gouvernement. Il faut savoir que les molotes servent de monnaie courante dans cette partie de l'Afrique.

Les femmes furent alors emprisonnées dans deux cabanes, et Haouachi dans une autre. Casati se mit en devoir de lui représenter qu'il ferait mieux d'avouer tout de suite où il avait caché le reste de son avoir. Mais il s'y refusa; il était monté : il maudit le Moudir, maudit le pays, maudit le Khédive, maudit le Prophète, maudit sa propre destinée, maudit tout ce qui lui passa par la tête.

Évidemment les officiers rebelles se mettaient en appétit de brigandage, car ils écrivirent une lettre au Pacha, lui demandant de déclarer l'argent, l'ivoire, le drap, la poudre et les papiers qu'il recélait chez lui à Ouadelaï, le menaçant de perquisitions s'il ne faisait livraison immédiate. Il répondit n'avoir rien chez lui qui appartînt au gouvernement.

Mécontents de cette réponse, les factieux envoyèrent un vapeur avec deux officiers et deux employés, quatre gredins de la plus belle eau, porteurs d'un ordre de fouiller la maison du Moudir. Des fonctionnaires pris dans les stations du nord furent, par le même vapeur, expédiés avec leur famille et mobilier aux stations du sud, pour remplacer ceux qu'on avait cassés comme coupables de fidélité au Pacha. Casati devait, lui aussi, se rendre à Ouadelaï pour assister aux perquisitions dans la maison d'Emin.

L'après-midi j'allai, pour la première fois, visiter Osman Latif, que je trouvai assis sur une natte et enseignant ses quatre garçons à lire et à écrire, prenant son texte dans le Coran, comme font tous les instituteurs musulmans. Il se dit très honoré par ma visite, s'excusa verbeusement de n'être pas habillé ainsi qu'il eût été convenable pour me recevoir. S'il eût été prévenu... et tout le verbiage égyptien. Il ne ménagea pas ses expressions pour exprimer son regret et son dépit de tous les derniers événements; tout cela se payerait un jour, nous dit-il. En mettant les choses au pire, il demandait si l'Égypte ou l'Angleterre ferait une expédition pour venger ces insultes.

Je lui répondis que la chose n'était pas impossible, et la perspective parut lui plaire. Il continua : « Tu es Anglais. Le Moudir est Allemand, Casati Italien, et le docteur Junker — qui a visité notre pays — Russe. Puisque toutes ces nations sont amies, ne pourraient-elles faire un accord pour prendre le Soudan?

— Elles ne s'en soucieraient pas.

— Cependant les Anglais ont détruit l'Abyssinie parce que son roi avait emprisonné trois ou quatre de leurs nationaux. Pourquoi n'en feraient-ils pas de même ici? — Tout ce qui se passe dans la province, aie bien soin de le noter dans le livre où tu écris tous les jours! »

J'allais prendre congé, quand il m'amena sa mère, une vieille dame ridée, qui me surprit fort en m'imprimant un humide baiser sur les deux joues. Elle m'appelait son fils, en invoquant la bénédiction d'Allah sur ma tête et celle du Moudir.

Les mauvais traitements et la longue captivité eurent raison de la loyauté de Haouachi Effendi. Bientôt après la flagellation de sa maisonnée, il envoya à Fadl la liste, qu'il certifiait exacte, de tous les présents par lui apportés au Gouverneur : liste immensément longue, mentionnant quantité d'argent, de vaches, de chèvres, de brebis, de femmes même. Notez qu'il n'avait jamais fait au Moudir que des petits cadeaux d'ami; çà et là quelques fruits ou légumes, une terrine de miel; et si le Pacha s'arrêtait quelque temps dans la station, une chèvre ou deux. Contrairement aux pratiques régnantes, Emin n'acceptait aucun présent ayant quelque valeur; je n'ai vu dans la province personne qui n'attestât le fait. Mais pour les rebelles, incapables de prouver aucune des accusations qu'ils avaient portées contre le Moudir, c'était pain bénit que ces allégations auxquelles d'aucuns pourraient se laisser prendre.

Kismoullah, le collecteur d'Emin et son plus cher favori, montra la plus noire ingratitude envers le maître qui, pour lui, s'était montré la bonté même. Les uns après les autres, les administrateurs en qui le Pacha avait mis le plus de confiance se rangeaient avec ses adversaires. Je n'éprouvais que haine et mépris pour ces gens d'une si médiocre constance; je gémissais à ces nouveaux exemples d'ingratitude et de mauvaise foi. Mais, après tout, j'exagérais peut-être. Ces malheureux n'étaient que des ignorants à demi civilisés. Ils voyaient diminuer de jour en jour les chances qu'avait le Moudir d'émerger; les mauvais traitements devenaient de plus en plus durs à supporter; on les menaçait, on les insultait, on les pillait. Pour garder leurs femmes et leurs enfants, tout au moins pour avoir toujours le moyen de les nourrir, ils se rangeaient du côté du manche. Ils reconnaissaient les bontés que le Moudir leur avait témoignées, mais haussaient les épaules : « Qu'y pouvons-nous faire? »

Osman Latif enseignant ses enfants.

Quand éclatait quelque énorme ingratitude, j'enrageais contre ces hommes auxquels je ne reconnaissais plus une seule bonne qualité. Cependant nos civilisés valent-ils bien mieux? L'intérêt personnel ne mène-t-il pas l'Européen tout comme le sauvage?

Il n'eût donc pas fallu tant s'étonner de toutes ces désertions et tromperies. Mais comme était triste la figure d'Emin, quel désappointement et quel abattement à ces preuves de mauvais cœur, quand il apprenait la défection des adhérents sur lesquels il comptait le plus! Comme il secouait la tête et semblait dire : *Et tu, Brute!*

Les soldats portaient moins d'attachement à l'ancien gouverneur, qu'ils n'étaient mécontents du régime assez peu confortable que leur donnait le nouvel ordre de choses. La désaffection gagnait, disait-on : mais quelques mots des supérieurs faisaient évaporer cette loyauté posthume; ces accès de male humeur s'évanouissaient en fumée. Un jour pourtant nous crûmes aboutir.

Fadl el-Moullah, ayant appris par son état-major que la troupe murmurait, ordonna une revue. Qu'avaient-ils donc à crier? — Cinq sous-officiers sortirent des rangs: le nouveau gouvernement ne leur plaisait pas, dirent-ils; ils réclamaient la rentrée du Moudir.

Aussitôt Fadl fit saisir et jeter en prison les protestataires, et s'adressant aux soldats: « Quels imbéciles vous faites! Quand je vins ici, je vous demandai si vous préfériez rester dans le pays ou être emmenés au Zanzibar, privés de vos femmes et de vos enfants? Vous répondîtes vouloir rester. Et aujourd'hui vous redemandez le Pacha, qui veut tout ce dont vous ne voulez pas. Qu'est-ce que cela signifie?

— Nous voulons rester! firent les soldats.

— Eh bien, taisez-vous et allez-vous-en! »

Toutefois, après quelques heures, les soldats se reformèrent en corps, et réclamèrent la mise en liberté des camarades. Si on ne les rendait, ils leur ouvriraient eux-mêmes les portes.

C'était un ordre, et il fut obéi à l'instant, car les officiers sentaient bien qu'il leur en fallait tenir compte. Même ils s'avisèrent de faire largesse avec les bœufs et les moutons de Haoüachi, ce qui mit les corps de garde en bonne humeur. — Plusieurs scènes analogues se produisirent, mais avortèrent également. Emin, qui avait beaucoup compté sur une insurrection en sa faveur, fut chagrin de la voir avorter.

Se préparant à la pire éventualité, il envoya chercher un prêtre et deux officiers, fit son testament, et me demanda, en cas d'accident, de prendre soin de la petite Féridé. Car il aimait mieux se faire sauter la cervelle que d'aller à Redjaf, ou de subir aucune violence sur sa personne. De plus, il refusa de signer tous les papiers qu'on lui enverrait désormais. On avait eu beau le déposer, personne n'avait droit de juger celui que le Khédive avait nommé Moudir.

La lettre ci-après, adressée à Emin par Osman Latif, donnera l'idée des nombreuses communications qui nous mettaient au courant. On verra que, malgré les efforts hostiles, les soldats n'étaient pas tous désaffectionnés de leur chef.

Mon bienfaiteur,

J'ai l'honneur de porter à ta connaissance les choses qu'a apprises ton serviteur. Quand les officiers lurent la décision par laquelle tu étais mis de côté, les soldats, à l'unanimité, déclarèrent qu'ils ne désiraient pas que tu fusses déposé. Ce qu'ils demandaient, c'était l'éloignement de Haouachi Effendi, d'Ibrahim Effendi et d'Abdoul Ouahad Effendi. Ils souhaitaient que tu restasses, car tu leur servais de père et de mère.

Quand on t'a demandé par lettre ce que tu avais fait de l'ivoire et autre chose, et que tu as répondu : « Je suis votre Pacha et Moudir, et personne n'a le droit de me demander aucun compte, sinon le ministre de l'intérieur en Égypte », tu as bien agi, car ce que tu disais était la parfaite vérité. A partir de ce moment ils ne t'ont plus ennuyé de leurs questions.

Le greffier principal, Achmet Effendi Raïf, Moustapha Effendi et les autres, qui se sont institués chefs parmi les rebelles, perdent courage, et le Conseil tourne à la bouffonnerie. Ils commencent à craindre les soldats et le retour de M. Stanley.

Que Jephson demande à Fadl el-Moullah la permission d'acheter quelques-unes des brebis à grasse queue prises à Haouachi Effendi, avant qu'elles n'aient disparu toutes. Certainement Jephson obtiendra de Fadl tout ce qu'il voudra.

On m'a dit que les rebelles avaient décidé de te laisser à Doufilé, par la peur qu'ils ont des soldats. Quant à moi, on m'enverrait à Laboré comme prisonnier, parce que je n'ai pas voulu reconnaître leur gouvernement. Mais j'ignore si cette rumeur est fondée.

J'espère ne pas être importun en te priant de présenter à Jephson mes meilleurs compliments. Qu'il se rassure sur ce qui pourra survenir, car nous sommes tous entre les mains de Dieu.

Veuille m'envoyer quelques mots, car une lettre vaut une demi-entrevue. Je te baise respectueusement les mains.

OSMAN EFFENDI LATIF,
vékil du Hatalastiva.

Cependant on diminuait nos rations. Plus de viande, et du grain en quantité insuffisante pour notre ménage.

Nos approvisionnements diminuant de jour en jour, il me fallait sortir pour en acheter aux rebelles, ou en demander à ceux qui étaient encore nos amis. Emin me plaignait fort de cette corvée, mais il y avait à nourrir le Pacha, Vita Hassan et moi, mes quatre domestiques, ceux d'Emin et de Vita ; avec tout ce monde les vivres disparaissaient vite.

Hamad et Sélim s'employaient à persuader les autres rebelles de la nécessité d'évacuer les stations du Makraka et celles au nord de Doufilé, pour s'établir au sud, sur le site des stations que Gordon avait abandonnées dans l'Ounyoro. C'était la mesure qu'Emin avait voulu exécuter, il y avait déjà plus de trois ans, l'une des principales causes qui avaient déterminé la rébellion du 1ᵉʳ bataillon, lequel se refusait à croire que Khartoum fût vraiment tombée. Les gens de Lado et autres places septentrionales ne voulaient pas entendre à les quitter; mais, leurs déprédations incessantes ayant à peu près ruiné les entours de Redjaf, les plus intelligents voyaient la nécessité de vider un pays qui ne les nourrissait plus. La majeure partie des commandants se rallia au projet, mais Ali Aga Djabor ne voulait pas même en entendre parler. Le président du Conseil décida le rétablissement au sud et à l'est des places qui, au temps de Baker et de Gordon, avaient existé à Magoungou, à Fatiko, Mrouli et autres endroits. Ali Aga Djabor reçut l'ordre d'évacuer Redjaf, pour ramener son monde sur une station à fonder plus à l'est. A quoi il se refusa net, et, après une discussion orageuse, il rentra furieux dans sa demeure, où il passa plusieurs jours en potations et divertissements avec ceux de ses collègues auxquels la décision du Conseil n'agréait pas non plus.

L'indiscipline gagnait, même parmi les soldats. Chacun en voulait faire à sa tête, on courait à l'anarchie et à la confusion. Les vapeurs allaient de-ci de-là, convoyaient les officiers et employés à leurs nouveaux domiciles; mais on n'entendait que plaintes et récriminations, personne n'était content de la fonction que Fadl lui avait assignée; mille rumeurs flottaient en l'air, confuses ou brouillées.

L'apothicaire Vita Hassan partageait notre captivité et occupait une hutte de notre clos, mais on ne le voyait guère, sauf le soir. Il était abattu et déprimé; le débat sur les chefs d'accusation portés contre lui duraient depuis plusieurs jours déjà; à chaque instant surgissaient des charges dont jusque-là personne n'avait entendu parler. Maintes circonstances démontraient l'abominable corruption de la province, corruption d'une espèce qui semble inséparable de l'islam, tout au moins du régime égyptien.

Les rebelles avaient envahi une seconde fois la maison de Vita, d'où ils avaient emporté de nombreux objets. Il ne pouvait s'en consoler, et semblait n'avoir plus d'autre espérance qu'en Stanley, ne parlant que de quitter le pays. Le soir, nous fumions nos trois pipes en plein air et discutions les événements, revenant toujours à l'arrivée possible de Stanley et aux moyens de le rejoindre. De temps à autre nous achetions un cruchon de schnick indigène. Tout nous était bon pour rompre la monotonie de notre emprisonnement.

Une de mes conversations avec Vita montrera l'impuissance de tout ce monde à comprendre ce que signifiait : « l'abandon de la province ».

« Si Stanley peut nous tirer de ce pays, combien me donnera-t-il d'hommes de peine pour emporter mes effets?

— Peut-être aucun.

— Et comment feront mes femmes?

— Elles marcheront!

— Et mes enfants?

— Qu'ils marchent aussi, à moins que leurs mères ne les portent.

— Et comment mangerons-nous?

— La nourriture sera sur la route toi et tout ton monde : vous fourragerez comme nous.

— Et nos marmites, et nos caisses, et nos matelas, et nos sièges?

— Jette-moi tout cela, ou presque tout. »

Ce qu'entendant, il pâlit, et après avoir réfléchi quelque temps :

« C'est bien dur.

— C'est bien dur, dis-tu. Mais que valent vos marmites et vos matelas, vos malles, vos tables et vos chaises, comparés à votre vie et à votre liberté? Pour venir vers vous, une caisse nous servait de table, et une autre de chaise; nous n'avions pas de lits, nous couchions sur des herbes ou des rameaux verts, et nous reposions fort bien. Vous en ferez autant. »

Ces gens, l'écume du Caire et d'Alexandrie, qui chez eux avaient vécu de misère, se donnaient maintenant les airs d'avoir été servis toute la vie par un nombreux domestique. Ils en avaient pris à leurs aises dans l'Equatoria, où chacun avait autant de porteurs qu'il lui plaisait en demander. Aussi comptaient-ils voiturer tout leur fatras. Un homme pour la pipe et la blague, un autre pour l'aiguière, et Dieu sait combien d'autres pour autres choses. Ils s'attendaient à être voiturés jusqu'à Zanzibar, leur inutile bric-à-brac charrié après eux. C'était, pensaient-ils, une véritable adversité que de jeter une casserole. Il fallait aussi trimbaler leurs dames — quatre hommes pour chacune. De ces femmes, ils en avaient cinq ou six par tête; or, quelques années ou quelques mois auparavant, ces créatures n'étaient que des sauvagesses qui avaient toujours trotté sur leurs propres jambes. Emin pouvait avoir 8 000 artisans dans le Hatalastiva. A ce compte, combien faudrait-il de porteurs pour colporter jusqu'à Zanzibar tout ce bataclan d'hommes, de femmes, d'enfants et de mobilier? Mais le pays ne pourrait nous nourrir, et nous serions des vieillards avant d'arriver à la côte!

Il y avait de quoi devenir fou. Ces malheureux ne parvenaient pas à comprendre que, pour que nous les aidassions, il fallait qu'ils s'aidassent un peu. Pour eux, — je parle des Égyptiens, Coptes, Juifs et Grecs, qu'on eût certainement massacrés si Emin les eût laissés derrière lui, — pour eux, dis-je, c'était affaire de vie ou de mort. On eût pensé qu'ils feraient tout pour sortir de là; mais non, ils rechignaient à jeter des tables, des pots, quelques mauvaises malles!

Quel contraste avec mes camarades, tous plus ou moins accoutumés au luxe, et qui avaient supporté tant de malaises et d'épreuves pour tirer d'affaire des gens qu'ils n'avaient jamais vus! Quand, pensant à Nelson abandonné dans la forêt, j'entendais ces vauriens de basse caste gémir d'avoir à faire un effort, quel mépris ne m'inspiraient-ils pas!

La conversation relatée ci-dessus n'est qu'un échantillon de toutes celles qu'il fallait subir quand on parlait voyage et Zanzibar. De la reconnaissance pour nous? Aucune. Quand je racontais les misères endurées, quand ils virent nos guenilles et apprirent combien nous avions eu de peine à manger; loin de nous en savoir gré, ils nous méprisaient pour autant. Ah! si nous étions arrivés en brillants uniformes or et galons, si nous avions affiché de grands airs, ils eussent baisé nos pieds, nous eussent pris au sérieux comme sauveurs et libérateurs. Mais que gagnais-je à dire que nous autres officiers étions arrivés au Lac n'ayant que deux porteurs chacun? La vérité, telle qu'on l'exprime en Europe, les laissait insensibles; il eût fallu adopter les manières de sentir et de parler particulières au Hatalastiva pour faire vaguement deviner la signification du mot « travailler ».

Les officiers et employés commis à la visite dans la maison

d'Émin emportèrent son drap, son cuivre et sa verroterie, et aussi ses fusils, sa poudre, ses papiers. Ce fut un pillage systématique. Mais il est curieux de noter combien rapidement s'évapora la haine intense qu'on avait entretenue contre Haouachi Effendi, dès qu'on le sut dépouillé de tout son avoir. Pour Vita Hassan, il en fut de même jusqu'à un certain point. Quand on eut saccagé les demeures de ces personnages plus détestés que les autres, l'excitation se calma, et il ne resta plus dans la province qu'un vague esprit de fainéantise et de mécontentement. Les capitaines rebelles semblaient n'avoir plus autre chose à faire qu'à bâfrer les grasses chèvres et brebis razziées chez Haouachi. Le Conseil siégeait un tantinet chaque jour, et la commission re-enquêtait à bâtons rompus sur les accusations portées contre le Moudi, Vita et consorts. Les après-dîners passaient en siestes, les nuits en ivrogneries et débauches; s'ils s'occupaient encore de quelque chose, c'était de leurs querelles et de leurs jalousies.

CHAPITRE X

ARRIVÉE DES TROUPES DU MAHDI

Les Mahdistes avancent. — Consternation universelle. — Le bureau des renseignements. — Le Conseil est convoqué. — On dépêche des soldats à Redjaf. — La province n'est pas en état de défense. — Arrivée des derviches à queue de paon. — La Bible et l'épée. — Lettre du général mahdiste. — Emin est sommé de se rendre. — Les rebelles prennent l'avis d'Emin. — Abd er-Rahim, le fils d'Osman Latif. — Sa courageuse conduite. — Le plan des rebelles. — Interrogatoire des derviches. — Les vapeurs de Khartoum. — Le livre de Royle sur l'Égypte. — Les approvisionnements dans l'arsenal de Khartoum. — Fugitifs arrivant à Doufilé. — Violences et brigandages des soldats. — Désintéressement d'Emin. — Lettre d'Osman Latif. — Sang versé. — Prise de Redjaf. — Soulèvement général des natifs. — Les derviches mis à la torture. — Bravoure de ces fanatiques. — Autres nouvelles de la chute de Redjaf. — Résolution dangereuse à prendre. — Superstition des soldats. — Doufilé mis sur la défensive. — Conseil aux rebelles. — Vaillance des derviches. — Leur mort cruelle.

Soudain, le 15 octobre, au milieu de la fainéantise générale, la nouvelle éclata comme foudre : « Les forces du Mahdi envahissent la contrée! » Un soldat porteur d'une lettre, et dépêché en toute hâte, avait voyagé jour et nuit pour gagner Doufilé : trois vapeurs, plus neuf sandals et neuggars, « pleins de gens », disait la missive, étaient arrivés de Khartoum à Lado. Les rebelles furent consternés; dare dare on sonna la trompette, on assembla le Conseil; toute la place était en rumeur. Quelques-uns soutenaient que ce ne pouvaient être que les troupes du gouvernement égyptien; pendant quelques heures, cette croyance gagna du terrain, mais elle fut bientôt dissipée : un second messager annonça qu'un officier et cinquante fusiliers ayant quitté Redjaf pour prendre langue étaient revenus épouvantés : les Donaglas occupaient Lado.

Plus de doute, ces étrangers étaient bien ceux qui, deux mois auparavant, arrivèrent à Latouka, et qui, débarquant à

Boa, avaient eu avec les indigènes un sérieux engagement et perdu nombre des leurs. N'était cet échec, ils fussent installés à Lado depuis quatre mois déjà.

Chose curieuse, au Caire, assez longtemps après, le major Wingate, chef du bureau des renseignements, me fit parvenir un rapport, fort exact, sauf un ou deux détails, au sujet de ce combat de Latouka. Ce fait témoigne en faveur d'un bureau qui du récit confus des indigènes a si bien extrait la vérité.

Un second conseil de guerre fut tenu dans la soirée, et, quelques heures après, Hamad Aga et deux ou trois de ses collègues, avec quatre caisses de munitions, partaient précipitamment pour renforcer la garnison de Redjaf.

Le lendemain, trois derviches, messagers des Mahdistes, arrivèrent avec une lettre pour Emin. On pouvait y lire entre les lignes que les Donaglas ne s'endormaient pas dans leur triomphe. Établis à Lado sur l'emplacement de l'ancienne station, ils en avaient fondé deux autres vers l'ouest afin d'intercepter les communications avec le Makraka et de capturer les soldats et messagers se dirigeant sur Redjaf. Ceux de Doufilé, saisis d'effroi et paralysés par la terreur, ne savaient à quoi se résoudre ; à peine si l'on entendait le moindre bruit dans toute l'enceinte.

Les Donaglas n'auraient pu choisir moment plus opportun. Tout allait de guingois ; les fortes têtes avaient été convoquées au Conseil ; les postes, drainés de leurs meilleurs combattants, n'étaient plus occupés que par une soldatesque furieuse — et non sans raison — contre ses maîtres. Personne pour diriger ; les chefs donnaient cent ordres toujours contradictoires : nul n'obéissait ; toutes les places septentrionales restaient à la merci des Donaglas que menait, nous dit-on, Osman Erbab, un ancien secrétaire d'Emin, qui connaissait bien le pays, ce qui le rendait doublement dangereux.

Donc, le 17 octobre, trois derviches à queue de paon — ainsi les nommait-on ici, à cause de leur robe multicolore — se présentèrent avec une lettre adressée au Gouverneur, lettre que Fadl el-Moullah s'empressa de confisquer et de lire aux rebelles.

Ces derviches, des hommes superbes, avaient les traits fins et de type arabe, la démarche d'une extraordinaire majesté. Ils étaient armés et habillés de même façon. Des chemises de coton blanc, fabriqué dans le pays, leur descendaient presque au genou, bigarrées de calicot rouge, bleu, vert et jaune, les bords sans ourlets et s'effrangeant en loques. Une pièce de cotonnade brune les ceignait et tombait aux talons; un énorme turban entourait de ses plis nombreux leur crâne rasé de près. A des lanières de cuir passées en travers du dos pendaient des étuis de peau, oblongs, ronds ou triangulaires, et renfermant des versets du Coran. Chacun avait un petit volume du livre sacré. Ils portaient une épée droite, large, à deux tranchants et à garde d'argent, protégée par un fourreau de cuir brodé de dessins en peau d'iguane, et trois lances énormes terminées par de brillantes pointes de fer, longues de 60 centimètres, larges de 20, et en forme d'as de pique allongé. Les hampes, ferrées au bout, avaient de 3 m. 60 à 4 m. 50. « La Bible et l'épée! »

Ils franchirent la poterne sans manifester aucune frayeur. On leur demanda :

« Que venez-vous faire?

— Vous conduire au ciel par le droit chemin, et vous apprendre à prier comme nous prions, nous, les vrais croyants, les véritables musulmans! »

Longues et nombreuses furent les confabulations. Fallait-il les mettre aux fers? les diriger sur Fabbo ou sur quelque autre station méridionale? mieux encore, les tuer sans phrases? — Entre temps, on les enchaîna et enferma dans une prison.

Les soldats, vivement surexcités par tout ce qu'ils entendaient, se rendirent en corps au quartier général, demandant avec instances que Fadl el-Moullah suppliât le Moudir de les assister. Fadl, absolument dévoyé, y consentit, et manda à Emin que les officiers désiraient le consulter. Le Pacha leur donna audience; on plaça des chaises; ils entrèrent l'air honteux, la tête basse, et saluant avec respect. Après tous leurs méfaits, ils devaient être fort penauds de recourir à lui. La lettre était comme suit :

« Omar Saleh, serviteur de Dieu, chargé des affaires de la province du Hatalastiva, officier du Mahdi, auquel nous adressons nos salutations et révérences,

« A l'honoré Mahmoud Emin, moudir du Hatalastiva, que Dieu conduise vers les sentiers de sa grâce. Amen !

« Après t'avoir salué, je voudrais te remettre en mémoire que le monde appartient aux ruines et aux vicissitudes. Tout ce que la terre contient un jour périra ; elle n'a rien qu'apprécie un véritable serviteur de l'Éternel, sinon ce qui sert pour la vie future. Si Dieu manifeste sa bonté à son serviteur, il l'humilie, mais en même temps il bénit son œuvre. Le Seigneur porte la bénédiction où il se montre. Il n'est sienne parole ni sienne action qui ne montre sa compassion infinie. Dieu, maître de toutes les créatures, tient en ses mains les clefs qui ouvrent et qui ferment ; dans les cieux et sur terre il n'est rien qui excède sa puissance ; il voit par le dedans et par le dehors ; toute chose bonne ou mauvaise est entre ses mains. Le Roi fait ses présents à qui lui plaît, et quand il dit : « Qu'il en soit ainsi! » il est fait ainsi.

« Tu es intelligent et tu es capable d'apprécier un bon conseil. C'est ainsi que nous avons entendu parler de toi par plusieurs de tes amis qui nous ont raconté ta vie et ton œuvre, et en particulier par Osman Erbab, ton ancien messager et notre ami, qui est venu vers nous. Ayant ouï que tu es bon envers le peuple et que tu aimes la justice, nous dirons ce que nous avons fait et où nous en sommes, parce que nous avons de nombreux ennemis, lesquels ne parlent pas de nos affaires sincèrement et même contredisent la vérité.

« Nous combattons dans l'armée divine et nous suivons la seule Parole du Très Haut. La victoire suit notre armée et nous marchons derrière l'Imam, Mahomed el-Mahdi, le fils d'Abdoullah — devant lequel nous nous inclinons, — le Khalifa et Prophète sacré, auquel nous adressons nos hommages. De lui disait le Maître des existences : « En ces jours-là se lèvera un « homme qui emplira la terre de justice et de lumière autant « qu'elle est emplie de ténèbres et d'injustice. » Nous venons maintenant de par le Seigneur, et rien n'arrivera en ce monde changeant que le bien qu'il ordonne. Nous avons donné, en une offrande que Dieu a acceptée, nous, nos enfants et nos biens. A ses fidèles croyants il octroie la Parole en richesse à leurs âmes et leur fait présent du Paradis. S'ils viennent à être tués, ils sont tués à titre de sacrifice agréable. Et s'ils tuent, ils tuent au service de l'Éternel, ainsi qu'il est écrit dans le Coran et dans l'Ancien Testament. Qui accomplit son devoir envers Dieu, est par Dieu racheté; qui se donne tout entier, achète le Maître du monde.

« Dans le mois de Ramadan de l'an 1298, Dieu a révélé le Mahdi que nous attendions, il a fait de lui son marchepied, et l'a ceint de l'épée de la victoire. Quiconque parle contre lui blasphème Dieu et son Prophète, souffrira en ce monde et dans l'autre; ses enfants et ses biens tomberont entre les mains des vrais musulmans. Le Mahdi sera victorieux sur tous ses ennemis, quand même leur nombre égalerait le sable du désert. Qui lui désobéit, Dieu le punira.

« Et le Seigneur lui a montré ses anges et ses saints, depuis le temps d'Adam jusqu'à ce jour, il lui a montré aussi tous les génies et tous les diables. Il a devant lui l'armée qui a pour chef Israël. A lui nos révérences! Toujours Israël va de quarante milles en avant de sa victorieuse armée. En outre, Dieu lui a révélé plusieurs miracles; il serait impossible de les nombrer, mais ils éclatent comme le soleil de midi. Et le peuple le suit par les ordres de l'Éternel et de son premier Prophète.

« Il a donc ordonné au peuple de se lever et de l'assister contre tous ses ennemis, de quelque part qu'ils vinssent, et il a écrit au Gouverneur général à Khartoum et à tous les gouverneurs du Soudan, et ses ordres ont été exécutés. Il a écrit à chaque roi, et tout d'abord au sultan de Stamboul, Abdoul Hamid. Il a écrit à Mahomet Tewfik, vali d'Égypte, et à Victoria, reine de Britannia, parce qu'elle était alliée au gouvernement égyptien. Alors les hommes sont venus de toutes parts se soumettant à sa loi, obéissant à Dieu, au Prophète et à Lui. Car il n'est qu'un seul et suprême Seigneur. Et ils ont promis qu'ils s'abstiendraient de tout mal, qu'ils ne commettraient ni larcin ni adultère, ni autre chose que l'Éternel ait défendue. Ils ont promis d'abandonner le monde, de ne travailler que pour la Parole sacrée, et de toujours faire la guerre pour la sainte foi.

« Et nous avons trouvé que le Mahdi est plus compassionné qu'une tendre mère. Il vit avec les grands, mais il a pitié des pauvres; il s'entoure de gens d'honneur et il loge les généreux chez lui; il ne parle qu'en droiture. Il amène les hommes à Dieu, les assiste en ce monde et leur montre le chemin du ciel. Il règne sur nous en conformité avec le Verbe divin et la révélation des prophètes. Et tous les musulmans devenus frères s'assistent les uns les autres pour le bien commun et se font les serviteurs du Voyant qui a dit: « Tous les hommes sont « égaux devant l'Éternel ». Dieu lui a dit que son temps était venu ; que ses amis étaient les siens et que le monde aurait foi en lui. Abd el-Kader el-Geli a cru en lui et à sa mission, et a dit : « Qui le suit ira vers l'éternelle bénédiction, et qui le renie, « renie Dieu et le Prophète ». Mais la multitude des Turcs, qui après avoir vu les miracles et les prédictions restèrent dans leur incrédulité, Dieu les détruisit l'un après l'autre.

« La première armée qui combattit contre le Mahdi avait pour chef Abou Soud Bey, lequel vint avec un vapeur, alors que le Mahdi était à Abba. Mais quoique le Mahdi eût été fortement attaqué, Dieu extermina ses ennemis. Alors le Prophète lui ordonna de se rendre à Gédir et il y alla. Mais Rachid Imam, moudir de Fachoda, suivit Soud Bey. Ensuite vinrent Youseph Pacha el-Chilali, Mohamed Bey, Souliman el-Chaiki et Abdoullah Ouadi Defallah, marchand du Kordofan, et avec eux une autre armée de grande puissance, et Dieu les anéantit. Alors se présenta l'armée de Hicks, homme de renom, et avec lui Al-Eddin Pacha, gouverneur général du Soudan, plusieurs officiers, et avec eux une très grande armée, rassemblée en plusieurs pays — nul homme ne connaît leur multitude — et maints canons Krupp. Tous furent tués en moins d'une heure. Leur force fut brisée à Khartoum, la résidence du gouverneur général, une très forte citadelle entre deux fleuves.

« A Khartoum périt Gordon Pacha, le gouverneur. Avec lui les consuls Hansal et Nicola Léontidès le Grec, Azor le Copte, plusieurs autres chrétiens et maints musulmans rebelles : Faratch Pacha Ezzemi, Mohamed Pacha Hassan, Bachit Batraki et Achmed Bey el-Djelab. Et qui fut tué par les suivants du Mahdi fut aussitôt consumé par le feu. Ceci est un des grands miracles qui confirment la vérité des prophéties dont la réalisation précédera la fin du monde. Un autre prodige s'accomplit : les lances portées par les suivants du Prophète avaient une flamme qui brûlait à la pointe. Et ceci nous l'avons vu de nos yeux, nous ne l'avons point entendu.

« Ainsi les événements succédèrent aux événements près de Souakim et de Dongola, jusqu'à ce que mourût le général

Stewart Pacha, le second de Gordon. Avec lui moururent plusieurs consuls, et cela arriva à Ouadi-Kama. Alors vint un autre Stewart à Abou Teleah, avec une armée anglaise, afin de délivrer Gordon Pacha, mais plusieurs furent blessés à mort, et Dieu les repoussa avec ignominie. Et alors, tout le Soudan et ses dépendances acceptèrent la règle du Khalifa, se soumirent à l'Imam, se donnant à lui avec leurs enfants et leurs biens.

« Les armées du Mahdi, sous les ordres de notre ami Oued en-Nedgoumi, assiègent l'Égypte près de Ouadi-Halfa et Abou-Hamed. Près d'Askar-Abou et de Houdiadi se tient notre ami Osman Digma. L'Abyssinie est entre les mains de notre allié Handan Abou Gandja. Dans une rencontre avec les Abyssins, Dieu l'assista. Parmi les morts tomba le capitaine, Ras Adrangi, dont les enfants furent tués ou emmenés en esclavage. Nos guerriers sont arrivés jusqu'à la grande église dans la ville de Gondar, illustre parmi les Chrétiens. Dans le Darfour, le Sakka et le Bahr el-Ghazal, commande notre ami Osman Aden, assisté par Kérem Allah et Zebehr el-Fahal. Tout le pays appartient aux soldats qui guerroient contre les ennemis de Dieu, détracteurs de l'Imam. La force et la puissance de l'Éternel les fait toujours triomphants, ainsi qu'il a été promis : « Croyants, « quand vous combattrez, Dieu vous donnera le succès », et encore : « La victoire est aux croyants », et encore : « Dieu a « pour agréables ceux qui sont tués à son service; ils ressem- « blent à de hautes citadelles ».

« Et maintenant nous sommes arrivés en trois vapeurs, en sandals et en neuggars, qu'emplit une armée qu'envoie le grand chef de tous les Moslems, le Toujours Victorieux pour la religion, le Khalifa, le Mahdi, que le Seigneur du monde lui conserve sa grâce ! Nous venons par ses ordres sacrés. A toi d'y adhérer, en raison de leur évidente vérité, toi et quiconque t'accompagne, tant Musulmans que Chrétiens ou autres. Nous apportons les nouvelles qui procurent le bonheur dans ce monde et dans l'autre. Nous disons la volonté de Dieu et de son Prophète, assurant plein pardon à vous et aux vôtres, protection pour vos enfants et vos biens, à la seule condition que vous obéissiez à Dieu.

« Suivant la permission de notre Maître, nous avons plusieurs lettres écrites par quelques-uns de tes frères, à savoir Abdoul-Kader Slatin, naguère moudir du Darfour, Mahomed

Saïd, lequel fut jadis appelé Georgi Islam Boulia; Ismaïl Abdoullah, autrefois nommé Bolos Salib, un Copte; plusieurs autres qui, après avoir sympathisé avec toi, sont maintenant honorés par la grâce du Mahdi. Nous avons d'autres lettres de tes anciens compagnons : Abdoullah Lupton, qui fut moudir du Bahr el-Ghazal, Ibrahim Pacha Fanzi, Nour Bey, Ibrahim, moudir du Sennaar, Seyd Bey Doujounah, moudir du Facher, et Eskender Bey, commandeur du Kordofan. Dieu leur octroya sa bénédiction, et maintenant, à leur aise et dégagés de souci, ils possèdent en biens terrestres et en faveur céleste plus qu'ils ne possédèrent jamais; en devenant les amis du Mahdi, Dieu les prit en affection.

« Aujourd'hui le Khalifa el-Mahdi prend en compassion votre situation misérable. Vous voyant abandonnés aux mains des nègres — vous avez sans doute perdu toute espérance, — il m'a envoyé avec une armée, afin de vous retirer du pays des infidèles, et vous réunir à vos frères les musulmans. Soumettez-vous donc avec bonheur au désir de Dieu, et venez me voir aussitôt. Pour le moment, j'habite votre voisinage, et puis vous communiquer les mandements sacrés. Votre salut en dépend en ce monde et dans l'autre. Vous trouverez la paix que donne le Régulateur du monde.

« J'ajoute, sur l'ordre de Sa Hautesse — personne ne le contredira — que j'aurai à t'honorer et prendre soin de toi. Et quand nous serons ensemble, tu auras la satisfaction de tes désirs et deviendras, toi aussi, un vrai croyant, ainsi que notre Maître le désire.

« Et maintenant sois en joie et ne tarde point! J'en ai dit assez pour ta vive intelligence. Nous prions Dieu de te conduire vers notre chef, car nous te croyons de ceux qui, entendant un bon avis, n'hésitent pas à le suivre; et cette qualité est un don de Dieu. Parmi les choses qui témoignent en ta faveur, il y a dans les mains du Khalifa el-Mahdi une lettre apportée par ton ami Osman Erbab, laquelle intime ta soumission. Il a reçu ta lettre; elle lui a plu, et nous venons à cause de cette lettre et par la compassion du Khalifa el-Mahdi.

« Que Dieu te bénisse et t'assiste en tout ce que tu feras! Salam! »

Une seconde missive, beaucoup moins longue, était adressée

aux scribes chrétiens du divan. Omar Saleh leur offrait libre pardon s'ils embrassaient l'islamisme, et les assurait que le Mahdi les accueillerait avec joie.

La première lettre une fois lue, les officiers demandèrent au Moudir s'il avait l'intention d'y répondre. — Il refusa. Il leur avait plu de le mettre de côté; ils avaient conduit le pays aux désastres, à eux de se tirer d'affaire! S'ils voulaient son avis, il le donnerait, non certes pour l'amour d'eux, mais pour l'amour du peuple qu'ils avaient égaré, et comme devoir envers le gouvernement égyptien.

Feraient-ils bien de traiter avec le Mahdi?

Il ne fallait pas y penser : ils seraient tous massacrés; avaient-ils oublié déjà les tours que leur avaient joués les soldats trois ans auparavant?

« Tu as raison, mais quel conseil nous donneras-tu aujourd'hui?

— Celui de temporiser, mais de ne pas perdre une heure pour convoyer ici les femmes et les enfants des stations du nord. Les hommes et les munitions resteraient jusqu'au dernier moment; puis, la place devenue intenable, on la livrerait aux flammes. A mon sens, vous devriez vous concentrer à Toungourou, bâti sur une péninsule; un large fossé en ferait une île presque imprenable. Une faible garnison la défendrait aisément. Les vapeurs ravitailleraient sans peine. »

Il recommandait, au surplus, de surveiller de très près les irréguliers, dont il y avait grand nombre dans le pays. Compatriotes des Donaglas, ils passeraient dans leurs rangs dès qu'ils pourraient. Surtout, qu'ils prissent soin des vapeurs, leur seule chance de salut!

Ces conseils semblèrent bons et on les discuta sans retard.

Sélim Aga, Fadl el-Moullah, Osman Latif et Moustapha Effendi prirent tour à tour la parole. Fadl-Moullah, s'exaltant par degrés, avança qu'il n'y aurait rien à dire contre le Moudir, s'il n'avait protégé Haouachi Effendi contre la volonté de tout le monde.

« Mais, fit le Pacha, quand, il y a plus d'une année, vous m'en avez parlé à Ouadelaï, ne vous ai-je pas répondu que si tous s'accordaient à demander le déplacement de Haouachi Effendi, on m'écrivît une lettre officielle : sans quoi je ne pourrais prendre la chose en considération?

ARRIVÉE DES TROUPES DU MAHDI.

— La chose est vraie, dit Fadl el-Moullah.

— Eh bien, pourquoi ne l'avez-vous pas fait? De quel droit vous plaignez-vous aujourd'hui? »

Sur ce les officiers se retirèrent.

La lettre dont il est question dans la missive d'Omar Saleh avait été écrite par Emin à Kérem Allah quand celui-ci, quatre ans auparavant, envahissait le pays avec ses troupes victorieuses. Le Gouverneur la lui avait envoyée par Osman Erbab, un de ses scribes. Au commandement d'avoir à livrer la contrée, le Pacha avait répondu par une lettre de soumission, afin de gagner le temps de rassembler ses soldats. Le stratagème réussit. Kérem Allah, tranquille désormais, apprenant que des troubles éclataient dans le Bahr el-Ghazal, y dépêcha aussitôt le gros de son armée; les hommes d'Emin attaquèrent le reste, qu'il fut aisé de mettre en déroute. On comprend sans peine qu'en dépit des termes amicaux de l'épître d'Omar, les Donaglas fussent impatients de venger leur première défaite.

C'est à Abd er-Rahim, garçon de dix-sept ans, fils d'Osman Latif, que je dois communication de cette lettre d'Omar Saleh. Les rebelles, qui n'avaient pas voulu la remettre à Emin, la conservaient avec les papiers du Gouverneur. Je priai Osman Latif de voir à m'en procurer une copie. Sur les ordres de son père, l'enfant s'introduisait chaque nuit dans la salle et en transcrivait des paragraphes. Au bout de huit jours, il la remit entière, et le Pacha me la traduisit. Ce jeune homme ne pénétrait pas dans le divan sans grave péril pour lui et pour son père, contre lequel les mutins eussent été trop heureux de trouver un chef d'accusation.

Presque aussitôt après l'entrevue avec Emin, Ali Aga Djabor, Faratch Aga Adjok et Ali Aga Chamrouk partirent pour Redjaf, comptant ramener du secours de chez les Makrakas. Ils prirent avec eux soixante soldats et dix-huit caisses de munitions.

Osman Latif me raconta le soir ce qui s'était passé à la réunion qui suivit l'entretien avec le Moudir. 1° ils ne voulaient point se soumettre aux Mahdistes; 2° les femmes et les enfants, rassemblés à Doufilé, seraient ensuite acheminés vers les stations méridionales, tout comme le Pacha l'avait conseillé; 3° les soldats réfugiés chez les Makrakas seraient rappelés au poste de Redjaf, qu'ils tiendraient aussi longtemps que possible, jusqu'à l'évacuation des stations plus au nord.

A Doufilé, l'expédition des affaires serait confiée à un Conseil de guerre composé des officiers et des fonctionnaires civils, et qui siégerait tous les jours, de 8 heures à 11 heures. On désarmerait les irréguliers, qui seraient dirigés sur les places du sud. Quant aux trois derviches porteurs de la lettre d'Omar, ils resteraient prisonniers jusqu'à nouvel ordre. Tous ceux qui quitteraient la station pour prendre la route du nord seraient rigoureusement fouillés, car il ne fallait pas que personne entretînt d'intelligences avec l'ennemi. Ils écriraient à Omar Saleh qu'en ce moment le Moudir était bien loin, dans quelqu'une des places du sud; on l'avait envoyé querir, et il répondrait sans doute dès son retour à Doufilé. C'était une ruse pour gagner quelques jours, ruse cousue de fil blanc! Omar Saleh ne s'y laisserait point prendre, quand même il ne saurait pas déjà par le menu tout ce qui s'était passé. La plupart de ces mesures, du reste, étaient celles qu'avait proposées le Moudir.

Puis les rebelles, faisant comparaître les derviches, les questionnèrent de nouveau sur les forces des assaillants. Ceux-ci, dirent les hommes à queue de paon, avaient trois vapeurs à proximité : le *Talahouin*, le *Safia* et le *Mahomet Ali*, neuf sandals et neuggars. Deux autres vapeurs et des embarcations suivaient, venant de Khartoum. Ils refusèrent de répondre quand on demanda combien d'hommes montaient les navires du Mahdi.

Emin connaissait les vapeurs de Gordon : d'après lui, chacun pouvait porter, approximativement, 350 soldats, et les bateaux, 40; soit un total de 1410 hommes, tous armés de remingtons sans doute, et munis, comme quatre ans auparavant, de fusées et de pièces de montagne. Les deux vapeurs expédiés de Khartoum ne pouvaient être que le *Bordein* et l'*Ismaïlia*. Ce dernier, un peu plus grand, devait transporter 450 soldats; chaque navire aurait probablement à la remorque ses trois embarcations — 1040 hommes, en tout; 2450 en les ajoutant à ceux de la première flottille. Quant aux Égyptiens, à peine leur serait-il possible de rassembler 800 soldats sans trop affaiblir les garnisons du sud. Pas plus des deux tiers n'étaient armés de fusils se chargeant par la culasse; mécontents et insubordonnés, ils ne se battraient qu'à contre-cœur, si même ils consentaient à se battre! Donc peu d'espoir de repousser les Donaglas. Le livre de Royle sur l'Égypte me nomma trois vapeurs sur quatre envoyés à la rencontre des forces anglaises au-dessus de Metemmeh : le *Safia*, le *Bordein*, le *Talahouin*. Sur les deux derniers sir Charles Wilson et le lieutenant Stuart Wortley s'avancèrent vers Khartoum. En redescendant le Nil, le *Talahouin* toucha une roche et s'emplit rapidement ; à son tour le *Bordein* s'ouvrit sur un écueil dissimulé sous les eaux : il fallut le pousser à la côte et l'abandonner. Dans le *Safia* — le *Safiyeh* de Royle, — lord Charles Beresford se porta au secours de sir Charles Wilson ; mais, la chaudière ayant été trouée par un boulet lancé de Oued-Habechi, il fallut mouiller le navire et le réparer sous le feu. Puis il prit à son bord sir Charles Wilson et les siens, regagna Goubat. Je lis un peu plus loin : « Avant de quitter Goubat on enleva partie de la machinerie des derniers vapeurs, afin de les rendre inutiles. » Inutiles ? Pas tant que cela, si l'on se rappelle l'immense matériel et tous les outils rassemblés à l'arsenal de Khartoum pour la réparation ou même la construction des navires, et le grand nombre d'ouvriers rompus à la besogne. Peut-être les Anglais manquaient-ils des moyens nécessaires pour les détruire ? peut-être la retraite fut-elle trop rapide ? En tout cas, les deux vapeurs reparaissaient en scène, et le *Bordein* et l'*Ismaïlia*, montés par les Donaglas, cinglaient vers Lado.

Les fuyards — femmes et enfants presque tous — affluaient journellement à Doufilé, venant des stations du nord. Ils nous apprirent que les Donaglas avaient attaqué et emporté Redjaf ; nombre de femmes et d'enfants étaient prisonniers ; saisis de panique, les soldats détalaient de tous côtés.

Pendant ce temps, Doufilé se plongeait dans la paresse. La place n'était point mise en état de défense ; aucune des décisions prises en Conseil de guerre ne s'exécutait ; les incapables et les bouches inutiles ne partaient point pour les stations du sud ; les officiers se gobergeaient. Nos mains étaient liées ; nous étions prisonniers. Osman Latif écrivait : « Fadl el-Moullah ne fait rien, ni les autres non plus, sinon boire, et manger des chevreaux gras. Rien que je puisse dire ne les touche. Tout me retombe sur les épaules, et sans aide je ne puis prendre les mesures nécessaires. » Il ne se passait pas de jour que nous n'entendissions parler de vols et violences ; les chefs, insouciants de la ruine et des désastres suspendus sur leurs têtes, craignaient trop leurs hommes pour les tenir en respect.

Emin proposa que je demandasse à Fadl de me laisser regagner Msoué d'où, secondé par Choukri, je pourrais me rendre au fort Bodo. Ce projet ne m'arrêta pas une seconde : « il sentait trop le rat », comme disait Gordon ; je n'avais pas à me sauver seul du navire pourri et faisant eau de toutes parts. Je ne rapporte le fait que pour montrer combien le Moudir se reprochait de m'avoir emmené dans cette galère, et combien il eût voulu m'en éloigner. — Cette absence complète de préoccupation pour soi-même lui a gagné bien des cœurs ! Par malheur, cet altruisme exagéré rendait ses gens encore plus égoïstes.

Une lettre d'Osman Latif donne quelques détails sur la chute de Redjaf :

> Mon bienfaiteur,
>
> Des hommes de Khartoum et d'autres hommes au chef Béfo se sont montrés dans le voisinage de Redjaf, le 19 octobre, à quatre heures de l'après-midi, sous couleur de razzier le bétail du chef Loko. Les soldats ont quitté la station pour les en empêcher. Les Khartoumais saisirent l'occasion d'entrer dans la place, et, après l'avoir occupée, tuèrent plusieurs fusiliers, Abd el-Aga et Hassan Bein Aga Barema, officiers, et Achmet Zeniel, le scribe. Le reste de nos gens ont pris la fuite, quelques-uns vers le Makraka, d'autres vers Laboré. Tous ceux qui ne purent partir, femmes, enfants, servantes, furent faits esclaves, et parmi eux, les familles de Hamad Aga, d'Ali Aga Djabor, d'Ali Aga Chamrouk et de Djaden Aga.
>
> Les garnisons de Bidden, de Kirri et de Mouggui se sont sauvées à Laboré. Les Khartoumais n'ont encore paru ni à Bidden ni à Kirri ; ils sont encore à Redjaf, occupés à se répartir femmes, enfants et esclaves.
>
> Je baise tes mains et celles de M. Jephson,
>
> OSMAN LATIF.

Donc, avant même que les officiers et les soldats partis de Doufilé eussent rejoint leurs camarades, le coup avait porté, Redjaf était au pouvoir des Mahdistes. Nous apprîmes qu'arrivés près de la station, les Madhistes en avaient fait le tour pour intercepter la fuite vers les places du sud ; puis ils s'étaient jetés sur la ville, et le massacre avait été terrible. Les quelques soldats qui échappèrent s'enfuirent dans le Makraka ; puis les Donaglas dirigèrent sur Khartoum les femmes et les enfants qu'ils s'étaient partagés.

Béfo, un ancien ami d'Emin, qui avait tourné casaque après l'évacuation de Lado, donnait le ton aux chefs baris ; ses villages occupaient le mont Bilinian, près de Gondokoro. Après la rébellion des Dinkas il acheta, les payant avec du bétail et des vivres, les fusils et les munitions enlevés aux gens d'Emin lors de la prise de Boa. Aussi devint-il un ennemi formidable, comme l'avait prévu le Pacha. Le reste des Baris, impatients de se venger des mauvais traitements que leur avaient fait subir les « Turcs », se joignirent à lui.

Les compatriotes des Donaglas désertaient à qui mieux mieux; Cheikh Mouradjan, le principal prêtre de l'islam dans l'Equatoria, donna l'exemple. Plusieurs interprètes madis le suivirent, et détalèrent en emportant les fusils du gouvernement. On trouva des lettres appelant les habitants à s'unir aux ennemis; ceux qui les détenaient furent emprisonnés. De semblables missives, découvertes chez Taïbé Effendi, scribe de Ouadelaï, venaient d'un déserteur qui exhortait à faire comme lui. De rage, les soldats pillèrent sa maison.

Pourtant, si ces malheureux avaient su s'entendre, placer le Moudir à leur tête et suivre strictement ses ordres, on aurait encore fait quelque chose et des vies eussent été sauvées. Mais, absolument démoralisés, ils n'avaient plus qu'à rouler au fond de la pente où ils glissaient depuis deux mois. De nouvelles calamités les attendaient.

Les officiers mandèrent devant eux les derviches : « Vous êtes venus, leur dirent-ils, avec des paroles et des lettres de paix. Et voici, votre général a attaqué Redjaf et massacré presque toute la garnison. En conséquence, vous payerez pour lui, si vous ne révélez tout ce qui concerne les Donaglas.

— Tuez-nous, répondirent les derviches, il n'importe; mais notre mort n'éloignera pas la vengeance qui tombera sur vos têtes! Vous, officiers, on vous égorgera; quant aux ignorants qui agissent sous vos ordres, ceux-là seront épargnés! »

Les derviches, chargés de lourdes chaînes, réintégrèrent leur prison; les Égyptiens, déterminés à leur extorquer tous les renseignements qu'ils pourraient, décidèrent qu'on leur fournirait abondance de viande très salée, mais en les privant absolument d'eau. Ce supplice, continué pendant plus de deux jours, les pauvres diables le supportèrent sans se plaindre, mais aussi sans parler. L'impatience gagnant les rebelles, ils voulurent recourir à des tourments plus aigus.

Une seconde fois les derviches comparurent, et une torture cruelle, d'usage courant au Soudan, leur fut appliquée : on fixa autour de leur tête un morceau de bambou fendu, passant sur la tempe et au-dessus des oreilles. Une cheville de bois servant de tourniquet, le bandeau fut tellement serré que, pénétrant la peau et la chair, il coupait jusqu'à l'os même. Chacune de leurs fibres tressaillait sous la terrible pression; leur vie s'en allait avec le sang, mais pas un mot, pas même un gémissement n'échappa des lèvres de ces braves que soutenaient le fanatisme et une foi profonde en Dieu et son Prophète. On les entendit seulement murmurer qu'Allah en tirerait une éclatante vengeance.

Les officiers et les scribes égyptiens se délectaient à contempler ces tortures, riaient et exultaient quand, l'angoisse devenant trop intense pour la chair et le sang, les derviches tombaient évanouis. La conduite des Soudanais fut un peu moins dégoûtante que celle de ces lâches; leur physionomie bestiale ne montrait aucun signe de plaisir; ils regardaient ces supplices avec une indifférence maussade. Le peuple était accouru : des murmures de sympathie s'élevaient parmi les femmes; elles sanglotaient et se tordaient les mains, dans leur profonde compassion pour les vaillants qui supportaient le martyre avec cette indomptable fierté. Certes la religion qui les fortifiait au milieu de ces effroyables douleurs n'est point une religion méprisable! Nul ne peut que respecter et admirer ces pauvres fanatiques! Sans doute, quelque pensée semblable dut traverser l'esprit de Fadl el-Moullah, qui ordonna de relâcher les liens des Derviches et de leur donner de l'eau, puis, presque sans connaissance, on les ramena dans la geôle.

Les officiers, je l'ai dit, étaient absolument dévoyés : ils donnaient des ordres que personne ne songeait à exécuter; les soldats boudaient toujours et n'obéissaient jamais. Achmet Aga le Dinka partit pour Fabbo, Fadl lui ayant donné l'ordre de fortifier la station et de creuser un fossé tout autour. Or, avec le petit nombre d'hommes dont il disposait, ce travail eût pris deux mois, et avant ce temps-là les Donaglas auraient tout emporté. La vérité vraie, c'est que ces gens ne pouvaient se résoudre à abandonner les misérables frusques qui constituaient leur avoir; et, au lieu d'en sauver quelques-unes, ils allaient perdre le tout!

Voici ce que nous écrivait Osman Latif :

« Les officiers ont l'intention de se rassembler ici et d'ex-

Tortures des messagers du Mahdi.

pédier les femmes et les enfants dans le sud, où, avec quelques soldats, on établirait une autre station au-dessus de Msoué. Eux, avec leurs armes et munitions, resteraient à Doufilé; ils le disent, du moins. Quelles sont leurs intentions véritables? Allah seul le sait, Allah que je prie de nous assister dans ces épreuves ! »

Les fuyards assuraient que les Donaglas s'installaient solidement à Redjaf, qui serait leur principale forteresse et leur base d'opérations. Les vapeurs étaient encore à Lado, dont on avait fait un camp retranché, petit, mais redoutable.

Un soldat venait d'arriver, un de ceux qui avaient échappé au massacre de Redjaf; la tête et les épaules étaient tailladées de coups d'épée. Les Donaglas l'ayant laissé pour mort, il réussit, à la faveur des ténèbres, à se glisser hors des murs. C'était miracle qu'il pût vivre; encore plus qu'il se fût enfui avec de semblables estafilades ! Il était affreux à voir. On lui permit d'entrer chez le Pacha, toujours prêt à secourir ses anciens « sujets », quoi qu'ils fissent, et il pansa avec soin les blessures du malheureux. Son récit de la prise de Redjaf différait à peine de ceux faits à Osman Latif :

« Vers cinq heures de l'après-midi approchèrent les Donaglas, traînant à leur suite des centaines d'indigènes. Ils firent le tour de la station, tambour battant et bannières déployées, s'élancèrent sur une poterne qu'ils enlevèrent du premier coup. A peine si les soldats tentèrent la moindre résistance, amollis, énervés qu'ils étaient par le chaos régnant depuis la déposition du Moudir; n'ayant plus de tête pour les diriger, ils n'avaient plus de cœur pour le combat. Les assaillants, mauvais tireurs, se servaient peu de leurs fusils, mais, de leurs lances à large fer et de leurs longues rapières, ils firent un affreux carnage, ne donnaient quartier qu'aux femmes et aux petits enfants. Nombre de soldats se sauvèrent par l'autre côté et s'enfuirent vers le Makraka, mais les indigènes les poursuivirent et en tuèrent beaucoup.

« La panique fut terrible à Bidden, à Kirri, à Mouggui. Sauve-qui-peut général. Les populations accouraient à Laboré, abandonnant même leurs armes. Les Baris entraient dans les places immédiatement après le départ des garnisons, et faisaient main basse sur tout.

« La première épouvante passée, Abdoulla Aga Manzal persuada aux officiers et soldats — il devait y en avoir 300 à Laboré — de regagner Mouggui, poste compact, bien construit et relativement sûr. Puis les officiers décidèrent un coup de main sur Redjaf, tentative très dangereuse en tout temps, mais qui ne pouvait plus être que funeste, vu le mécontentement de la troupe. Casati et moi courûmes supplier Fadl el-Moullah de rappeler toutes ses forces à Doufilé et de les y concentrer : ayant sur leurs derrières le fleuve et les vapeurs, leur retraite ne pourrait être coupée. — Sélim Aga et plusieurs de ses collègues tombèrent d'accord qu'il n'y avait rien de mieux à faire.

« Le scribe principal et Ibrahim Effendi Elham descendirent donc à Mouggui pour engager vivement les capitaines à renoncer à leurs projets : ils s'y refusèrent avec obstination, demandant au contraire de nouveaux renforts. Le bruit courait qu'un certain nombre d'échappés de Redjaf avaient pu rejoindre au Makraka les fugitifs de la première heure. Ensemble ils revenaient sur Mouggui, où nos gens voulaient les attendre.... « Ils attendront longtemps! » disais-je.

Les soldats, chose curieuse, croyaient les Donaglas possesseurs d'un charme qui les rendait invulnérables aux balles ordinaires. Ces balles, ils les avaient vues rebondir sur eux comme des gouttes de pluie! Aussi nombre des dollars provenant de Haouachi Effendi furent convertis en lingots. Les balles d'argent détruiraient sûrement le maléfice. Une pratique à peine moins efficace devait être de creuser le projectile et d'y fixer solidement un morceau de bois d'ébène ou de cuivre. Les ouvriers y travaillèrent plusieurs jours, en fabriquèrent quantité, puis soixante soldats furent dépêchés sur Mouggui, avec provision de ces contre-sortilèges. La possession de ces précieuses balles, capables de tuer le démon lui-même, les remplissait de courage et d'espoir.

De semblables croyances parmi des gens déjà mi-civilisés, et à la fin du « siècle des lumières »! Mais il n'y a pas tant d'années — aux jours de Guillaume d'Orange et de la reine Marie, sa femme — la même superstition régnait en Écosse. Claverhouse était, lui aussi, à l'épreuve du plomb; il ne put être tué que par un bouton d'argent qu'un soldat glissa dans un mousquet. La foi en l'efficacité de ces balles en métal précieux est encore générale par tout l'Orient. On hausse les

Les derviches passant dans le corps de garde.

épaules, on prend en pitié l'ignorant fétichisme des nègres, mais ils n'ont superstition, si absurde soit-elle, qui n'ait sa pareille en Europe, pour peu que l'on remonte dans notre histoire.

Les officiers qui, jusqu'à présent, étaient restés les bras croisés, s'occupaient enfin aux retranchements, déjà assez solides et bien imaginés. Le fossé était profond et large; les ouvrages en terre n'avaient guère besoin que de réparations. Sélim Aga et quelques autres m'engagèrent à en faire le tour avec eux, car ils voulaient les renforcer, dans le cas où Mouggui, une fois emporté, les Donaglas se jetteraient sur Doufilé. Je leur indiquai, en effet, les points qui me paraissaient le plus faibles, et leur conseillai d'aplanir et de rendre glissants les glacis pour que le pied des assaillants ne trouvât point de prise, s'ils essayaient d'y grimper.

A mon avis, les cannaies et bananeraies, si nombreuses autour de la station, devaient être rasées pour que l'ennemi ne pût s'y dissimuler. Je condamnais aussi les blés sur pied, les paillotes des interprètes. Le fossé devrait contourner sans interruption la place entière, coupant les chemins par lesquels on arrivait à Doufilé : des planches serviraient de pont; je leur signalai surtout un point où il n'allait pas jusqu'au fleuve. Un isthme étroit avait été laissé, où les gens passaient, en rentrant de leur travail dans les jardins. A moins de dix mètres, un épais bosquet de bananiers et de cannes à sucre pouvait cacher des centaines d'hommes. Il suffisait de regarder pour deviner que certainement les Donaglas choisiraient cet endroit. Abrités sous la verdure, ils attendraient le moment favorable, prendraient les soldats en flanc et en queue, et les couperaient des vapeurs amarrés aux quais, près desquels ils feraient aisément leur entrée.

Sélim Aga et les siens convinrent tous que mes conseils étaient excellents et promirent de les suivre; je savais ce que valaient leurs paroles. Il est presque inutile de le dire : les Mahdistes envahirent la station par le point même que j'avais signalé !

Ma tournée finie, je vins m'asseoir avec les officiers sous la porte d'entrée de Doufilé, et ils me contèrent leurs plans; plans pas très ambitieux, il est vrai, mais ceux qui les avaient conçus n'étaient nullement pressés de les mener à bien. Il n'était pas dans leur nature de se hâter. Pendant que nous causions, les derviches passèrent, sous la garde des soldats. Lentement et péniblement, ils se traînaient sur la route, car leurs chevilles étaient clavées de lourdes ferrures à éléphant : un morceau de corde, noué au maillon du milieu, leur permettait de les soulever quelque peu quand ils voulaient marcher. Moustapha Effendi, un Égyptien, se mit à rire en me montrant autour de leur front les terribles marques de la torture, tandis qu'ils chancelaient sous le poids des chaînes. Affamés, battus, insultés, leur maintien, en présence de leurs geôliers, était aussi fier et aussi digne que jamais; mais la vue de ces pauvres têtes lacérées, la souffrance patiente reflétée sur leurs traits, m'allèrent trop au cœur pour que mes paroles puissent le redire! Je me sentais poussé à renverser du poing ces lâches Égyptiens qui m'exhibaient avec tant de satisfaction les traces de l'œuvre cruelle. Arrivés devant moi, les derviches me considérèrent fixement, assis au milieu des bourreaux. Ils se figuraient sans doute que j'avais quelque part dans leurs tortures. Ces yeux me hantèrent de longs jours comme si j'eusse fait souffrir un animal, et qu'il se fût retourné, me regardant avec une physionomie humaine!

Les derviches, à demi morts de faim et constamment maltraités par les soldats, traînèrent plusieurs semaines leur misérable existence; mais, en dépit de cruelles souffrances, ils ne prononcèrent jamais un mot qui pût nuire aux projets des Mahdistes. Le Coran, la seule consolation qu'ils eussent encore, leur fut enlevé. Souvent, à mon passage, je les voyais prosternés en prières, une expression extatique sur le visage émacié. Les corps étaient enchaînés, déchirés, affamés, mais la foi en Dieu et en son Prophète les élevait au-dessus des misères terrestres. Finalement, quand l'ennemi se montra, les Égyptiens en finirent avec leurs prisonniers. On les amena près du fleuve, on les tua à coups de massue; les cadavres furent jetés aux crocodiles. La mort les délivra. Dans les annales des hommes qui ont souffert pour leur religion, nul plus que ces trois derviches ne mérita le nom de martyrs.

CHAPITRE XI

PRISONNIERS SUR PAROLE

Lettre de Hassan Loutvi. — Rumeurs concernant l'arrivée de Stanley. — Soulèvement des indigènes. — Perquisitions dans la maison d'Emin. — L'état des affaires à Mouggui. — Jephson écrit à Stanley pour le mettre en garde. — Osman Latif relégué à Ouadelaï. — Moustapha assomme sa femme. — Des enfants noyés dans la rivière. — Pluies extraordinaires. — Épizootie. — Insubordination des militaires à Ouadelaï. — Le sorcier chouli. — Vol commis par Abdoullah. — L'arrogance de la soldatesque. — La troupe nègre. — Comment Emin traitait ses troupes. — Second désastre à Redjaf. — Officiers tués dans la déroute. — Incidents de la lutte. — Les rebelles nous renvoient à Ouadelaï. — Adieux d'Emin à Boufilé. — Notre arrivée à Ouadelaï. — Réception enthousiaste faite au Pacha. — Frayeur du peuple au début de la rébellion. — Emin décline toute responsabilité ultérieure. — Joie universelle au retour d'Emin. — Notre situation à Ouadelaï. — L'européanisation du nègre et son amélioration possible. — La corde de sable. — Le mahdisme gagne. — Bruit d'une révolte des irréguliers et de l'approche des Mahdistes. — Le peuple ne bouge. — Effronterie des Cairiotes. — Les soldats font une démonstration. — Emin n'ose s'expliquer franchement. — Le Pacha déclare connaître son monde mieux que personne. — Un ignoble type d'Égyptien.

Une lettre reçue vers cette époque montrera que nos gens en étaient à croire les plus étranges rumeurs; tout, plutôt que regarder le danger en face et comprendre la gravité de la situation :

Hier soir, une dépêche privée de Hassan Effendi Loutvi annonce que les capitaines se préparent à partir pour Redjaf afin d'écraser les Mahdistes : ils se sont assurés que les soldats retournés du Makraka et plusieurs hommes de la tribu des Bombés ont attaqué et battu les Donaglas, puis ont repris la station. Les Donaglas ont envahi le pays en s'enfuyant de Khartoum, car les soldats du gouvernement et les Abyssins ont reconquis le Soudan. Les Mahdistes avaient avec eux un grand nombre de réguliers autrefois au service de l'Égypte. Ceux-ci, pendant l'attaque des soldats du Makraka sur Redjaf, ont tiré en l'air, et envoyé deux ou trois des leurs pour les encourager sous main, et leur dire qu'ils ne feraient jamais feu sur leurs anciens camarades. Les Donaglas emmènent nombre de femmes et d'enfants qui avaient appartenu aux familles notables de Khartoum. Osman Effendi Erbab est venu comme prisonnier, et non pas de sa propre volonté. Ainsi nous écrit Hassan Loutvi, — Allah seul connaît la vérité!

Et il en était toujours ainsi : le moindre revers les plongeait dans le plus profond découragement, puis ils relevaient la tête, prêts à avaler la plus grosse des bourdes, pourvu qu'on leur cachât le péril où ils allaient tomber.

D'après Sélim Aga, l'extrême rareté des vivres et des vêtements à Khartoum, non moins que le désir de la vengeance, poussait une seconde fois l'ennemi vers le sud. Cette opinion me semblait fort plausible.

Haouachi Effendi avait fait demander ma visite, car on me permettait maintenant de parcourir la station à mon gré, et je voyais qui me plaisait. Mais, ne pouvant lui pardonner sa conduite envers nous, je m'y refusai carrément. — Il envoya un billet, me suppliant de lui pardonner sa lettre contre le Moudir : « Les rebelles l'avaient entouré, le menaçant de la torture s'il n'écrivait sous leur dictée : il avait dû obéir, et tracer des mensonges ».

Il venait sans cesse des bruits annonçant l'arrivée de Stanley; des racontars toujours. Radjab Effendi, secrétaire d'Emin, mis en liberté depuis peu, m'écrivit même un jour que l'Expédition était certainement à Nsabé. Il s'excusait naïvement de ne pas m'apporter lui-même la nouvelle : « J'étais tellement gris ce matin, que je ne me suis pas trouvé digne de me présenter devant toi. » Cette fois-ci, la rumeur avait sa source dans un accès d'ébriété. A Mouggui, la garnison attendait toujours les hommes du Makraka, et demandait des renforts à Doufilé. On enleva donc encore vingt hommes à Fabbo; tous ceux qu'on parvint à distraire des autres places méridionales furent aussi dépêchés; mais les rebelles demandaient sans cesse de nouveaux secours, sans lesquels, disaient-ils, il serait impossible d'attaquer Redjaf. Fadl el-Moullah n'avait maintenant qu'un désir, celui de n'être plus président, et qu'un regret, celui d'avoir accepté ce poste.

Hamad Aga, le major, écrivit encore pour qu'on lui envoyât soldats et porteurs. « Les Madis ne veulent plus nous servir, ni apporter grains ou vivres. Ils sont tous en rébellion ouverte

et n'attendent pour nous attaquer que l'arrivée des Donaglas. »
De même à Doufilé, où les indigènes refusaient de charger le
maïs et se riaient des ordres donnés; les Choulis se soulevaient de l'autre côté du fleuve, entre Doufilé et Fabbo. Partout les natifs étaient prêts à rallier qui se déclarerait contre
les Turcs. Nous entendions parler de dissensions à Mouggui,
de mutinerie presque active parmi les soldats, qui reprochaient
ouvertement à leurs chefs de n'avoir pas écouté le Moudir,
lorsque quatre ans auparavant il avait ordonné de se replier
sur le sud. Et, dernièrement encore, quand le Moudir et
Jephson étaient venus à leur aide, ne les avait-on pas trompés? Sans ces intrigants, ils seraient hors de danger et n'auraient pas perdu leurs familles.

Et ce n'était pas seulement parmi les simples fusiliers que
se manifestait un retour imposé par la peur et la misère.
Tous désiraient aujourd'hui qu'Emin fût réinstallé à leur tête.
Nombre de sous-officiers se glissaient la nuit dans notre logis
pour dire que la troupe était bien décidée à rétablir le Pacha :
« Tu vois, faisait un caporal, sont-ils assez ridicules? Les officiers t'ont mis par terre, puis ils se sont affublés de beaux
noms. Qui ne blague leurs beys, majors et capitaines! Nul
qui daigne les regarder. — Attendez encore! » répondait
Emin. Hélas! c'était son unique conseil à tous et sur tous les
sujets!

Le 30 octobre, de fort bonne heure, le plus grand des
vapeurs descendit de Ouadelaï, amenant Casati. L'équipage
avait bien entendu parler de l'arrivée des Donaglas, mais ignorait encore la chute de Redjaf. Cette nouvelle les consterna.
Casati raconta le mécontentement et la confusion des places
méridionales. Là comme ici, la troupe n'écoutait point les
ordres, paressait du matin au soir. Les scribes et les officiers
qui avaient perquisitionné dans les maisons du Pacha, les
avaient presque entièrement saccagées, puis, descendus à
Toungourou, ils avaient nettoyé la case de Vita, le pharmacien. De Toungourou ils se dirigèrent sur Msoué, mais
Choukri Aga, prévenu à temps, s'absenta encore, cette fois
sous le prétexte de chercher confirmation aux bruits qui couraient sur l'arrivée de Stanley. Ils l'attendirent quelques jours,
puis, ne le voyant pas reparaître, ils s'éloignèrent, lui laissant
encore commander la place. La province allait sombrer, mais

ces plumitifs et traîneurs de sabre songeaient encore à piller et à larronner !

Maintenant que semblait l'emporter la fortune du Moudir, Ali Aga Djabor proposa aux officiers et aux soldats de se jeter dans les bras des Mahdistes. Ils refusèrent net; s'ils avaient été assez fous pour accepter, leur affaire eût été bientôt faite !

Les vapeurs emportaient à chaque voyage de véritables cargaisons de réfugiés qui, tous les jours, accouraient des stations septentrionales. Je vis le premier convoi, étrange assemblage, méli-mélo vraiment extraordinaire.

Les navires allant et venant, nous apprenions quantité de choses par Choukri Aga et nos fidèles de Ouadelaï. Le pilote nous remettait furtivement les missives, et nous étions assez au courant de ce qui se passait dans le sud. Le secrétaire de la station de Msoué, qui se trouvait à Ouadelaï, manda qu'il s'en retournait à son poste; si je voulais communiquer avec Stanley, il lui ferait tenir ma lettre par le canal de Choukri Aga. J'écrivis donc, et fort longuement, rendant compte, d'une façon aussi exacte que possible, de l'état des affaires et de l'invasion donagla. Je l'avertis de tenir l'œil ouvert. Nous ne doutions nullement que, si l'Expédition n'arrivait au plus tôt, nous ne dussions tomber entre les mains des Mahdistes; les jours qui nous restaient à vivre avant l'apparition des forces du Prophète semblaient comptés. En écrivant cette lettre, je croyais dire un dernier adieu à Stanley et à mes camarades, à mon foyer et à mon pays ! J'étais persuadé qu'en peu de semaines on me verrait, derviche déchaux, errer par les rues et allées de Khartoum.

Osman Latif se trouvait parmi les officiers renvoyés à Ouadelaï avec leurs familles; nous n'avions plus personne pour nous renseigner sur les événements locaux. Cet homme, qui, à Khartoum, avait été le chef du département de la police, avait un flair merveilleux pour dépister les nouvelles. Profès en ruses et cautèles, il nous était fort utile; mais on ne l'aimait pas, et tous le tenaient en défiance.

Moustapha Effendi, l'officier égyptien dont le clos touchait au nôtre, et qui, je l'ai rapporté plus haut, était toujours à brutaliser ses femmes, en fustigea une si cruellement qu'elle mourut. Nous entendîmes ses cris, les sifflements de la lourde courbache, puis un coup étouffé, comme celui d'un corps qui tombe; puis... le silence. Le dos de la victime avait été profondément entamé par le fouet. Cas de jalousie, paraît-il. Au surplus, ce Moustapha Effendi était celui qui, avec tant de satisfaction, m'avait fait les honneurs du supplice des derviches ! — Un véritable Égyptien pour la férocité.

Quelques jours après, je fus témoin d'une scène fort triste : trois jeunes garçons et deux jeunes filles, revenant de faire le bois sur l'autre rive, traversaient le fleuve en canot. Le courant, très rapide, était encore activé par une bourrasque du sud; à mi-chemin, l'embarcation chavira, et les cinq furent entraînés par les flots. Ils périrent, malgré tous les efforts pour les sauver. Les crocodiles, sans doute, s'en emparèrent avant qu'ils eussent expiré. La pauvre mère, qui avait vu la catastrophe, s'élança dans les eaux, affolée. Les femmes accoururent et la ramenèrent chez elle. Je m'émerveillai de la tendresse et de la sympathie de ces esclaves noires pour leur compagne, et combien sincèrement elles partageaient sa douleur. Toute la nuit elles pleurèrent et gémirent, tout comme à une « veillée des morts » en Irlande.

La température était alors des plus extraordinaires. Chaque jour, à deux heures, le ciel noircissait comme l'encre, on aurait pu se croire au crépuscule; pas un souffle de brise; la chaleur nous suffoquait; les oiseaux mêmes se taisaient. Tout à coup, mugissant et hurlant, la rafale, dévalant des montagnes, se précipitait sur nous, accompagnée d'une pluie diluvienne tombant, non pas en gouttes, mais en nappe solide; le vent fouettait furieusement les arbres, les déracinait parfois. Ce branle-bas durait une heure, puis disparaissait comme il était venu, tandis que les torrents bondissaient sur les talus des monts. Le fleuve était plus haut que je ne l'eusse jamais vu. Pourtant nous étions à la saison sèche. Pendant ce qui aurait dû être la saison des pluies, il ne tomba pas d'eau; les récoltes manquèrent, à peine si l'on apercevait encore un brin d'herbe. Le bétail mourait par centaines dans les stations du sud; on eût dit une épizootie. La « plaie des mouches » reparaissait sur le haut Nil. Les malheureux bestiaux, envahis par les tiques, dévorés par les parasites, n'avaient plus de repos, maigrissaient rapidement et succombaient. Toungourou et Msoué comptaient près de 1200 bêtes à cornes; presque toutes périrent par la sécheresse, et ce qui en restait disparut, tué par la pluie continuelle. Ouadelaï fut à peine moins malheureuse. Emin n'avait guère vu de saison plus étrange. — Les superstitieux l'attribuaient à ces Donaglas, experts en charmes et sortilèges.

Haouachi Effendi, récuré à fond, reçut la permission de se retirer à Ouadelaï avec sa maisonnée et ses pénates, tristement réduits; Doufilé se vidait de la population superflue. Souliman Effendi, réinstallé à Toungourou, avait sur son frère Fadl el-Moullah une grande influence, qu'il employa tout entière à obtenir l'élargissement du Moudir. Il déclara qu'il ne quitterait pas la station sans avoir vu Emin partir pour Ouadelaï. Codi Aga, le commandant de cette dernière place, écrivit aussi au Président de rendre la liberté au Pacha : ses soldats désertaient et devenaient ingouvernables. Rien ne les pourrait calmer que le retour d'Emin. — Quant à Fadl, « il ne voyait, pour sa part, aucun inconvénient à élargir l'ancien gouverneur, mais comment le faire avant d'en avoir confabulé avec Mouggui? » — Il y eut une scène très orageuse où Souliman Effendi dit à son frère que la raison vraie de toutes ces tergiversations était sa crainte, à lui, Fadl, qu'il ne fût un des premiers punis si le Pacha revenait au pouvoir.

Quelques semaines auparavant, à Ouadelaï, un voleur avait pénétré la nuit dans la case de mon jeune domestique et emporté ses nippes, plus 18 dollars. Un soldat, nommé Faradj Ali, accusé du vol, rendit les habits, mais soutint obstinément n'avoir pas touché à l'argent. Codi Aga le fit mettre aux fers, avec menace de ne pas le relâcher avant restitution des écus. Le pauvre diable vendit presque toutes ses appartenances et versa la somme à mon garçon, puis descendit, quelques jours après, à Doufilé, emmenant un sorcier de la tribu des Choulis. Ils comparurent ensemble devant Fadl el-Moullah, déclarant que les pièces d'argent en question avaient été dérobées par une de mes trois ordonnances : laquelle, il ne savait, mais l'enchanteur le découvrirait. Je les invitai à se présenter chez moi en même temps que les trois soldats. Le magicien fit chauffer à blanc un morceau de fer que chacun de mes gens toucha du bout de la langue; puis il déclara que Mouradjan avait commis le vol. Il fit ensuite je ne sais quelles mystérieuses manœuvres au moyen de trois brins de paille et de petites bûchettes. Par trois fois le sort tomba sur Mouradjan. Ne pou-

Naufrage d'un canot sur le N[...]

vant pas le laisser punir sur pareilles preuves, j'examinai moi-même mes gens et fis fouiller leurs sacs. On trouva dans celui d'Abdoullah une dizaine de dollars dont il ne sut expliquer la provenance, et, après les dépositions de plusieurs témoins, il finit par avouer. — Je complétai la somme, que je remis à Faradj Ali. — Abdoullah, condamné à la bastonnade, reçut cent cinquante coups sans pousser un cri. Quand il se releva, il me salua gravement : « Louange à Dieu! maître! » dit-il, et s'en retourna comme si de rien n'eût été. Quelque sévèrement que l'on punisse ces nègres, ils ne vous en veulent jamais quand ils reconnaissent la justice de la sentence. Cet homme fut pour Emin et pour moi du plus grand secours pendant notre emprisonnement; il avait de bonnes manières; il était toujours propre, toujours prêt à aller au-devant de nos désirs, et connaissait ses devoirs de soldat bien mieux que la plupart de nos Soudanais. Quand on retira ses ordonnances à Emin, Abdoullah nous resta fidèle; il servait à table et même s'occupait au ménage. Plus tard, Stanley, apprenant sa bonne conduite, le nomma sergent, avec augmentation de paye.

De Mouggui nous ne savions plus grand'chose, sauf que l'intention y était d'attaquer Redjaf le 12 novembre.

Après avoir besogné quelques jours aux ouvrages de défense, les soldats en eurent de reste : ils n'avaient pas à faire œuvre de terrassiers. Quand on leur commandait n'importe quoi, couper du bois pour les vapeurs, construire des baraques, voire creuser des fossés pour les retranchements, ils ne manquaient pas de répondre : « Nous ne sommes pas faits pour cela, mais pour nous battre et fournir des sentinelles! » En marche, ils ne daignaient épauler leurs sacs de vivres ou de vêtements, exigeaient des porteurs. J'en ai vu flanqués d'un gamin portant le fusil. De ces devoirs dont ils se targuaient, ils ne savaient pas que le premier consiste à obéir. Jamais d'exercice; on ne les avait pas formés à la marche et autres manœuvres familières à nos militaires. S'ils se fussent bien battus, on leur eût passé beaucoup de choses, mais ils n'étaient que des lâches; en face de troupes déterminées, ils n'avaient qu'une tactique, décamper au plus tôt. « Si, à la première volée de balles, l'ennemi ne se retire pas, me disait un jour Emin, jamais les miens ne les attaqueront corps à corps! » Depuis le début de la guerre mahdiste ils avaient toujours détalé, sauf quand la route leur fut barrée de tous côtés. Nés dans le pays, appartenant aux tribus du voisinage, ils méprisaient les pékins leurs compatriotes et les traitaient avec arrogance. Grossiers, insubordonnés, ils se donnaient de grands airs. A les prendre en bloc, je ne vis jamais troupe plus parfaitement inutile. La faute n'en est pas toute à Emin, qui avait la plus triste collection d'officiers, repris de justice pour la plupart. Commandés par des Européens qui les eussent exercés, entraînés, qui par-dessus tout leur auraient inculqué l'obéissance, ces nègres seraient devenus de bons sujets : pour le moment ce n'était qu'un ramassis de couards et de propres à rien. Parfois ils montraient devant le danger une stupide indifférence que je ne puis appeler courage, mais qui, dirigée par des chefs capables, eût valu presque autant. On croit, chez nous, que les troupes nègres sont bonnes; on a su qu'elles se sont admirablement battues dans les campagnes égyptiennes; Gordon a fait leur éloge; mais on classe tous ces noirs sous le nom générique de Soudanais, oubliant que le Soudan est une vaste contrée, pratiquement sans limites, habitée par cent tribus différant entre elles de caractères, d'aspect, de façon de vivre tout autant que les nations de l'Europe.

Prenons, par exemple, un petit corps de troupes comme celles d'Emin; on y voyait Dinkas, Baris, Madis, Niam-Niams, Makrakas, Choulis, Ouanyoros, Choulis et une demi-douzaine d'autres peuplades, dont aucune ne ressemble à ses voisines. Ainsi, les Dinkas et les Niam-Niams sont extrêmement braves; les Baris et les Makrakas font méchante troupe. Servir sous des Égyptiens ou des Turcs accroît leur arrogance en atrophiant les bonnes qualités — elles sont nombreuses — qu'ils possèdent à l'état latent.

La vérité est qu'Emin gâtait ses subordonnés; il était trop facile et trop bon, de cette bonté bien différente de celle qu'il eût fallu, et ne servant qu'à leur donner des prétentions absurdes. Ainsi, à Kirri, Emin vint un jour m'annoncer qu'il nous fallait au plus tôt quitter la station, parce que ses ordonnances n'avaient plus rien à manger. « Comment! répondis-je, il n'y a plus de maïs? — Du maïs! oui, et beaucoup! mais ils n'ont pas de femmes pour le broyer!

— Et vous me direz, Pacha, que ces paresseux qui, tout le

long du jour, ne font œuvre de leurs dix doigts, n'ont pas le temps de se moudre du grain !

— Vous n'entendez rien aux mœurs de ce pays; pareille chose ne s'y fait et ne s'y fera jamais ! »

Je haussai les épaules : « Très bien, Pacha! mais je voudrais voir un de nos Zanzibaris chanter à Stanley pareille chanson, même à la fin d'une journée où ils auraient charroyé des munitions pour ces mêmes soldats! »

Ces gâteries amollissaient la troupe et la rendaient incapable de tout effort.

Le 14 novembre, des rumeurs parvinrent d'une seconde défaite, et la nouvelle fut confirmée par Sélim Aga. Quatre jours auparavant, les soldats avaient quitté Mouggui pour marcher enfin sur Redjaf. Au moment où ils allaient entrer, les Donaglas se précipitèrent sur nos gens, qui, après une première décharge, et sans même tenir un instant, virèrent de bord et gagnèrent au pied. Et ceux-là disaient : « Nous n'avons d'autre devoir que de nous battre! » Quelques-uns s'ensauvèrent vers le Makraka, d'autres regagnèrent Mouggui. Des centaines de Baris se joignirent aux Mahdistes et dépêchèrent ceux qui ne pouvaient plus courir.

On nous dit en outre que quelques officiers prisonniers furent presque aussitôt décapités et leurs têtes plantées sur des pieux au-dessus de la porte à Redjaf.

Parmi les victimes on nomma Hamad Aga, le major, l'Égyptien Abdoullah Vaab Effendi, Ali Aga Djabor, le cheikh Bachit, Sélim Aga, le scribe Hassan Effendi Loutvi, et d'autres que j'oublie. La lettre venait d'Abdoullah Aga Manzal, le commandant de Mouggui, qui suppliait Doufilé d'envoyer des porteurs pour aider à déguerpir.

Ce désastre était depuis longtemps prévu. Emin, Casati et moi leur avions dit la folie qu'il y aurait à tenter la reprise de Redjaf.

La mort de Hamad Aga m'affligea fort. C'était un vieillard profondément honnête et droit, vraiment paternel, un ami d'Emin, dans les bons et les mauvais jours, le meilleur des Soudanais. Les soldats l'adoraient, surtout ceux de Ouadelaï, station qu'il avait longtemps commandée. Sa mort leur fit une vive impression et les éloigna d'autant plus des rebelles. Au premier sac de Redjaf, quelques semaines auparavant, sa famille entière était tombée au pouvoir des Donaglas, et depuis il ne sembla plus se soucier de rien. Je m'affligeais de ne plus revoir sa bonne figure noire, encadrée de barbe blanche.

Enfermés maintenant comme rats en ratière, il était impossible d'agir, impossible de gagner le large; chaque jour l'ennemi pouvait nous tomber dessus. Panique générale. Heure par heure arrivaient des gens en longues files ayant semé leurs paquets par les routes. La station s'emplit à déborder.

Le peuple, d'un commun accord, établit Sélim Aga chef de la province. Le dernier des fugitifs franchissait à peine la porte, qu'apparurent les échappés de Redjaf. La terreur était au comble : entre les Donaglas et Doufilé il n'y avait plus que des postes déserts.

Un des survivants me raconta la mort d'Abdoul Vaab Effendi. Le sauve-qui-peut fut général quand les Mahdistes, sortant de la station et rejoints par les Baris, tombèrent sur les assaillants. Abdoul Vaab, souffrant d'une jambe, ne pouvait courir. A bout de forces, il pria un de ses hommes de le soutenir jusqu'à son âne, attaché à un arbre tout près. L'autre, pour réponse, lui arracha son snider, et lui jetant son vieux mousquet : « Il est assez bon, dit-il, pour un de ces capons d'Égyptiens dont les roueries nous ont jeté dans le malheur! » Abdoul Vaab, incapable de gagner sa monture, et bientôt atteint par les sanguinaires Baris, tomba percé de cent coups de lance. De nombreuses histoires assez semblables augmentaient l'abjecte épouvante de ces lâches.

Le conseil fut assemblé, et une longue discussion commença au sujet du Moudir. D'aucuns voulaient le réinstaller sur l'heure; d'autres le renvoyer à Ouadelaï; d'autres reprenaient la litanie des accusations : par bonheur pour nous, Ali Aga Djabor et quatre des pires ennemis d'Emin avaient péri dans la bagarre de Redjaf. Leur parti tomba en minorité. De plus, les soldats, se présentant en corps, déclarèrent ne vouloir prendre les armes qu'après liberté rendue au Moudir : « Tous nos malheurs, disaient-ils, viennent de sa déposition ».

Le lendemain, les officiers nous visitèrent, et, après avoir, suivant leur coutume, jasé quelques minutes sur des sujets indifférents, ils abordèrent le sujet qui les amenait :

Se rangeant aux désirs du peuple, ils permettaient au Moudir d'aller à Ouadelaï, où il se promènerait à sa guise dans la place et dans les jardins ; Fadl el-Moullah, cependant, stipula qu'Emin donnerait sa parole de ne pas s'évader, de ne faire aucune tentative pour reprendre sa position de Gouverneur, ou s'occuper des affaires de la province : à ces conditions seulement, on lui donnerait congé.

« Après la façon dont mon peuple m'a traité, répondit le Pacha, je ne tiens nullement à le gouverner ! »

Ce revirement, nous le devions, pour une bonne part, à l'influence des agas Soliman et Sélim, mais surtout aux Donaglas. S'ils n'eussent soudain paru sur la scène, avec la terreur pour escorte, Dieu sait ce qu'il fût advenu de nous ! La vie même nous eût-elle été conservée ?

Certes, si les rebelles avaient pu produire contre Emin un seul exemple d'injustice ou même une seule irrégularité, il eût perdu la vie pendant les premières semaines de la rébellion. Les nombreuses accusations portées contre lui firent d'autant mieux éclater sa droiture. Les scribes, pourtant, n'avaient pas renoncé à brasser le désordre. Se rendant en corps près de Fadl el-Moullah, ils le supplièrent de s'opposer au départ du Moudir ; mais, par bonheur, Soliman Aga était présent, qui, saisissant un gourdin et appelant les soldats, pourchassa les plumitifs.

Donc, au matin du 17 novembre, la plupart des officiers escortèrent en cérémonie Emin Pacha jusqu'au vapeur. Depuis trois mois, jour pour jour, il n'avait pas franchi les hautes murailles de son enclos. Les adieux qu'on lui fit furent un triomphe. Les soldats, en bon ordre, le suivirent jusqu'à l'embarcadère, où la fanfare joua l'hymne khédival. Puis ils se rangèrent des deux côtés, saluant le Pacha qui passait au milieu. Les canons rendirent les honneurs, et la troupe entière, sauf une poignée d'officiers et de scribes, lui souhaita les bénédictions d'Allah. Tous semblaient respirer plus à l'aise depuis que le Moudir était rendu à la liberté. Après le baise-main, on le conduisit au vapeur. Sa bannière de gouverneur — le croissant et trois étoiles — ondulait à l'avant. Deux autres furent hissées à l'arrière, tout comme si la rébellion n'y eût passé. A sept heures et demie nous levâmes l'ancre au milieu des bruyantes acclamations. Emin, transporté de joie, ne se lassait pas de contempler les arbres, les eaux, les montagnes; la certitude d'avoir recouvré la liberté l'agitait étrangement ; nous causions sur les chances qu'avaient les Donaglas de prendre Doufilé. Par un retour inattendu, la fortune nous ouvrait la geôle. Peu à peu s'effaçait dans le lointain la station où nous avions vécu une vie si extraordinaire. Puis un coude du fleuve la cacha entièrement ; grâce à Dieu, nous ne la revîmes jamais !

Le vapeur ne gagna Ouadelaï que le lendemain dans l'après-midi, il mit une quinzaine d'heures à franchir la distance. Il dut stopper à Bora, petite place tenue par un commandant et 25 soldats. Emin l'avait fondée afin qu'il y eût du combustible toujours prêt pour les bateaux naviguant entre Ouadelaï et Doufilé.

Je reviens à mon journal:

« Une troisième fois on s'arrête pour faire du bois; à deux heures et demie seulement, Ouadelaï signale le vapeur. A la vue du pavillon qui flotte à l'avant, tous accourent, et quand, à trois heures, nous rangeons le débarcadère, la garnison entière est assemblée; les soldats, habillés de blanc et rangés en file, acclament le Gouverneur. Le navire à peine amarré, officiers, scribes, employés civils et artisans s'élancent à bord pour féliciter le Pacha, et l'escortent jusqu'à sa maison avec des cris de joie. Sur le seuil, pour nous assurer bonne chance, on avait sacrifié un mouton, dont il nous fallut franchir le sang; on en aspergea les linteaux des portes. Comme nous entrions, Hadji Fatmé, la vieille négresse qui prenait soin du logis, accourut, les larmes coulant sur ses joues; ayant baisé les mains du Pacha, elle revint en dansant, claquant des doigts comme des castagnettes, puis les élevant au-dessus de sa tête et criant : « Allah soit loué ! » Les soldats évoluèrent devant la maison du Moudir ; il leur adressa quelques mots. On offrit le café aux officiers, écrivains et employés civils, puis ils prirent congé après avoir causé quelques minutes et l'avoir complimenté sur son heureux retour. Dans son logis particulier étaient réunies une quinzaine de femmes qui lui baisèrent les mains en pleurant d'allégresse.

« Tous semblent enchantés de le posséder de nouveau ; tous ont l'air parfaitement heureux. Ceux qui lui sont restés attachés en dépit des menaces d'emprisonnement et de mort promènent leur physionomie souriante : ils croient les mauvais jours passés. Je ne pense pas que les véritables ennemis d'Emin aient jamais été en majorité; mais ils agirent si vite que les autres, complètement surpris, se laissèrent berner par les mensonges mis en circulation. Comme font d'ailleurs tous les nègres qui se voient en face de l'énergie et de la détermination, ils acceptèrent le fait accompli et laissèrent les rebelles aller de l'avant. Puis, la nouvelle s'étant répandue que les Donaglas avançaient, ils s'effrayèrent d'apprendre que Khartoum avait

Joie de Hadji Fatmé.

réellement succombé et que l'on ne pouvait plus s'enfuir par le Nil. Il leur fallut reconnaître le bien fondé des mesures que, depuis trois ans, le Pacha commandait ou suppliait de prendre; ils comprenaient enfin que leurs officiers les avaient trompés, et quelle avait été leur folie de jeter le Moudir par-dessus bord, quand se préparaient semblables désastres!

« Ce fut bien pis quand ils apprirent la chute de Redjaf, le massacre des officiers et des scribes, la capture des femmes et des enfants. Ils constataient avec dégoût l'incapacité notoire des usurpateurs à conduire les affaires au milieu d'une semblable crise. L'insubordination et le mécontentement ne firent que croître et embellir, puis les nouvelles de la récente défaite balayèrent le pouvoir des rebelles, et, d'un commun accord, tous se déclarèrent véhémentement pour le Moudir.

« Libre maintenant, Emin se refuse à exercer toute autorité, bien plus, il a donné sa promesse de ne pas le faire; je veux espérer qu'on ne finira point par l'y contraindre; mieux vaudrait qu'il ne reprît jamais le pouvoir. On ne lui a point obéi avant sa déposition; aujourd'hui on lui obéira moins encore. Pourquoi assumer les charges d'une situation créée par la révolte? Le désordre et le pillage règnent parmi les soldats. — Comment rétablir la discipline? — De la façon dont les choses ont tourné, le Pacha n'est en rien responsable de ce qui peut arriver dans le pays, et si Stanley apparaissait demain matin, Emin, sans encourir le moindre blâme, serait libre de le suivre comme homme privé, abandonnant ceux qui l'ont jeté à la mer et emmenant seulement ceux qui, jusqu'au bout, lui sont restés fidèles. Ses gens, en le déposant, l'ont délié de tout devoir envers eux.

« Ces hommes, il est vrai, semblent enchantés de son retour; la prochaine arrivée des Donaglas leur a rendu la raison. Ils mettent en lui leur unique espoir. Les trois quarts de cette satisfaction sont pour eux-mêmes : Emin leur épargnera la peine de penser!

« On n'a pu prouver une seule accusation ni relevé aucun dommage causé volontairement par le Pacha pendant treize années. Et pourtant ce peuple qui le reconnaissait comme un maître juste et bon a cru tous ces mensonges et lui a tourné le dos.

« Ils l'ont laissé emprisonner, et se seraient contentés de regarder d'un peu loin, si les autres eussent jugé à propos de l'égorger. Seule l'approche des Donaglas les a instruits. Après tout, la rébellion a eu ceci de bon : Emin n'a plus à rien voir aux affaires de ces insensés et gens de col raide.

« Il ne lui reste qu'à évacuer le pays avec ses quelques fidèles, sans se casser la tête pour les autres. S'ils veulent le suivre, à leur aise! qu'ils le fassent à leurs risques et périls! Je le répète, il n'est plus responsable de ces hommes.

« Sa joie est grande de se sentir libre après ses trois mois de prison dans le tapage de Doufilé. Tout est si calme, ici! On étouffait dans le bas-fond de Doufilé. Ouadelaï est bâtie sur la colline : de ma hutte, par la porte ouverte, je vois le fleuve serpenter ; la prairie, ondulée et parsemée d'arbres, s'étend depuis le Nil jusqu'aux lointaines montagnes du Chouli.

« Quand on a longtemps vécu au fond d'un entonnoir, quelle influence a sur l'esprit et sur la pensée le fait de se trouver sur une cime ! J'aime la solitude sur la crête d'une montagne ; il me semble avoir laissé toutes les petitesses de ma nature dans le vide qui, par une brise fraîche et pure, se confond avec un horizon sans borne, étend et élève nos idées ; nous nous y sentons plus libres et meilleurs. Les Juifs n'avaient point tort de bâtir leurs autels sur les hauts lieux ! Les longues et misérables journées passées dans les ténèbres de la forêt, sans autre vue que celle des arbres, sont encore présentes à ma mémoire et augmentent le plaisir que j'ai toujours trouvé à grimper sur une colline et à regarder le pays. »

Pendant nombre de jours on affluait pour féliciter le Pacha de sa délivrance. Officiers, interprètes, chefs d'indigènes, l'assuraient de leur fidélité, lui disaient leur bonheur de le revoir. Le vieux chef Ouadelaï, aussi gras et aussi réjoui que jamais, lui porta une superbe défense d'ivoire et s'en retourna tout heureux, avec un verre à boire de couleur verte.

Emin avait fort à faire : les malades abondaient, une pneumonie épidémique ravageait la station. Codi Aga, subitement atteint, demanda le docteur. Je l'accompagnai et fus touché de voir comment le patient lui baisa plusieurs fois la main, lui exprimant toute sa joie de le retrouver.

Ce sentiment était véritablement sincère, et Codi Aga parlait du fond du cœur ; mais, avec ces gens, le sentiment ne mène jamais à rien, jamais à se mettre en avant quand il le faudrait. Les protestations de dévouement et d'amitié se multipliaient. Les visiteurs décrivaient le chagrin que leur avaient fait ces événements de Doufilé. « Mais quoi ! si nous avions osé parler, nos maisons auraient été pillées et nous-mêmes emprisonnés ! » Assertions sans valeur pour moi, car elles arrivaient quand tout était fini ; si au début ils eussent agi au lieu de discourir, la rébellion eût été écrasée dans l'œuf.

Le *Khédive* repartit le lendemain pour transporter de nouveaux fugitifs vers les stations du midi. Avec quelle anxiété n'attendions-nous pas les nouvelles que devait nous apporter le navire ! Les Donaglas, sans doute, ne s'endormiraient point sur la prise de Redjaf.

De cinq ou six jours on n'entendit plus parler de rien : tout marchait paisiblement à Ouadelaï; Emin s'affairait à ses malades, ineffablement heureux de sa liberté et des services qu'il était encore à même de rendre. Rien ne lui coûtait qui intéressât le bien-être de ses anciens subordonnés. Déjà il avait tout pardonné, tout oublié et, du plus profond de son âme, croyait au renouveau. Quant à moi, j'étais sceptique; je n'aimais point ces gens-là. Je ne veux pas dire qu'ils ne fussent point heureux de revoir leur Moudir; mais, si les mauvais jours revenaient, quel fond pouvait-on faire sur leur fidélité?

Quoi qu'il en soit, ces quelques semaines donnèrent à Emin une joie parfaite. Mais, sur nombre de points, notre position n'était pas meilleure qu'avant. Sans doute, nous étions libres; s'il le fallait, nous pouvions même partir. Mais entre Redjaf et Doufilé il n'existait plus un semblant de barrière pour arrêter le torrent des Donaglas, et, Doufilé tombé, le pays entier était perdu. Personne, d'ailleurs, ne paraissait prévoir cet avenir; tous s'étudiaient à ne point y penser; il suffisait de vivre au jour le jour, et de voir la station paisible après de si longs troubles et tant de licence!

De mon journal :

« Il est fort surprenant qu'aucun des vapeurs n'ait paru; cette longue absence commence à nous inquiéter. Tout est possible! Soliman Aga promettait de revenir bientôt avec le *Khédive* pour emmener à Toungourou le Pacha, Casati et moi. Il est en retard et de beaucoup. Tandis que nous nous endormons dans une sécurité menteuse, un beau matin nous pouvons nous réveiller les Donaglas à nos portes, montés sur les vapeurs. »

Emin avait donné sa parole que nous ne quitterions pas Ouadelaï avant l'arrivée de Soliman Aga. Il ne nous restait qu'à attendre avec une patience mélangée d'anxiété.

J'allai à la chasse des sarcelles et canards qui fourmillent dans les marécages environnants; mais, les tiques infestant les herbes, il me fallut abandonner la partie. Un soir, à mon retour des paluds, mon jeune domestique extirpa de mes jambes et de mes pieds cinquante-huit de ces parasites. Excessivement ténues, elles enfouissent leur tête dans les chairs; impossible de les en retirer avec les doigts; il faut employer des brucelles. Elles vivent dans l'herbe, très haute et très sèche à cette saison, et jusqu'à ce qu'on y mette le feu, il est extrêmement difficile de traverser les prairies. Les morsures de ces méchantes bestioles amènent de l'inflammation, surtout quand les pinces ont laissé les mandibules dans la petite blessure; il en peut résulter une fièvre qui dure plusieurs jours.

Emin s'occupait beaucoup de ses caisses, emballant avec soin sa collection d'oiseaux, jetant l'inutile, préparant tout pour le départ dès qu'arriverait Stanley. Dire la quantité de riens qui s'était accumulée pendant tant d'années!

En arrangeant ses lettres, il m'en fit lire une du Dr Junker, qui, après son long séjour en Afrique, concluait que les indigènes ne peuvent s'élever bien haut. Sans doute l'Européen doit améliorer leur condition; mais à les traiter avec douceur il ne gagnera pas grand'chose : « Il les faut gouverner par la crainte ». Cela est nettement exprimé, mais je ne le crois pas vrai, ou tout à fait.

A ce moment, l'opinion des Allemands était défavorable au nègre, d'une façon aussi exagérée que celle des Anglais, qui vantaient au contraire son intelligence et lui attribuaient des vertus imaginaires. La vérité doit être entre les deux assertions. Je ne crois pas que jamais les Africains deviennent un grand peuple, capable de se gouverner, du moins dans le sens que nous donnons à ce mot. Mais pourquoi, je le demande, européaniser les noirs? Leur caractère a des éléments tout particuliers et souvent plus beaux, à leur façon, que les nôtres; il vaut mieux les développer, tout en laissant le nègre rester nègre, avec son individualité propre, mais éduquée et éclairée. Instruisez-le, rendez-le meilleur, mais n'essayez pas d'en faire un Occidental. La tentative n'a jamais réussi.

Ainsi, par exemple, la plupart des garçons élevés dans les stations missionnaires sont de serviles fainéants, loquaces sur Jésus-Christ, mais boudant à l'ouvrage. Oserai-je, en toute humilité, dire ou seulement insinuer mon opinion? Les missionnaires ne devraient point faire copier les manières et les coutumes des blancs, ni même prendre leurs habits. Je ne sache rien de plus tristement ridicule qu'un noir affublé de la défroque civilisée et singeant les phrases et les façons d'outre-océan! Combien il a meilleure mine dans son costume indigène, d'étoffe exotique peut-être, mais taillée en vêtements larges, bien autrement convenables au climat que nos pelures étriquées! J'ai causé une fois avec un Songais, un brave garçon assez bien élevé, et digne, je le crois, de toute confiance. Mais dans sa redingote comme il avait l'air emprunté, comme il semblait peu chez lui! Je lui parlais chemins de fer; comme moi, il pensait que ce serait merveille lorsque la zone aride et fiévreuse qui enceint l'Afrique centrale serait traversée par des voies rapides, conduisant vers les régions saines et fertiles de l'intérieur. « Oui, ajouta-t-il, et j'espère que le Seigneur Jésus-Christ nous arrivera par le train. » Il ne voulait dire rien d'irrespectueux; c'était sa manière de parler le patois de Canaan. Il s'était façonné à nos manières jusqu'à un certain point, mais pas jusqu'à sentir que tels mots et telles choses ne vont pas avec tels autres mots et telles autres choses.

Le commerce, une des meilleures et des plus fortes influences civilisatrices, à mon sens, développera les ressources du Continent Noir. Dès que les naturels auront un marché pour leurs produits, ils cultiveront leur contrée et l'ouvriront aux acheteurs. Tout ce que fait à présent l'indigène est de produire assez de grain pour nourrir sa famille; le reste du temps, il paresse ou se querelle avec le prochain. Quand il aura plus de biens au soleil, plus d'intérêts matériels à sauvegarder, il y pensera à deux fois avant de guerroyer pour la plus futile des discussions.

Je voudrais aussi voir introduire des marchandises de meilleure qualité que ces cotonnades à bas prix, véritables guenilles, que l'on envoie là-bas. Je n'oublierai pas ma honte quand, pour la première fois, je vis les misérables étoffes, molles et sans consistance, que notre Expédition emportait pour les distribuer aux naturels. La faute n'en était point à nous, car il avait bien fallu se munir de ce qui s'accepte comme monnaie courante. Mais ces friperies ne faisaient pas grand honneur aux fabricants de Manchester!

Même privées de tout contact avec les blancs, quelques peuplades et certaines tribus se sont beaucoup élevées au-dessus du niveau commun. Celles de l'Ouganda sont bien plus près de la civilisation que celles de l'Ounyoro, et, à leur tour, celles de l'Ounyoro sont bien supérieures aux peuplades environnantes. Les naturels des plaines qui entourent Kavalli sont certes moins sauvages que ceux du fort Bodo dans l'Ibouiri. De tous les indigènes à nous connus, les broussards du haut Arouhouimi

— ceux, par exemple, du village d'Avissiba — nous paraissent, d'après les cadavres restés entre nos mains, la race de toutes la plus rabougrie et dégénérée.

Une des principales choses que le voyageur remarque dans l'Ouganda, disait Emin, est la propreté des gens et des demeures, les routes excellentes, les cultures perfectionnées. Les ustensiles de ménage, jarres et paniers, sont admirablement travaillés; d'une écorce ils préparent des quantités considérables de très belle étoffe. Autour de Kavalli on construit des huttes solides; les gens s'habillent de peaux remarquablement tannées; les femmes sont modestes et ont de bonnes manières; puis ils semblent descendre jusqu'au dernier échelon social, celui d'Avissiba.

Quoi qu'il en soit, si les nègres se constituent jamais en grande nation, quelle superbe contrée ils auront à développer!

Jadis Emin pensait à importer des travailleurs chinois; il avait eu, à ce sujet, une correspondance fort intéressante avec Gordon. Mais le Gouverneur général, tout en convenant que cette idée pouvait avoir du bon, objecta que les fils de Han sont la race la plus immorale qu'il existe, et refusa de favoriser ce plan.

J'avais quelque temps caressé le projet d'emmener avec nous le « peuple d'Emin » et de l'établir près du lac Victoria. Plusieurs d'entre eux le désiraient. Le Pacha en avait même écrit à Nubar. Ce plan me paraissait le meilleur pour eux, comme pour l'Égypte, car si tous les sujets et employés du Khédive nous eussent suivis au Caire, les arrérages de leur paye, suspendue depuis tant d'années, seraient montés, pour le moins, à 8 750 000 francs; et pareille somme, l'aurait-on trouvée dans les caisses de l'État?

Mais la rébellion avait mis fin à ces espérances, et, connaissant les officiers d'Emin comme je les connais aujourd'hui — une bande de brigands, — je ne contribuerai jamais à les lâcher dans un pays neuf, au milieu d'indigènes sans défense. Avec leur mince frottis de civilisation qui recouvre les vices et la paresse des Turcs, partout où ils sont allés, ils n'ont laissé que ruines. La plus splendide région, ils la transformeraient bientôt en enfer. Quel dommage que Baker, Gordon et Emin n'aient pas disposé de matériaux meilleurs! Quels superbes résultats eussent donnés leurs travaux, s'ils avaient pu se débarrasser de l'élément turc ou égyptien ! L'œuvre que ces trois hommes avaient entreprise, à si grand labeur et douloureuse perte de vies humaines, a complètement échoué, vu l'indigne personnel qu'ils durent employer, et la corruption du gouvernement cairiote. C'était vouloir « tresser une corde avec du sable ». Toute cette machinerie administrative était pourrie, elle n'avait que la vénalité pour moteur. Gordon, Emin et sans doute aussi Baker se sont lamentés plus d'une fois sur les outils qu'on leur mettait entre les mains : « Avec le poil des oreilles d'un porc on ne fait pas les bourses de soie », dit notre vieil adage. De plus, l'arrivée des Donaglas allait fermer l'accès des plus riches contrées de la région : le pays des Makrakas, des Monbouttous, des Latoukas, et j'ajoute celui des Niam-Niams. Sans nul doute, l'inondation mahdiste recouvrira ces territoires, les dépeuplera par la chasse aux esclaves, les drainera de son ivoire et les appauvrira par l'insuffisance des cultures. La vague pourra s'étendre vers le sud, jusqu'à ce qu'elle se heurte à celle des Arabes zanzibaris qui, avec les Manyémas, leurs séides, s'avancent peu à peu vers le nord.

Le vapeur n'arrivait toujours pas, et, sur les rumeurs venues de Toungourou et de Msoué, Codi écrivit à Souliman Aga, alors à Doufilé, par l'intermédiaire de truchements indigènes, le pressant de reprendre son poste de Toungourou.

D'après ces bruits, les irréguliers conspiraient pour rejoindre à Redjaf les Donaglas, leurs compatriotes, après avoir incendié Toungourou et Msoué, où ils étaient en majorité. Pour comble de malechance, un scribe nommé Taïbé Effendi, lui-même natif de Dongola, un de ceux qui s'étaient le plus acharnés contre Emin et passait pour favoriser les Mahdistes, se trouvait à Toungourou. Afin de l'éloigner des Mahdistes, Sélim Aga l'avait renvoyé de Doufilé après la perte de Redjaf. Cet intrigant fieffé pouvait provoquer d'incalculables désastres. Au début de la rébellion, les irréguliers avaient été tenus en respect par l'attitude hostile de la milice, mais les fréquentes défaites de celle-ci et l'approche des Donaglas leur rendaient peu à peu l'ancienne arrogance. Il fallut expédier une escouade pour ramener Taïbé Effendi à Ouadelaï. Les complications se multipliaient ; des troubles surgissaient de toutes parts, procédant presque toujours de la trahison ou de l'indiscipline.

Nous ne savions toujours rien. Faudrait-il, sans attendre plus longtemps après Souliman Aga, prendre la route de terre pour aller à Toungourou? Il n'était guère probable que les Donaglas ne songeassent point à profiter de leur victoire. Mais comment démarrer Emin?

« 1ᵉʳ *décembre*. — Les indigènes ont rapporté ce matin qu'une grande troupe de Donaglas, arrivant du Bahr el-Ghazal, ont mis en déroute les gens du Makraka. Ceux-ci ont fui vers le mont dit djebel Ouati, sur la route qui conduit d'ici à leur contrée. Les Donaglas, leur courant après, les ont encore battus et se sont établis sur la montagne, à deux journées et demie de la station. La lettre d'Omar Saleh nous a appris qu'Osman Adem commande les forces du Mahdi dans le Bahr el-Ghazal, et avec lui Kérem Allah, le général qu'Emin vainquit à Amadi il y a quatre ans : il brûle sans doute de se venger du mauvais tour que lui a joué le Moudir et de l'humiliation qui s'en est suivie. A supposer la nouvelle vraie, la situation est fort grave, car tout ceci aurait été combiné avec Redjaf. La rumeur nous semble d'autant plus vraisemblable que j'étais surpris de voir les Donaglas profiter si peu de leurs deux victoires. Il semble maintenant qu'ils attendaient ceux du Bahr el-Ghazal. Il est possible encore qu'ils aient attaqué Doufilé et capturé les vapeurs, que l'on poussera sur nous. Alors ils descendraient du djebel Ouati pour nous assaillir.

« Impossible de leur résister avec des soldats si lâches et si peu consistants. Ouadelaï ne saurait être appelée une place forte; à vrai dire, un fossé l'entoure, mais la nature du sol, roc et gravier, a empêché de le creuser assez profondément. En outre, la station est trop étendue pour qu'on puisse la tenir. Ouadelaï perdue, Toungourou succombe, Msoué les suit de près, et tout le pays tombe entre les mains des Donaglas. Que de temps ces misérables ont gaspillé! S'ils eussent exécuté avec énergie le plan proposé par Emin, Ouadelaï et Doufilé seraient évacuées et nous serions massés à Toungourou et à Msoué, autrement faciles à défendre.

« Rien de plus affolant que de voir comment ces gens travaillent, ou plutôt ne travaillent pas. Ils s'arrêtent où ils devraient courir; ils courent comme des lièvres quand ils devraient s'arrêter et faire face à l'ennemi. Ce peuple est véritablement *ouatou mbovou,* un « peuple pourri », comme les appelle Binza, mon Niam-Niam.

J'ai parlé très sérieusement à Emin de nous retirer par la route de terre; Casati partage cette opinion. Certes je serais, je l'espère, un des derniers à opiner pour la retraite, s'il y avait quelque avantage à rester. Mais puisque l'on reconnaît impossible de défendre la place, à quoi bon s'y enfermer pour se faire sottement prendre au gîte? On a envoyé des éclaireurs pour savoir ce qui retourne du djebel Ouati; si les Donaglas l'occupent, mon avis est de filer sur Imandi, à l'entrée même de la grande forêt, sur l'autre rive de l'Itouri. Une large bande de terrain et cette rivière nous sépareraient des Mahdistes, et nous ne serions plus qu'à six journées du fort Bodo. Nous y attendrions Stanley, pour, dès son arrivée, piquer droit sur le sud-est et éviter la province. Il suffirait de cinquante carabines!

« Un des Égyptiens est venu dire à Emin combien est grande l'épouvante de tous aux bruits de la présence des Donaglas au djebel Ouati et le retard des vapeurs. « Mais c'est vous qui répondez de nous; vous ne pouvez nous abandonner, le gouvernement d'Égypte nous a envoyés pour servir sous vos ordres; il faudra bien que vous nous tiriez d'affaire!

— Vraiment! reprit le Pacha. Vous me paraissez oublier que j'ai entre les mains un document qui porte tout au long que vos officiers m'ont déposé, qu'ils m'ont interdit de me mêler des affaires publiques et de me conduire en gouverneur! Ce document rédigé à Doufilé, vous l'avez tous signé!

— Oh! dit l'Egyptien : tout ça, des bêtises!

— Bêtises ou non, vous m'avez gardé en prison pendant trois mois; si j'eusse été libre et en mesure d'agir, vous ne seriez jamais tombés dans ce guêpier, mais je n'ai plus à me mêler de rien. »

Impossible de sonder l'effronterie de ces Égyptiens. La ruine de la contrée était leur œuvre, et, maintenant qu'ils se trouvaient à toute extrémité, il leur plaisait de rejeter le fardeau sur les épaules du Moudir. Mieux vaudrait, de beaucoup, que le Soudan les engloutît, et que nous n'eussions pas à traîner ces brigands jusqu'à Suez!

De mon journal : « L'après-midi tous les soldats se sont rangés devant le logis d'Emin. Il est sorti pour s'enquérir de ce qu'ils voulaient. Pas un officier, rien que des caporaux et des sergents. A l'apparition du Pacha, les sous-officiers ont fait quelques pas, débité un petit discours, les soldats appuyant en chœur chacune des demandes : leur bon plaisir était que le Moudir reprît ses fonctions, car un navire sans pilote est un navire perdu. Depuis sa déposition, tout allait de travers; on ne faisait plus rien, il n'y avait plus aucune discipline. Ces Donfilais n'avaient fait à Ouadelaï que méchante besogne : s'ils osaient revenir, on verrait l'accueil qu'ils recevraient! On connaissait trop bien leurs sottises et leur incapacité. Au Pacha, leur gouverneur et leur père, de les arracher du bourbier!

Emin répondit par une longue harangue. Impossible de reprendre la direction; il en avait donné sa parole, et ce n'est pas lui qui y manquerait. Pourtant, ils le savaient sans doute, il allait tous les jours s'informer des événements chez Codi Aga et lui donner des conseils. S'il avait voulu les abandonner quand partit le Dʳ Junker, rien n'aurait été plus facile, mais il n'en avait jamais eu le désir. « Maintenant, si un de ces soirs je vous dis qu'il faut déguerpir, n'allez pas me contrecarrer, mais soyez prêts à vous acheminer dès l'aube! » Naturellement tous les soldats déclarèrent avec véhémence que rien ne les arrêterait quand il ferait signe; naturellement aussi, je savais que toutes ces promesses n'étaient que vent; qu'ils lanterneraient semaine après semaine, jusqu'à ce que tout fût perdu. Puis ils se retirèrent, heureux d'avoir déposé tous leurs soucis entre les mains du Pacha, maintenant responsable de la sécurité; ils n'auraient désormais qu'à manger et à dormir!

Emin ne leur a pas confié ses véritables intentions, qui sont de partir aussitôt que possible avec ceux qui lui restèrent fidèles. Les autres suivront ou ne suivront pas, à leur guise; il leur sera tout aussi facile de sortir qu'à nous, s'ils le veulent. Mais il ne tient pas à être responsable. S'ils traînent sur la route, tant pis : l'ennemi les ramassera. L'attitude du Pacha n'a pas eu la franchise nécessaire. Il a dit, par malheur, donner des conseils à Codi, se faisant ainsi responsable du personnage, et se rendant encore plus malaisé de dominer la situation. Il a éveillé des espérances qu'il n'a pas l'intention de réaliser. Pourquoi ne pas déclarer carrément que la présente situation résulte de la mutinerie et de sa captivité — deux iniquités dans lesquelles les soldats ont trouvé bon de participer, — et qu'aujourd'hui il s'en lave les mains? Qu'il ait promis de faire tout ce qu'il pourrait, j'y consens. Mais qu'il se laisse dire responsable !

« Cette démarche me paraît une manœuvre des officiers, qui veulent le prendre au piège et l'employer à les tirer du bourbier où ils nous ont empêtrés.

Casati mène deuil sur ce discours comme moi. Emin, dit le capitaine, fut un excellent gouverneur, mais il ne vaut rien pour la présente crise. « Il n'a pas de courage. Il ne leur
« parle pas simplement et fermement, ne veut pas leur signi-
« fier que puisqu'on lui a enlevé le pouvoir, on ne peut plus
« rien lui demander! Mais depuis la rébellion, et même avant,
« ce fut toujours la même chose ! »

« Emin, sans doute, a été un excellent gouverneur, et le serait encore si les choses allaient toujours leur petit bonhomme de chemin : mais dans les heures difficiles il n'a pas assez de poigne. Quand les soldats se sont présentés, Casati et moi l'avons supplié de ne se commettre en rien. Il a répondu ne pas s'en soucier le moins du monde; tout au contraire, il allait s'expliquer de la bonne façon. — Vraiment oui! il s'est contenté de leur parler d'espérances qu'il ne cherchera pas même à réaliser.

Le Pacha s'est aperçu sans peine que le capitaine et moi n'approuvions point sa harangue. En s'exprimant autrement, il eût craint, s'excusait-il, d'offenser les soldats. Certes, en palabrant avec des hommes de cet acabit, les compromis sont parfois nécessaires ; mais aujourd'hui on n'en est plus aux compromis, mais au sauve-qui-peut. Si Stanley était ici, comme il leur ferait bientôt arborer le véritable pavillon ! Le Pacha abonde dans mon sens quand je lui représente qu'il n'a plus d'obligations envers la troupe, mais ajoute ne pouvoir blâmer la conduite dans la rébellion. Il convient qu'elle est la seule force réelle restée debout ; si, dès l'origine, elle l'eût appuyé, la révolte n'eût pu éclater. Pourtant il ne lui reproche pas d'avoir assisté immobile à son emprisonnement : « Jamais, ajoute-t-il, ils ne m'ont fait violence! » Mais quoi! à Douflié n'a-t-il pas vu ses plantons acquiescer à la révolte et même y participer? Je ne puis comprendre ces raisonnements. C'est le cas de répéter la parole de l'Écriture : « Celui qui n'est pas avec moi est contre moi, et celui qui n'assemble pas, il disperse! » Dans une insurrection il ne saurait y avoir de demi-mesures ; il faut aller d'un côté ou de l'autre : impossible de rester neutre! Emin rendrait à ses anciens sujets un bien meilleur service s'il parlait droit et ferme, s'il faisait comprendre qu'ils doivent se tirer de la fondrière, et non pas s'y vautrer jusqu'à ce que tout soit perdu! »

Le soir, nous reprîmes notre causerie à trois, qui répéta celle de l'après-midi. Officiers et soldats voulaient maintenant pousser le Moudir au premier plan, non certes pour le plaisir de le remettre à leur tête, mais en reprenant les affaires il écarterait peut-être la catastrophe et, en tout cas, leur ôterait la fatigue de penser et d'agir.

Emin nous assura que s'il n'avait pas dit aux soldats tout ce qu'il pensait, c'était pour ne point se les aliéner davantage. Qui sait? il pourrait en avoir besoin!

« Oui! répliquai-je; ils vous ont fait de belles promesses, mais vous êtes payé pour savoir ce qu'elles valent!

— Monsieur Jephson, je les connais depuis treize ans, et vous depuis sept mois; permettez-moi de dire que je suis à même de les juger mieux que vous!

— Eh bien, Pacha, fis-je en haussant les épaules, nous verrons! »

Inutile d'insister, ils avaient beau faire des sottises, dès qu'ils venaient en exprimer le regret, l'assurer de leur dévouement et lui promettre une obéissance stricte, il leur ouvrait les bras. Certes, à cet homme intelligent l'expérience ne profitait guère!

Le lendemain, Emin dit à Codi qu'il ne désirait pas voir ces démonstrations se renouveler. Pour le moment, et sur l'avis du Pacha, on dirigeait sur Toungourou, et par la voie de terre, des réfugiés par petites bandes; ceux des stations septentrionales étaient peu à peu écoulés plus au sud. Mais Codi se plaignait qu'on n'eût pas grand entrain pour se rendre à Toungourou; même plusieurs avaient refusé de partir, quoique les porteurs indigènes fussent prêts à épauler les bagages. « Pourquoi, demanda le Pacha, ne mettez-vous pas en prison les indisciplinés? » Sur ce, on enferma dans la geôle le scribe Ahmed Effendi Raïf, mal vu des officiers et des soldats, un maître coquin qui prétendait résister à Codi. Ce misérable bossu avait été, au Conseil de Doufilé, un des plus dangereux ennemis d'Emin. Il avait aliéné ses quatre sous pour boire, et maintenant on lui courait sus, comme après un chien galeux. Un nabot d'Égyptien, toujours sale, toujours en loques, à physionomie chafouine, aux jambes arquées, aux pieds tournés en dedans, — un vrai « Quilp » du *Magasin d'antiquités* de Dickens. Ahmed Raïf eût fourni le modèle le mieux trouvé à l'artiste ayant à peindre un type vicieux, rampant, vindicatif, crasseux et sordide. Et ce précieux individu fut par nous rendu à l'Égypte.

Osman Latif vint nous visiter dans la journée. Il prétendait qu'Emin avait toujours la responsabilité, et n'avait nul droit de s'en démettre. Mais nous tournâmes cette idée en ridicule, Casati et moi, et il en fut quelque peu déconcerté.

CHAPITRE XII

NOTRE FUITE DE OUADELAÏ

D'autres stations prises par l'ennemi. — Nouveau Conseil de guerre. — Emin imploré par les soldats de reprendre la direction. — La fuite est décidée. — Ses préparatifs. — Pénibles sacrifices. — L'*Avance* déboulonnée. — Binza, un original. — Départ. — Abandon par les soldats. — Curieux bagage emporté par les fugitifs. — Scènes de désolation. — On ne sait pas ce qu'une évacuation veut dire. — Première campée. — Un vapeur arrive. — Lettre de Sélim Aga Matara. — L'assaut de Doufilé. — Emin se décide à continuer. — Autres détails sur le siège de Doufilé. — Lâcheté de la soldatesque. — Nous l'avons échappé belle. — Comment les soldats se conduisirent dans la précédente guerre contre le Mahdi. — L'origine et l'explication des rumeurs qui avaient motivé notre départ. — Arrivée chez Okello. — A Toungourou.

Le 4 décembre, vers midi, on vit courir sur l'autre rive une petite troupe de soldats, avec femmes et enfants. Elle agitait comme avec passion un drapeau blanc. Un bateau fut à l'instant envoyé. C'était Hamad Aga, le chef de la garnison de Bora, petite station entre Doufilé et Ouadelaï, qui apportait la nouvelle, communiquée par des Lurs, que Mouggui, Laboré, Chor Ayou, Doufilé, ainsi que Fabbo, étaient tombés sous les coups des Donaglas. Les messagers que nous avions envoyés à Doufilé avec des lettres avaient été assassinés en route par les Choulis, qui s'étaient levés en masse contre les Turcs. Un chef affectionné à Emin avait averti Hamad Aga qu'il eût à se sauver et à nous prévenir.

Codi Aga mena son monde chez Emin, où fut tenu un long Conseil de guerre. Tous les officiers dirent leur mot, et l'on tomba d'accord qu'il fallait évacuer sur-le-champ. Les sous-officiers se rallièrent à la décision. Les soldats, rangés par compagnie et harangués par leurs chefs, préféraient pour la plupart attendre la confirmation des nouvelles.

« Si Doufilé était vraiment tombé, nous le saurions déjà par des fugitifs.

— Mais ces fugitifs ont dû être interceptés par les natifs en insurrection ! »

Comme on ne savait à quoi se résoudre, le Pacha rappela à la troupe les promesses qu'elle lui avait faites deux jours auparavant. Après de longues hésitations, on décida qu'il fallait abandonner la station dès le matin suivant, partir pour Toungourou, aller à Msoué, de là, prendre par la montagne. En route pour le fort Bodo !

Officiers et soldats, tous d'implorer maintenant le Pacha de reprendre les fonctions de Gouverneur et de diriger la retraite. Lui ne s'en souciait guère, toutefois il céda à leurs instances, à condition d'être strictement obéi : ce qu'on lui promit. Advint la plus triste confusion. Chacun voyait à ce qu'il pourrait emporter. On n'avait guère plus de porteurs. Les natifs, sachant que nous battions en retraite, n'acceptaient plus aucun ordre. Il nous fallait nettoyer. J'avais ramassé un joli petit lot d'objets que je me réjouissais de distribuer aux camarades quand reviendrait Stanley; j'avais mis tous mes soins à colliger les curiosités ethnographiques de la province : bizarres épingles à cheveux, arcs, flèches, zagaies, boucliers, colliers, bracelets, tabliers, ceintures baries, faites en petits disques de coquillages blancs et roses ; et de grands couteaux fer et cuivre, de fabrication monbouttoue ou niam-niame, des lancettes, de légères chaises en bambou, de grosses et curieuses clochettes en fer. Tout cela devait être jeté, et même la majeure partie des bottes et autres effets que je ne m'étais pas procurés sans peine.

Le Pacha avait à se défaire de ses instruments : sextants, thermomètres à ébullition, anéroïdes, appareils pour mensurations anthropologiques : quel déchirement ! Ses livres, ses habits et papiers, la rassade, les bracelets de laiton, et autres commodités qu'il avait rassemblées avec tant de soins et de prudence et mises de côté pour notre Expédition,... à l'eau tout cela ! Au rancart quatre caisses d'oiseaux empaillés pour le British Museum. Et tant pis pour les échantillons d'espèces nouvelles !

Pour la petite Féridé j'improvisai un hamac avec deux couvertures de laine attachées à un bambou. Dans le Hatalastiva, les femmes sont convoyées en *angarep*, mais cette installation ne comportait pas de mouvements rapides et eût exigé les services de quatre hommes. Le hamac, léger et pratique, servit à la fillette jusqu'à la côte.

Chacun s'affairait à empaqueter. Bien que le départ n'eût été décidé que sur les trois heures de l'après-midi, on se prépara pour le point du jour. Si nous pouvions gagner la montagne au-dessus de Msoué, nous serions en sûreté jusqu'à nouvel ordre. Mais si les Donaglas, poursuivant leur victoire, montaient les bateaux, nous étions perdus, car un jour de vapeur équivalait à quatre journées de marche. Au Conseil de guerre j'avais été requis de détruire l'*Avance*, qui n'avait ni rames ni rameurs, et il ne fallait pas qu'elle tombât aux mains des Donaglas. Force m'était d'abandonner l'embarcation que m'avait remise Stanley. Ce fut le cœur gros que je la déboulonnai et jetai les boulons dans la rivière. Comme il nous avait été utile, ce canot! Il était encore presque aussi bon que neuf. Il m'avait toujours été confié et à mes Zanzibaris; j'avais à le démonter et le rajuster; ce qu'ayant fait maintes fois, je connaissais tous les écrous et boulons. Que de pénibles kilomètres il avait épargnés à nos malades! Il nous avait tous portés quand nous eûmes, les uns après les autres, les fièvres de l'Arouhouimi. Il marchait en avant de la flottille. Stanley le montait quand il avait à repousser les attaques des naturels. Combien de chèvres et de moutons il nous avait valus! Et la voilà, cette pauvre vieille *Avance*, gisant sur l'arène en trois tronçons! Même les ordonnances soudanaises qui me donnaient un coup de main ne purent la voir éventrée sans témoigner leur tristesse : « Ah! disaient-ils, quelle amie pour nous tous! » Quant à Binza, il semblait renouveler la scène des Juifs pleurant au fleuve de Babylone. Il louait la forme et la marche de l'esquif, vantait ses prouesses. Il s'appesantit sur la douleur que j'éprouvais à détruire ce bateau si longtemps confié à mes soins, et que, disait-il, je savais si bien conduire. Il dit le chagrin qu'auraient les Zanzibaris à ne plus le revoir, et finit par une moralité bien tournée dans le genre du *Sic transit gloria mundi!*

Binza, un original, me faisait souvent rire par ses remarques sur les hommes et les choses. Cet ex-cannibale se donnait de grands airs, et regardait de haut les arriérés qui n'avaient pas sa culture et ses belles manières. Aimable garçon d'ailleurs, prompt et de bonne volonté. Un menteur, sans doute, comme la plupart des nègres. Mais tout le temps qu'il fonctionna à mon service, je gage qu'il ne me déroba rien, bien que, chez Emin du moins, je laissasse traîner mon argent. Parfois le diable le prenait, et il avait ses accès de paresse et de vauriennerie; cependant il ne commit jamais d'impertinence. Je l'aimais fort. Autour du Pacha il était bien vu de tous, on lui faisait des cadeaux, il plaisait aussi aux Zanzibaris; mais à qui le gênait ou molestait, il lançait une bordée d'invectives en arabe ou en ki-souahili, s'épanchait en un flot d'injures, à faire dresser les cheveux sur la tête. Avec son nez camus, sa lippe niam-niame, il avait la face large, et le profil en pastille de groseille. Mais tout laid qu'il fût, sa figure bon enfant montrait la jovialité à large dose et ce rire facile qui humanise mieux que toute autre chose.

Dès l'aube du 5 décembre on était prêt. Nous n'avions des porteurs qu'en petit nombre, encore fallait-il prévoir les abandons sur la route. J'attachai mes papiers dans une vieille serviette que je m'attachai en écharpe. Quoi qu'il arrive, pensais-je, et quoi que je perde, je sauverai au moins cela.

La troupe fut menée au magasin et on lui fit la distribution sans réserve de toute la poudrière. Chacun des 120 soldats reçut 60 cartouches, et comme il en avait déjà près d'une cinquantaine à la ceinture, cela lui en faisait une centaine. La répartition n'eût pas été plus tôt faite, que tous les fusiliers refusèrent de bouger. Point ils ne se souciaient de suivre le Moudir, ils préféraient retourner au pays. Aucune remontrance n'y fit. Et moi de me remémorer le propos naguère tenu par Emin : « Après avoir fréquenté mes gens pendant douze années, je dois enfin les connaître! »

Mais il n'y avait pas de temps à perdre, il fallait déguerpir. Des 120 soldats, 5 seulement nous suivirent. Mes trois ordonnances avaient des remingtons, Marco et quelques employés des carabines de chasse, moi un winchester; nous étions en tout 20 fusils.

Des femmes et des enfants se pressaient devant l'habitation d'Emin, demandant qu'on les portât. On donna des ânes aux malades et à quelques-unes des plus vieilles.

Je reprends mon journal :

« A sept heures, les personnes, le bétail, les moutons, les colis s'allongeaient en zigzag sur cinq kilomètres. Tout était bruit et confusion. Des femmes traînaient après elles des enfants et des chèvres; d'autres attendaient leurs maris, dolentes, en petits groupes, avec leurs paquets devant elles, et

Destruction de l'*Avance*.

des moutards poussant des cris. Des malades imploraient notre assistance, pleuraient et se tordaient les mains, désespérés qu'on les abandonnât. Les appels, les gémissements, les bêlements et les mugissements assourdissaient. Çà et là une vaillante allait de l'avant, une charge sur la tête, un bébé au dos, et traînait un petit après elle. Quelle pitié! La route se jonchait d'objets qu'on aurait voulu emporter, mais qu'on trouvait trop lourds. Quelques pauvres enfants se perdaient sur la route. Et il fallait voir ce que certains emportaient!

L'un traînait quatre énormes pieds de lit; un autre trimbalait un encombrant paquet de plumes d'autruche qu'on lui avait dit se vendre cher en Europe; un troisième n'avait pas voulu abandonner un marteau à deux mains, un bassin, une lourde scie de scieur de long; plusieurs charriaient des plaques de fer pour rôtir le pain, voire des pierres meulières. Certains emportaient leurs perroquets; une femme en avait trois pour sa part; un homme avait un chat dans un panier. Deux soldats avaient accroché les tubes des thermomètres d'Emin, dans la vague idée que ça leur dirait le temps. J'aurais pu rire, mais j'eusse préféré pleurer. On s'émouvait à voir ces pauvres demi-sauvages ployant sous le faix d'un inutile rebut, et tirant après eux des marmots désolés. C'était stupide et pourtant cela vous allait au cœur.

Nous eûmes à traverser une rivière large et étale, entre deux bords escarpés, où se produisit une déplorable confusion. La haute rive fut bientôt barattée en une fange noire et glissante; la femme ou l'enfant qui tombait était foulé aux pieds par les hommes et les ânes qui arrivaient par derrière, et l'on entendait des cris à fendre l'âme. Pendant une heure je me tins au passage, aidant les faibles à grimper le talus. Plus d'une fois j'eus à plonger dans la foule pour extriquer celui-ci ou celle-là qu'on allait écraser. Écœuré, à la fin, je rejoignis le Pacha à la tête de la colonne. Rien n'excite à la cruauté autant que la peur; la terreur qu'inspiraient les Donaglas rendait impitoyable.

Les bourgeois confortables se font une singulière idée de ce que comporte l'évacuation d'une place. Ils donnent l'ordre d'« évacuer » comme celui d'un dîner; ils ignorent le temps que cela prend, la peine que cela coûte, le chagrin qui en résulte. Et quand les gens se sont enfin décidés, quelle affliction et combien de misères! quelle désolation et quel désespoir!

La rivière passée, les choses allèrent un peu mieux, mais il fallait halter fréquemment pour attendre les retardataires. Enfin, à trois heures, après l'une des plus pénibles marches que j'aie faites — 16 kilomètres seulement, — nous assîmes le camp. Les uns l'eussent voulu ici et les autres là. Enfin, à cinq heures trente, les derniers arrivèrent, éclopés et lassés.

Par les traînards nous apprîmes que plusieurs, déjà trop

Départ de Ouadelai.

fatigués, s'en étaient retournés; notre caravane, déjà diminuée des trois quarts, n'en était plus qu'à 400 individus environ. L'arrière-garde avait vu, dit-on, la cheminée d'un vapeur fumer à l'horizon.... Qu'est-ce que cela veut dire? S'il s'agit des Donaglas, ils tomberont sur nous pendant la nuit. Attendons. Nous nous sommes étendus sur l'herbe et en plein air; c'est la belle saison, heureusement. Pour les femmes et les enfants on avait élevé de grossiers abris et des semblants de huttes.

Le lendemain nous nous levons de bonne heure, et partons vers les six heures. Les gens sont mieux à leur affaire que la veille, mais, inaccoutumés aux marches, ils s'assoient sur le bord de la route, les pieds ampoulés. Plus tard nous apprîmes que des natifs nous voyant en fuite, et en apprenant la raison, profitèrent de l'occasion pour tuer vingt et quelque des nôtres, histoire de payer les vieilles dettes.

A neuf heures, du haut d'une colline, nous vîmes un vapeur courir sur nous, il sifflait et stridait; quelques-uns s'apprêtaient à faire feu, même deux coups de fusil partirent; mais on répondit par des signes amicaux : il était monté par des gens à nous. Encore un moment et le capitaine baisa les mains du Pacha avec respect, et lui remit une lettre de Sélim Aga Matara, le commandant de Doufilé :

A Son Excellence Mehmed Emin Pacha, gouverneur du Hatalastiva.

Mon maître,

Le 18 novembre nous arrivèrent les soldats de Mouggui et de Laboré, et avec eux 120 fusiliers, échappés du 1ᵉʳ bataillon à Redjaf. J'envoyai à Laboré Bachit Aga Mahmoud avec une patrouille pour savoir ce que faisaient les Donaglas. Vers les onze heures, quelques-uns retournèrent, annonçant en avoir rencontré près Chor Ittin. Le soir, leurs compagnons nous apportèrent une missive d'Omar Saleh, le général des ennemis, mandant la mort du major Hamad Aga, d'Abdoullah Vaab Effendi, d'Ali Aga Djabor, de Salem Effendi et de Hassan Effendi Loutvi. Il nous sommait de capituler, menaçait de mort si nous n'obéissions. Nous ne fîmes d'autre réponse que de brûler la lettre.

Le 25 novembre, les Donaglas entourèrent la place, criant à tue-tête : « Nous sommes les gens du Mahdi. Rendez-vous ! » A quatre heures ils répétèrent leur sommation par une seconde lettre. On la leur jeta au nez. Le 26, ils firent les approches et ouvrirent le feu à neuf heures, le continuant jusqu'à trois heures. Alors nos gens firent une sortie, qui repoussa les assaillants, en tua une douzaine et blessa plusieurs, sans que nous y perdissions personne. Au 27, les Donaglas revinrent à la charge; feu très actif. Le 28, attaque de nuit, qui réveilla nos hommes, et l'on se battit jusqu'à la nuit. Furent blessés en cette journée, au feu ou à l'arme blanche, Achmet Aga d'Assiout, Bachit Aga Ali et Souliman Aga le Soudanais, ainsi que plusieurs fusiliers et sous-officiers.

Dans le tumulte de l'engagement, quelques Donaglas pénétrèrent dans la place et tuèrent Mahomed Effendi et Ndjar, le capitaine du *Nyanza*, Ali Achmet, puis le mécanicien, Mouradjan Derar, le pilote, Khamis Salim et Faradjala Morou, chauffeurs, tous, sauf le premier, appartenant au *Khédive*. Ce que voyant, nous ramassâmes toute notre énergie pour tuer les Donaglas entrés chez nous. Vers huit heures, nous eûmes bataille gagnée et l'ennemi se dispersa, laissant au moins 210 hommes tués, sans parler des blessés. Nous capturâmes un prisonnier, 11 drapeaux, parmi lesquels celui de l'Émir, quelques remingtons et fusils à percussion, nombre de lances et sabres.

Jubilant de leur victoire, nos hommes rentrèrent au quartier.

Le 29, insignifiant échange de coups de feu. Le 30, à sept heures, nous arrivèrent des gens de Fabbo. A huit heures nous apprîmes par un Bari qui avait été prisonnier des Donaglas, qu'ils avaient perdu grand monde, et pensaient s'en retourner à Redjaf. Le même jour, un domestique d'Abdoul Bain Aga nous annonça qu'ils étaient partis; dans la soirée un soldat de Laboré confirma la nouvelle.

On courut au camp ennemi, où l'on trouva des morts et des blessés qu'on acheva, et quelques caisses vidées de leurs cartouches remington.

Dans l'après-midi du 1er décembre, un soldat, ancien domestique de feu Réhan Aga, major du 1er bataillon, nous dit qu'il était venu de Khartoum avec les Donaglas en fuite et fort affaiblis maintenant. Des messagers envoyés à Chor Abdoul Aziz trouvèrent sur la route plusieurs sacs en cuir contenant des effets, plus une baïonnette remington qu'ils rapportèrent. Le fusilier Fadl el-Moullah, de Mouggui, qui avait été pris à Redjaf, nous a aussi rapporté que les Donaglas ont repris le chemin de Redjaf, emmenant 150 blessés, dont plusieurs moururent en route; ils ont brûlé les stations sur leur chemin, entre autres Chor Ayou et Laboré.

Telles sont les nouvelles que j'ai le devoir de mander à Son Excellence.

P.-S. — Plusieurs capitaines et le cadi des Donaglas sont restés sur carreau.

SÉLIM AGA MATARA, bimbachi, à Doufilé.

Ne portant aucun numéro, cette lettre n'avait aucun caractère officiel. On pouvait en inférer que Sélim Aga, tout en reconnaissant le Pacha comme gouverneur du Hatalastiva, ne le considérait plus comme étant en fonctions. Comme la plupart des documents arabes, la dépêche était confuse, obscure, manquant de suite. Nul doute qu'elle n'exagérât les morts et blessés. Néanmoins les Donaglas avaient dû subir un grave échec, puisqu'ils avaient battu en retraite, brûlant les stations derrière eux, comme s'ils eussent craint d'être poursuivis.

Une autre lettre, écrite par Codi Aga, mandait à Emin que les transports avaient atterri à Ouadelaï quelques heures après notre départ. Un messager avait été envoyé au Pacha pour annoncer la nouvelle, mais nous étions déjà trop loin, et il s'en était retourné avec les gens qui avaient renoncé à nous suivre. On s'était alors décidé à envoyer un bateau qui ramènerait Emin.

Des officiers venus de Doufilé par le vapeur joignaient leurs prières à celles de Codi pour engager Emin à revenir sur ses pas. On voulait célébrer par une grande démonstration la victoire sur les Donaglas. Ils disaient encore qu'ils tenaient à lui offrir leurs congratulations. Mais après la conduite tenue la veille par les soldats, après les promesses violées, j'opinai qu'on en avait eu assez de ces démonstrations. Emin se consulta avec nous, dans un petit village, au sommet d'une colline qui regardait la rivière. Il fallut que Casati ajoutât ses instances aux miennes et fît valoir les raisons qui s'opposaient à ce qu'on revînt en arrière. Si le Pacha s'en retournait, il aurait l'embarras de refaire le chemin quand arriverait l'Expédition. Sitôt après notre départ, la soldatesque n'avait-elle pas pillé notre logis? A revenir il n'y avait qu'ennuis et vexations : on serait plus près des Donaglas et plus loin de Stanley. Après longs débats on décida que le vapeur nous mènerait à Toungourou, puis repartirait pour Ouadelaï avec nos lettres.

Quelques-uns étaient pour s'en retourner de suite, afin d'aller voir à ce qu'ils avaient laissé : le Pacha leur persuada qu'ils feraient mieux de monter sur le navire. Mais quand le Pacha dit de mettre le cap sur Toungourou, le commandant dit avoir l'ordre de ramener Emin à Ouadelaï. N'importe, nous prîmes possession du bateau, embarquâmes le monde, attendîmes pendant deux heures pour recueillir des traînards. Les femmes et les enfants jubilaient de pouvoir s'embarquer. Que de pieds en piteux état!

A onze heures quarante-cinq, départ du vapeur, encombré de réfugiés. Comme nous avancions, le pilote me raconta par le menu l'affaire de Doufilé. Son récit montre la valeur de nos soldats.

Le 27 novembre, les officiers, craignant que la place ne fût prise par l'ennemi, arrivé de l'avant-veille, passèrent du monde de l'autre côté. Les bateaux travaillèrent tout le jour et une bonne partie de la nuit. On était sous vapeur, rangeant le quai, et les hommes reposaient, quand le 28, à quatre heures du matin, une quarantaine de Donaglas qui s'étaient cachés dans une bananeraie du rivage s'élancèrent vers une langue de terre par où l'on pouvait pénétrer aisément dans la place. Les nôtres s'enfuirent à leur approche, et les assaillants envahirent les navires, abattant tout ce qui ne put échapper, s'efforçant à détraquer la machine, puis se précipitèrent par la place : cinq cents fuyaient devant quarante. Telle était l'assurance des Donaglas, qu'ils avaient déjà posté une embuscade pour massacrer les fuyards. Pris entre deux feux, les Doufilais retournèrent tête sur queue, se battirent pour rentrer. Les Mahdistes s'étaient massés sur la grande place, avaient tout d'abord envahi notre logis en criant : « Où est Mahomed Emin ? Où est le chrétien blanc ? » Ne trouvant pas le Pacha, ils se répandirent par la station, capturant les femmes. C'est alors que les Doufilais rentrèrent, et, trouvant les Donaglas dispersés, les tuaient en détail. Énivrés de leur succès et encouragés par leurs officiers, ils chassèrent l'ennemi hors les murs. Il était vraiment extraordinaire que les envahisseurs, maîtres déjà des bateaux et de la place entière, n'eussent pas ouvert les portes et fait entrer leurs camarades. Attendaient-ils qu'il fît jour ? avaient-ils cette soldatesque en tel mépris qu'ils la supposaient incapable de reprendre l'offensive ? Les nigauds ne gardèrent pas la place qu'ils tenaient déjà. L'endroit par lequel ils entrèrent, je l'avais signalé à Sélim comme le plus exposé. Durant la lutte, la plupart des scribes s'étaient mussés parmi les roseaux et même dans les vasières de la rive.

Le Pacha et moi l'avions échappé belle ; nous sortîmes de Doufilé trois jours avant l'arrivée des Donaglas, qui se proposaient de tuer tout d'abord Emin et le chrétien blanc.

Cette affaire répétait exactement celle qui s'était passée quatre ans plus tôt, quand les Mahdistes de Kérem Allah envahirent la province. Les soldats du Khédive s'enfuirent aussi à droite et à gauche, mais furent cernés à Rimo. Quand ils virent quantité de leurs camarades tués, et leurs enfants et leurs femmes capturés, quand la famine les eut réduits à l'extrémité, ils se prirent de désespoir et s'ouvrirent un chemin. Étonnés de trouver quelque résistance, les Mahdistes s'intimidèrent à leur tour et décampèrent devant les poltrons. Les soldats gagnaient le large quand ils rencontraient un ennemi déterminé ; ce n'est qu'enfermés dans la souricière qu'ils songeaient à se défendre. A Doufilé, si les assaillants eussent ouvert les portes à leurs camarades, pas un de leurs ennemis ne serait resté pour raconter l'histoire.

Les Mahdistes avaient envoyé à Khartoum un bateau plein des femmes et des enfants razziés. En même temps ils demandaient des renforts, dit un de leurs déserteurs. Nul doute qu'à la vue de tous ces esclaves, les Khartoumais ne vinssent en multitude balayer le pays. Les renforts pouvaient arriver aux Donaglas six semaines après que leur vapeur avait quitté Redjaf.

Ainsi le message qui avait annoncé la prise de Doufilé était vrai jusqu'à un certain point, puisque la station et les vapeurs avaient été momentanément dans les mains mahdistes. La chute de toutes les stations septentrionales entre Redjaf et Doufilé ne pouvait manquer d'être vraie, car leurs habitants avaient fui, abandonnant tout ce qu'ils possédaient. On s'expliquait ainsi la rumeur de Fabbo capturée.

A l'arrivée des Donaglas devant Doufilé, Sélim Aga s'était hâté d'envoyer un messager vers Achmet Aga Dinkaoui, pour qu'il lui expédiât en hâte ses troupes et son monde. Il recommandait de porter autant de drapeaux qu'il en aurait, et de faire marcher les réfugiés en bon ordre, afin de faire croire à de puissants renforts. En effet, Achmet Aga fit évacuer Fabbo, et marcher sur Doufilé, tambour battant et bannières déployées. Quand ils battirent en retraite, ce fut pour tomber dans les mains des Choulis, qui leur prirent des femmes, du grand et du petit bétail. Je pense qu'il en périt un grand nombre. Les Lurs des environs de Bora avaient pu croire que Fabbo était tombée.

Quant au bruit que de nombreux Mahdistes s'étaient portés jusqu'au mont Ouati, afin de surprendre Ouadelaï, distante de deux journées et demie, il se peut qu'il fût fondé, car nous apprîmes qu'en prévision de leur entrée à Doufilé, les Donaglas avaient déjà envoyé sur Ouadelaï une troupe, qui ne tarda pas à battre en retraite sur Redjaf.

Nous atteignîmes à quatre heures trente le village d'Okello, où Emin et moi avions campé cinq mois auparavant. Comme nous manquions de bois, il fallut y passer la nuit. Quelle joie de quitter le vapeur puant et encombré, pour nous ébattre en un si charmant paysage! Une herbe lisse verdoyait jusqu'au lac, des bosquets ornaient la prairie; des arbres faisaient aux villages une ceinture d'ombre et de fraîcheur. Nos réfugiés, encore fatigués de leurs longues marches, se jetaient au lac, nageaient, riaient, s'entr'appelaient, s'aspergeaient dans les eaux bleues et limpides.

Des arbres magnifiques abritaient notre camp. A la lumière d'un grand feu, Emin, Marco, Vita et moi dînâmes à la façon arabe, puisant à même le plat; en fumant nos pipes nous récapitulâmes les événements de la journée. Quoique las, nous causâmes longtemps, puis sous nos moustiquaires nous dormîmes d'un profond sommeil, comme on fait toujours au grand air, à la belle étoile, reconnaissants à Dieu que les Donaglas ne nous eussent pas encore attrapés.

On nous apporta du combustible. Le lendemain matin, Okello vint en personne saluer le Pacha et faire un brin de causette. A huit heures nous dérapâmes, mais à onze heures il fallut prendre encore du bois, chez Boki, le chef emprisonné naguère pour désobéissance et qui vint nous présenter ses respects, tandis que ses gens prenaient leurs ébats dans le lac, sans crainte des crocodiles qui pullulaient auprès.

A trois heures trente, à Toungourou, chacun vint saluer le Pacha et lui dire le bonheur qu'on avait à le revoir.

CHAPITRE XIII

TOUNGOUROU

L'arrivée des irréguliers ne se confirme pas. — Emin reste. — Autres lettres de Doufilé. — Renseignements inexacts donnés par le D' Felkin. — Silence qu'il garda sur la situation réelle. — Missive des officiers rebelles à Sélim Aga. — Accusations portées contre Emin. — Ennuis causés par l'employé principal. — Les Égyptiens dupent les Soudanais. — Souliman Aga arrive blessé. — Insensibilité des Soudanais à la douleur. — Les derviches meurent sous le bâton. — Promenades autour de Toungourou. — Visite de Mogo. — Noël. — Mort de Souliman Aga. — Funérailles à l'arabe. — Les dernières nouvelles de Lupton Bey. — La conquête du Bahr el-Ghazal. — Les nègres inquiètent la retraite. — Doufilé abandonné et incendié. — Les oiseaux de la Province Équatoriale. — Une chasse. — Les Nains de l'Afrique centrale.

L'officier commandant le vapeur décida qu'il retournerait immédiatement à Ouadelaï. Pour gagner du temps, Emin écrivit à bord des lettres pour Codi et Sélim Aga; il dépêcha un de ses domestiques pour sauver si possible quelques épaves du pillage fait dans notre logis.

Débarquèrent avec nous : Casati, Osman Latif, Haouachi Effendi, Aouard Effendi, signor Marco, Vita Hassan, Basili Effendi, leurs femmes, enfants et domestiques, sept ou huit employés, et un menu fretin de pauvres diables, qui couraient par la station, vivant des emprunts faits au tiers et au quart. Les gens de Casati ayant trouvé bon de loger leurs chèvres dans ma case, les puces l'infestaient; force me fut de porter mon lit dans la cour.

Les irréguliers semblaient heureux de revoir Emin. Comme ils étaient disposés à la docilité, j'avais toujours espéré que, le cas échéant, ils consentiraient à nous suivre. Adroits en plusieurs métiers, ils montraient autrement de bravoure, d'obéissance et de discipline que les soldats réguliers. Il n'y avait pas grandes provisions dans la localité, mais nous pensions repartir sous quatre jours; Emin l'avait fait espérer.

Quarante-huit heures après notre arrivée, une lettre de Choukri Aga nous dit le plaisir qu'il avait à nous savoir dans Toungourou, et nous priait de le rejoindre au plus tôt à Msoué, car il comptait sur la prochaine arrivée de Stanley. Pour moi, je ne demandais qu'à m'éloigner de Ouadelaï et à me rapprocher de notre ancien camp à Nsabé.

Extrait de mon journal, sous la rubrique du 7 décembre :

« Je ne me sentirai au large qu'une fois à Msoué. Si les affaires vont mal, de là nous pourrons gagner la montagne, aller chez Kavalli, puis au fort Bodo. Sans doute, les Donaglas peuvent encore venir de Redjaf et réattaquer Doufilé, mais la chose ne se fera pas de sitôt, puisqu'ils ont brûlé les stations derrière eux. Dans un mois ou environ, Khartoum enverra probablement de puissants renforts, et si Stanley n'est pas de retour, il faudra défendre notre peau. »

Alléguant qu'en allant à Msoué il serait soupçonné de vouloir s'échapper, Emin préféra rester à Toungourou, où nous passâmes plusieurs jours sans faire grand'chose.

L'ex-Gouverneur recevait des lettres qui racontaient qu'on évacuait Doufilé rapidement. On s'y refusait toujours à croire que Stanley eût été en Égypte, et qu'il vînt pour rendre service. Quelques actes de vraie bravoure s'étaient produits lors de la prise et de la reprise. Les mieux méritants nous parurent Souliman Aga, qui fut dangereusement blessé, Sélim Aga, Bachit Aga, Burgout et quelques autres hommes résolus qui rallièrent les soldats et repoussèrent les Donaglas. Les employés, qui s'étaient cachés dans l'eau jusqu'à la tête, conseillaient de se rendre aux assaillants, car « il valait mieux tomber dans les mains des Musulmans que des Anglais! » Codi marquait à Emin que les officiers désiraient qu'il présidât une grande fête en l'honneur de leur succès à Ouadelaï. Notre envoyé faisait savoir qu'il n'avait pu sauver presque rien du naufrage, les soldats ayant poussé le pillage vivement, brisé les caisses, éparpillé les objets qui ne leur agréaient; toutefois il avait retrouvé quelques instruments et la boîte aux médecines.

J'eus plaisir à constater que Casati, avec lequel je m'entretins longuement, jugeait les affaires du Moudireh à peu près comme moi. Sur ceci nous nous entendions : les docteurs

Felkin et Junker, Emin lui-même n'avaient pas dépeint exactement à l'Europe les choses de l'Equatoria. Felkin, surtout, les avait représentées avec enthousiasme et sous de trop brillantes couleurs. Sans doute, pendant sa courte visite, la situation différait de celle d'aujourd'hui ; mais son tableau ne fut jamais véridique. Junker n'ignorait point la rébellion du 1er bataillon, mais, pour une raison ou une autre, il n'en souffla mot, pas plus que d'autres faits prouvant de reste que le Pacha ne pouvait faire aucun fond sur ses administrés. Tout ce qu'il avait écrit pouvait être assez exact, mais ne représentait qu'une partie de la vérité. Nous étions partis sous l'illusion qu'Emin présidait aux destinées d'un peuple loyal, obéissant et fidèle, auquel « il avait communiqué, comme disait Felkin, quelque chose de son noble enthousiasme ». Nous prenions les soldats du Moudir pour des hommes probes et marchant d'accord. Des « héros », disaient les lettres d'Emin, qui attribuait toutes ses inquiétudes aux gens du dehors, razzieurs d'esclaves ou tribus hostiles. Et nous ne trouvâmes qu'un ramassis de rebelles et conspirateurs. Or il en était ainsi depuis plusieurs années !

Aussi, quand nous discutions les affaires de l'Expédition, je me dépitais à entendre le Pacha : « M. Stanley semble croire ceci, — cela, — ou autre chose, — les gens d'Europe se font une idée vraiment singulière de nos affaires.... » Cette idée, qui donc l'avait mise en circulation, sinon Emin lui-même, Emin et son ami le Dr Felkin ? Pouvions-nous deviner que ses administrés répugneraient à nous suivre, qu'ils ne nous sauraient aucun gré d'être venus à leur secours ? Nous pensions qu'ils accepteraient avec reconnaissance la poudre que nous leur apportions, et nous souhaiteraient en retour toutes les bénédictions divines ! Mais jamais nous ne nous fussions imaginé que, après tant de dangers surmontés, le plus grand péril nous attendait chez Emin, et que les gens à l'aide desquels nous accourions comploteraient et conspireraient pour nous arracher nos fusils et nos munitions !

Encore aujourd'hui, je ne comprends pas comment Junker ne nous a pas mis en garde contre les agissements de tout ce beau monde. Un bon averti en vaut deux. Si notre capitaine eût été un tantinet moins capable, un brin moins avisé, Emin eût péri et notre expédition échouait sur les rives du Nyanza !

Le 17 décembre, le vapeur nous amena Souliman Effendi, qui avait eu la jambe fracturée au combat de Doufilé, et deux autres officiers blessés, suivis de leur maisonnée, qui venaient se confier aux soins d'Emin. Cet homme, la bonté même, fut trop content de cette besogne.

Radjab Effendi, un de nos fidèles, écrivit que, depuis la déroute des Donaglas, la faction hostile au Moudir reprenait l'ascendant. Le principal scribe, arrivé à Ouadelaï le jour de notre retraite, rédigea un superbe rapport sur les méfaits d'Emin à Ouadelaï, et l'envoya à Sélim Aga. Voici la copie que Radjab nous en fit tenir :

A Sélim Aga Matara, major du 2ᵉ bataillon.

Effendi,

Tu n'ignores pas que Mehmed Pacha Emin, Haouachi Effendi, le major, et Vita Effendi, l'apothicaire, ont été révoqués pour exactions commises, meurtres d'employés et d'indigènes, soustractions, secrètes ou patentes, d'objets appartenant à l'administration khédivale. Ces actes sont prouvés par une série de documents que nous tenons en main, et qui ont été présentés par plusieurs habitants.

Afin de remédier à ces scandales, Hamid Bey Mahomed, maintenant défunt, fut nommé *kaïmakan*[1] de la province, et toi, major du 2ᵉ bataillon. Les officiers et les employés, réunis en assemblée générale, ont décidé que nul ne serait plus lésé à l'avenir, car telles sont les intentions de notre gouvernement, lequel est édifié sur la justice et l'humanité. Mais l'arrivée des Donaglas, les débuts de la guerre, et la mort de plusieurs de nos collègues, ont modifié la situation. Et quelques individus, dont nous pourrions relater les noms, se sont efforcés de nous faire revenir sur nos décisions antérieures. Nul ne l'ignore.

Parmi ces derniers, Ibrahim Effendi Elham, envoyé à Ouadelaï comme chef des transports, se jeta dans les intrigues, sitôt l'arrivée du Pacha. La bande accusa celui-ci et celui-là de relations avec les Donaglas et les fit emprisonner avec le dessein de les tuer. Ibrahim Effendi Elham s'employa aussi à faire rentrer les conspirateurs dans les biens qui leur avaient été confisqués sur l'ordre de Hamid Bey et le désir de nombreux citoyens. De la façon la plus éhontée, cet Ibrahim se prêta à les faire évader de Ouadelaï, et à gaspiller la propriété du gouvernement et de la nation. Les canons de montagne furent jetés à l'eau, les registres des magasins furent lacérés. L'intention était de nous couper de Doufilé et de nous livrer entre les mains des nègres ou des Donaglas. Aussi dirent-ils aux soldats que Fabbo et Doufilé avaient été détruites, que nous tous, tant officiers que soldats, avions été tués, tandis que nous avons vaincu les ennemis, ainsi qu'il est raconté dans le rapport

---

1. *Locum tenens.*

officiel. Ce serait tâche trop ingrate que d'énumérer tous les mensonges mis en circulation par Ibrahim Effendi Elham, Souliman Effendi, Abd er-Rahim, le Pacha, l'apothicaire et le major.

Et comme le devoir nous incombe de défendre notre gouvernement en son honneur, de maintenir le peuple dans l'assurance que ni les vies ni les biens des familles ne courent de danger, et de châtier tous les complices des Donaglas, nous avons, après enquête approfondie, décidé de t'en écrire. Notre lettre reçue, Codi Aga mettra en disponibilité Ibrahim Effendi, qu'il gardera étroitement, sans lui permettre de filer sur Toungourou, jusqu'à ce que nous arrivions pour faire enquête sur sa conduite et celle des autres prévenus d'affiliation avec les rebelles.

Tu peux compter que nous tiendrons la main à ce que le Pacha ne soit pas réintégré en ses charges, et qu'en présence de l'envoyé du gouvernement le sieur Stanley — en présence même de Sa Hautesse, notre Souverain, nous nous expliquerons catégoriquement sur les méfaits du Pacha; dussions-nous périr, il s'en trouvera toujours un ou deux d'entre nous pour le mettre en accusation!

Mais il importe avant tout d'assurer nos frontières méridionales. Comme Souliman Aga y a séjourné, envoie-le par le *Khédive* à Toungourou. Vous mettrez Codi Aga sous ses ordres, et jusqu'à ce qu'il soit remis de sa blessure, vous lui donnerez pour second Ali Aga le Kourde. Dis aussi aux deux capitaines à Ouadelaï que, par la grâce de Dieu, nous nous portons tous bien, et qu'aucun des nôtres n'a encore péri. Donne l'ordre aux officiers de Toungourou et de Msoué qu'ils ne permettent pas de bouger au Pacha et à ses complices. Sitôt que nous arriverons à Ouadelaï, et saurons ce que sont devenus nos frères du Makraka, nous rétablirons l'ordre partout et ferons à chacun justice. Car tel est notre devoir envers le gouvernement qui nous a honorés de son choix tout spécial.

Qu'il te plaise nous faire tenir un reçu de cette lettre.

Le 10 décembre 1888.

Signé sur l'original :

Moustapha el-Adjemi,	capitaine.
Sourori Aga,	—
Fadl el-Moullah Aga,	—
Achmet Aga le Dinka,	—
Billal Aga le Dinka,	—
Nour Aga Abdoul Bain,	lieutenant.
Moustapha Effendi Achmet,	—
Abdoul Aga el-Apt,	—
Daouel Beyt Aga,	—
Bachit Aga Mahmoud,	—

P.-S. — Que Codi Aga envoie copie de cette dépêche pour tranquilliser Toungourou et Msoué et leur annoncer la victoire des soldats du gouvernement. Dites aussi que personne n'est mort d'entre nous, et que ceux de Fabbo, Bidden, Kirri, Mouggui et Laboré se portent bien.

Signé : Fadl el-Moullah Aga.
Achmet Aga le Dinka.

Pareilles allégations, absurdes autant qu'infamantes, montrent assez de quelle étoffe étaient faits ces patriotes. Le Pacha, Vita Hassan et Haouachi Effendi étaient accusés d'être des empoisonneurs, d'avoir volé le gouvernement, d'avoir ourdi des intrigues contre la tranquillité publique, d'avoir inventé la chute de Fabbo et Doufilé, d'avoir trahi les officiers et soldats entre les mains de l'ennemi, d'avoir détruit des livres officiels et autres objets appartenant au Khédive, enfin d'avoir jeté des canons à l'eau!

Hamid Aga, qui nous avait annoncé la capture de Fabbo et de Doufilé, s'était, depuis la rébellion, toujours montré hostile au Moudir; il avait même été envoyé à Bora pour prendre la place d'un officier qu'on supposait trop favorable à Emin. On se rappelle le pillage auquel, après notre départ, se livrèrent les soldats qui détruisirent les papiers de l'administration et jetèrent les coulevrines dans le Nil.

Outre sa haute moralité le factum avait sa touche de haut comique : ces aimables farceurs veillaient au salut de tous, et cela, au nom de leurs devoirs envers le gouvernement égyptien, « fondé sur la justice et l'humanité ». C'est la première fois sans doute que l'administration du Caire a été accusée de pareille chose. Quelle sollicitude à rassurer le peuple montraient ces garnements qui, créant la confusion et le désordre, avaient mis le pillage et la tyrannie à l'ordre du jour! Cette teinte de probité faisait très bien, tout comme le vernis de patriotisme dont se paraient les officiers. A noter comment, après s'être adressés à Sélim Aga comme à leur major et supérieur, ils finissaient par lui donner des ordres péremptoires. Tout cela n'était pas sérieux.

Il paraît qu'on avait été fort excité à Doufilé par la lettre du scribe principal, racontant à sa manière les incidents de Ouadelaï et le départ du Pacha. Fort irritée, la clique se rendit chez Fadl el-Moullah et l'état-major, se plaignit qu'Emin se fût emparé du vapeur, afin de s'échapper à Nsabé, où il ferait sauter le navire.

La nouvelle excita une vive indignation dans les rangs, et la fidélité de Sélim Aga même en fut ébranlée pour un temps. Grand tapage. Souliman Aga, tout blessé et faible qu'il était, se fit porter en angarep jusque sur la grand'place, où, soutenu par ses domestiques, il déclara sur sa tête que le Pacha était innocent des crimes dont on l'accusait. Et reprochant aux soldats leur imbécillité : « Vous laisser ainsi mener par le nez! Et par qui? par des plumitifs qui vous ont toujours trompés! »

Souliman parlait encore quand on vit le vapeur descendre la rivière. Il s'ensuivit une explosion de rage contre les scribes, et quelques officiers jurèrent qu'ils voulaient baiser les pieds du Moudir.

Ces soldats, en effet, n'étaient que des écervelés; les scribes avaient beau les tromper, ils ne se lassaient pas de les croire. L'expérience ne les instruisait point. Pendant vingt ans encore, ils auraient accepté tout ce qu'on aurait pu leur dire contre le Moudir et son administration. Quand ils se voyaient empaumés, ils tombaient en rage, menaçaient de se porter à tous les excès et n'en faisaient rien. Le lendemain, gobe-mouches comme devant. Les employés les tenaient dans la main, couchaient par écrit des bourdes, auxquelles ces ignorants, qui ne savaient ni lire ni écrire, appliquaient leurs cachets. Et l'on ne sortait pas du gâchis. Gordon, gouverneur de l'Equatoria, puis gouverneur général du Soudan, avait aussi des secrétaires qui lui apportaient des lettres rédigées en arabe et dont ils lui translataient le contenu; il scellait, pour découvrir ensuite qu'elles contenaient tout autre chose qu'on lui avait dit. Instruit par l'exemple, Emin se mit à lire et écrire l'arabe, immédiatement après sa nomination comme moudir, et, avec sa merveilleuse facilité pour les langues, il n'y trouva nulle difficulté. Mais les pauvres Soudanais, éternelles dupes, ne cessaient de certifier par leurs sceaux quantité de ragots et contes bleus. Quand ils découvraient qu'on s'était joué de leur crédulité, ils rageaient et furibondaient, juraient mort et passion. Un étranger se fût attendu à quelque vengeance terrible. Pas du tout : quelques flatteries, quelques présents de chèvres ou de brebis grasses, rendaient à ces lourdauds le contentement d'eux-mêmes : ils étaient fiers d'avoir bruyamment maintenu leurs droits et soulevé tout un nuage de poussière. A voir ces fureurs constamment avorter, le vers d'Horace me revenait en mémoire :

Parturiunt montes, nascetur ridiculus mus.

Le parti hostile au Pacha redevint si puissant que tous les jours nous attendions la descente à Toungourou des officiers rebelles pour instrumenter contre nous et nous mettre en captivité. Sitôt après l'évacuation de Doufilé, devait être tenu à Ouadelaï un autre Conseil, où l'on s'entendrait sur la politique future. La majorité paraissait favorable à quelque établissement au sud du lac; mais on parlerait beaucoup pour ne pas s'entendre, habitude à laquelle nous devions notre salut.

J'allai avec Emin visiter Souliman Aga. Il était mal en point, l'os de la jambe brisé en morceaux, les chairs déchirées. De trois semaines la blessure n'avait été ni lavée ni pansée autrement qu'en l'enveloppant de feuilles vertes frottées de beurre rance.

Ces feuilles enlevées, la jambe se trouva en un état pitoyable.

La blessure ne se présentait pas bien, mais la robuste constitution du patient pouvait encore le tirer de là.

Emin craignait la gangrène, mais ne pouvait faire d'opération sans trousse. Les esquilles ne purent être extraites que plus tard, avec des pinces et des ciseaux, les seuls outils qu'il possédât. L'indifférence avec laquelle ces Soudanais supportent la douleur tient du merveilleux. Tandis qu'on tâtonnait et fourgonnait dans la fracture, excisant les chairs malades, Souliman ne se départit pas de son flegme, ne poussa pas un gémissement, ne fit pas une grimace. Un des nôtres n'eût pas manqué de s'évanouir. Souvent j'ai vu des nuages de moustiques s'abattre sur un Soudanais qui ne prenait même pas la peine de l'écarter; mais un Européen ou même un Zanzibari en serait devenu fou. Les Zanzibaris sont plus sensibles que les Hatalastivais, les Européens bien plus encore que les Zanzibaris.

Souliman se disait redevable de sa blessure, non point aux Donaglas, mais à sa propre troupe qui tirait en aveugle derrière lui. Je ne serais pas surpris que la chose eût été faite exprès par l'un des siens, car il était haï et avait déjà été blessé à la jambe, après avoir infligé quelque châtiment brutal. Lui aussi nous fit un piteux récit de la conduite des fusiliers à Doufilé; il avait vu soixante héros, armés de remingtons, fuir devant un Donagla qui brandissait sa lance. Il fallut la mort de trois ou quatre pour qu'ils se rappelassent qu'ils portaient des armes à feu. S'arrêtant alors soudain, ils criblèrent de balles l'homme qui les pourchassait. Mais il parla avec admiration de la conduite de Sélim Aga, d'Abdoul Aga Manzal, de Bachit Aga, ainsi que de trois ou quatre autres officiers, qui pendant la panique s'étaient battus magnifiquement, et avaient enfin rallié les soldats. Doufilé n'avait été sauvée que par leurs efforts.

Entre autres historiettes dont il nous régala, il y a celle du plumitif Achmet Effendi Mahmoud, un Égyptien, qui, plongé dans la vase jusqu'au cou, s'était encore mis sur la tête une motte gazonnée. Tout près, une de ses femmes cherchait à musser son enfant qui se mit à crier. Sur quoi il la menaça de lui couper la gorge si elle ne filait ailleurs; il craignait que les gémissements du bébé ne fissent découvrir sa cachette.

Une des premières choses faites par les Donaglas avait été de courir au logis du Pacha. Si Emin et moi avions été pris, on n'aurait pas manqué de nous mener à Khartoum. Le triomphe eût été grand pour le Mahdi de tenir en ses mains le dernier gouverneur des provinces soudanaises.

Il raconta encore combien cruellement on avait fait périr sous le bâton les trois pauvres derviches qu'Omer Saleh avait envoyés en ambassadeurs.

Avant que le vapeur retournât à Ouadelaï, j'allai voir où il en était. Il avait reçu force balles des Donaglas, une seule avait atteint les œuvres vives, mais les plaques avaient été gauchies en maints endroits.

J'allais constamment à la chasse, et je récoltai des oiseaux pour Emin qui inaugurait une collection nouvelle. Seul le plus souvent, le soir je me promenais sur la rive du lac. Durant notre séjour à Toungourou, une bise soufflait très fort dans la soirée. Je n'avais pas de plus grand plaisir que de peramburer l'arène durcie, ou de rester au clair de lune sur la pointe de la péninsule, à contempler le Nyanza. A 15 kilomètres au sud-ouest, la vaste plaine liquide était bornée par un plateau haut et fier, dont la masse violette tombait à pic dans le lac. Un puissant suroît, encore chaud et déjà frais, soufflait presque en tempête; de grandes vagues étalaient leurs lais d'algues sur l'arène. Une flèche de sable séparait le lac d'un chapelet de lagunes où des multitudes d'oies, canards, ibis, hérons et cigognes pêchaient ou plongeaient, tandis que les pluviers et les bécassines allaient et venaient dans les vasières des baies abritées. De cette longue sablonnière, qui s'allongeait sur plusieurs kilomètres, je faisais ma promenade favorite; je trouvais un grand charme à ne voir que l'eau et des oiseaux sauvages.

Mogo, qui était retourné à Msoué, vint nous visiter à Toungourou et promit d'emporter mes lettres pour Stanley. J'ajoutai un second post-scriptum à celle que j'avais commencée à Doufilé et continuée à Ouadelaï. « A Toungourou, lui disais-je, nous étions plus mal encore qu'à Ouadelaï; depuis l'échec des Donaglas, les ennemis d'Emin avaient gagné en influence et ne voulaient plus nous laisser sortir. Mais moi, tout au moins, je ferais mon possible pour le rejoindre. » J'ajoutais ces détails sur une feuille à part, parce que le Pacha tenait à ce que la lettre fût remise telle quelle. Nous espérions que Mogo pourrait la faire tenir à Kavalli dès le 5 janvier.

Le jour avant Noël, Emin me chargea de trouver un rôti pour le lendemain. J'eus la chance de tirer plusieurs oiseaux, parmi lesquels une oie grasse, notre futur plat de résistance. Suivant la coutume allemande, le dîner fut servi la veille de la fête. Nous y invitâmes Casati et Marco. Pour l'Afrique centrale c'était un joli dîner. En voici le menu, fort présentable :

        Soupe.
        Poisson.
Entrées : Côtelettes Hatalastiva. Salmis.
Rôtis : Oie du Nil farcie d'arachides. Aloyau.
Légumes : Colocasies, balméas. Haricots.
Entremets : Pouding au riz. Fritcaux de bananes.
Dessert : Bananes, papaies.

Après le dîner je brassai un punch avec de l'eau bouillante, de l'esprit-de-vin qu'on employait aux conserves de grenouilles, lézards et chauves-souris; je l'édulcorai avec du miel, l'aiguisai de limons. Cela vous avait un goût de vernis pour meubles, mais c'était chaud, ça égayait, et puis, on n'en avait pas souvent.

Extrait du journal :

« Un triste Noël, passé sur mon angarep, avec la fièvre. Des bruits inquiétants nous arrivent sur Doufilé et Ouadelaï. Le Pacha est mal en train; respiration difficile, mauvaise humeur; ni sommeil ni appétit. Le dernier Noël, je le passai vêtu à la fraîche, d'une chemise et d'un pantalon, à transporter l'expédition d'une rive à l'autre de l'Itouri, après avoir, dès l'aurore,

Le lac Albert à Toungourou.

franchi la rivière à la nage pour bâcler, vaille que vaille, notre radeau de tiges de bananier. — Pourtant ce jour-là j'étais autrement heureux au frugal souper que je fis avec Stairs; surtout quand celui-ci, des profondeurs de sa cantine, tira une fiole à médecine enveloppée de chiffons et contenant quelques centilitres de whisky, que pendant nos mois de famine il avait consciencieusement gardés pour semblable occasion. »

Nous attendons après Stanley avec anxiété. L'influence hostile à Emin va croissant, l'inquiétude aussi et l'insubordination. Les indigènes se montrent agacés et remuants. Le Pacha m'a prié de ne pas trop m'écarter et de ne pas sortir sans deux ordonnances.

Souliman Aga, dont l'état empirait de jour en jour, est mort dans la nuit du 29 décembre. Nous l'avions visité dans la soirée, et Emin m'avait prévenu qu'il n'en avait que pour quelques heures. Il lui vint des hoquets douloureux et il expira dans une de ces crises. A dix heures trente nous entendîmes les pleurs et les lamentations de ses femmes : il en avait une cinquantaine. C'était la fin. On l'enterra au matin. Le Pacha, Casati et moi suivîmes les funérailles, où il n'y eut pas grand monde, car chacun le haïssait. Les miliciens se refusèrent à accompagner le corps, et le moullah ne voulut pas lire le service funèbre. Les irréguliers creusèrent la fosse, portèrent le cadavre et l'ensevelirent. L'un, qui, ayant pèleriné à la Mecque, était titré de Hadji, fit la lecture du texte sacré. Sans eux ces funérailles eussent fait scandale. Pourtant Souliman les avait maltraités et tyrannisés plus encore que ses propres soldats; mais, étant plus braves, ils se montrèrent moins rancuniers et lui firent l'aumône d'une sépulture décente.

Les funérailles musulmanes sont un spectacle qui impressionne; les femmes ne cessent leurs lamentations, et, la fosse remplie, se jettent dessus comme folles. La veille de sa mort, Souliman avait mandé sa principale épouse et, devant le peuple assemblé, lui avait interdit de rien envoyer du repas funéraire aux soldats, sur le compte desquels il s'exprima très sévèrement. Quand un homme meurt, un taureau est rôti sur la tombe par les femmes, qui envoient des portions aux amis du défunt, en même temps que du pain trempé dans la sauce. Souliman, trop haï déjà, eût pu se dispenser de cette démonstration posthume.

Cette mort n'améliorait pas nos affaires. Le défunt était porté vers Emin, et sa violence le faisait redouter. Il y avait tout lieu de craindre qu'on ne fît commander Toungourou par un de nos ennemis déclarés. Et les scribes allaient sans doute inventer que le Pacha avait commis un autre empoisonnement. Pour de pareilles créatures, rien de trop odieux. En attendant, Saleh Aga reprit officiellement la direction qu'il exerçait déjà par intérim. Il était fort du parti rebelle, mais ne jouissait que d'une médiocre influence.

Un jour la conversation tomba sur Lupton, qui avait eu le grand tort, disait le Pacha, de ne pas s'être retiré dans la Province Équatoriale quand il se vit abandonné par ses troupes. Il me montra les trois dernières lettres du bey Lupton, desquelles il me permit obligeamment de prendre copie. Elles lui étaient parvenues par l'intermédiaire de réfugiés au Bahr el-Ghazal, que Lupton aurait pu tout aussi bien accompagner :

12 avril 1884.

Cher Emin,

L'armée du Mahdi campe à six heures de marche. Deux derviches viennent d'arriver, me somment de leur remettre le siège du gouvernement. Je combattrai jusqu'au bout. J'ai mis mes canons dans une forte redoute, et si l'ennemi réussit à prendre le palais, j'espère l'en déloger en le canonnant. Si je perds la bataille, le Prophète vous tombera sur le dos ; ayez donc l'œil. Vous tenez peut-être ma dernière dépêche. Ma position est désespérée, parce que nombre de mes gens ont passé de leur côté. On me connaît ici sous le nom d'Abdoullah. Je vaincrai ou je mourrai, donc bonjour. Mes amitiés au docteur Junker.

Si le vapeur parvient jusqu'à vous, écrivez aux amis, et dites-leur que je fus un bon zigue.

F. LUPTON.

20 avril 1884.

Cher Emin Bey,

La plupart de mes hommes ont passé au Mahdi. Nazir Boucho et Nazir Liffe, avec tout leur monde, ont passé aussi ; ceux de Goudjou ont aussi filé, emportant les approvisionnements en grains du gouvernement. Je ne sais pas comment cela finira. J'ai envoyé Ouazy Uller au camp du Mahdi. Je ne sais vraiment plus si je suis Lupton Bey ou l'émir Abdoullah. Je vous écrirai sitôt le retour d'Uller. L'ennemi est armé de remingtons : il a quatre à cinq compagnies de troupes régulières, de 8 à 10 000 Orbans et Gillabans.

Mais je vous dirai leur nombre exact quand je le saurai. Je ne pense pas qu'ils soient moins.

Slatin m'a écrit deux lignes, disant seulement : « Je vous envoie cet homme, Hadji Moustapha Kismoullah ». Aujourd'hui il s'appelle l'émir Abd el-Kader.

Bien à vous,

F. LUPTON.

25 avril 1884.

Cher Emin,

Il n'y a plus rien à faire ici; chacun s'est rallié au Mahdi, dont l'armée entre au moudireh après-demain. Nul ne sait par où j'ai passé ces derniers jours. Je suis absolument seul. L'homme qui vous apporte ce billet vous donnera tous les détails. On me dit qu'aucune armée ne fut battue comme celle du général Hicks. De 16 000 qu'ils furent, ils ne sont plus que 52 vivants, presque tous blessés. Voyez à vos affaires. De 8 à 10 000 hommes vont pousser sur vous, bien armés. J'espère que nous nous reverrons.

A vous sincèrement,

F. LUPTON.

Telles sont les dernières lignes de ce pauvre Lupton! Pendant quelques mois il avait, à Lado, fréquenté Emin et commandé sous ses ordres à Latouka, où il fonctionna si bien que Gordon lui donna le Bahr el-Ghazal à commander. Le Pacha n'en parlait qu'avec affection et même admiration. Il avait gouverné pendant seize mois. Après la retraite de Gessi il avait fait face à de nombreuses difficultés, et montré grande une bravoure dans la répression de plusieurs révoltes nègres. A peine installé dans son commandement, il reçut l'ordre d'envoyer ses réguliers à la défense de Khartoum. Au lieu de se faire une milice avec des natifs niam-niams, qui font d'excellents soldats, il commit la faute d'armer, avec les 900 remingtons qu'il avait apportés, des amis et compatriotes du Mahdi. Si bien qu'à l'approche du Prophète, ses irréguliers l'abandonnèrent, depuis le premier jusqu'au dernier, tous allèrent à l'ennemi. Il ne lui resta plus que quelques centaines de réguliers à fidélité douteuse. Il construisit une place forte, l'arma de tous ses canons et s'y retrancha ; — comme si avec ses deux ou trois cents hommes il pouvait tenir contre huit ou dix mille Mahdistes, appuyés par les sympathies des indigènes! Le pays envahi, et ses troupes désertant, il eût pu, avec ses quelques fidèles, se retirer dans l'Equatoria, où il eût été d'un grand secours à Emin pour repousser

Kérem Allah. Dès que les troupes ennemies se présentèrent, la garnison passa en corps au Mahdi. A peine si l'on tira un coup de fusil. Ce pauvre Lupton en supporta de cruelles. Le fort pris, il se tenait à la porte de sa hutte, fumant une cigarette, quand un Arabe le frappa au visage, l'appela chien d'infidèle et lui enjoignit de ne plus fumer, chose défendue par le Prophète. Que de braves gens ont été se perdre dans le Soudan, au profit de l'indigne gouvernement égyptien !

Le 30 décembre, le courrier de Ouadelaï apporta des nouvelles de Doufilé. Pour hâter l'évacuation, chaque jour on transbordait sur la rive orientale du monde, que des miliciens escortaient jusqu'à Ouadelaï. Les femmes et les enfants étaient convoyés par le vapeur. La place serait vidée à la mi-janvier. Il s'agissait toujours de tenir un autre Conseil de guerre à Ouadelaï. Moustapha Effendi Achmet devait être envoyé pour garder Emin, à la porte duquel on placerait des sentinelles, comme naguère à Doufilé. Ce Moustapha Effendi, le chef des employés militaires, était un Khartoumais ou métis, un ennemi fanatique du Pacha. Tous les dix-huit officiers étaient morts de leurs blessures. Les employés et les officiers continuaient à se quereller. Ils n'avaient d'énergie que pour les disputes, mais ne s'en lassaient jamais.

Le 1ᵉʳ janvier, plusieurs amis vinrent saluer Emin, qui leur fit servir le café. On me demandait anxieusement quand viendrait Stanley. Je répondais que je serais heureux de le savoir moi-même. Les Choulis et Madis, disait-on, harassaient les soldats faisant retraite par la côte orientale et massacraient les traînards. Emin ne doutait pas que Kaba Regga n'y eût la main, car ce potentat entretenait des espions dans l'Equatoria et en connaissait les affaires presque aussi bien que les siennes. Déjà ses hommes balayaient à coups de fusil la rive orientale du lac, en face du village de Boki. Si la province venait à être évacuée, Okello, Boki et tous les chefs qui avaient marché derrière « les Turcs », et souvent à contre-cœur, en seraient punis par le maître de l'Ounyoro, qui en tuerait plusieurs.

Le 5 janvier, on avait évacué Doufilé. L'opération avait été menée vivement, car les indigènes attroupés sur la rive orientale se faisaient tous les jours plus agressifs. Sitôt la dernière fournée de réfugiés montée à bord, on brûla la station, et

Sélim Aga avec une grosse compagnie marcha sur Ouadelaï par la rive orientale, avec l'intention de châtier les natifs sur la route. En effet, il incendia plusieurs villages, s'empara de grand et de petit bétail, tandis que Fadl el-Moullah se dirigeait vers Fabbo pour punir les Choulis. A son retour, le Conseil siégea : mais de plusieurs jours nous n'en eûmes nouvelles. Emin décida qu'il resterait à Toungourou, mais se rendrait à Msoué dès l'arrivée de Stanley.

Presque tous les jours j'allais à la chasse au moins pendant la matinée, et j'augmentai la nouvelle collection ornithologique. J'attrapai un fournier, curieux certhiatide, de couleur fuligineuse, haut de 60 centimètres, avec une crête qu'il érige ou abaisse à volonté. Il construit son nid en forme de four — d'où son nom — avec des bûchettes enduites de boue, sur des rochers ou la fourche de grands arbres. L'édifice, d'un mètre de hauteur et de rayon, porterait le poids d'un homme. Il n'a qu'une entrée, et se divise en deux chambres, celle d'avant sert de magasin et de poste d'observation, celle d'arrière est le sanctuaire de la pondeuse. L'oiseau s'amuse à collectionner des cailloux brillants, des tessons de poterie et autres objets singuliers. Je crois que Schweinfurth le décrit comme vivant dans les jungles en populeuses colonies, mais dans l'Equatoria il reste à l'air libre; le nid ne sert qu'à un seul ménage, mais abrite les couvées obtenues en deux ou trois années successives.

Les caprimulges ou engoulevents sont ici presque aussi grands que les faucons. De chaque aile partent deux plumes à tige nue et dont le sommet s'arrondit en disque, comme la plume des paons. Elles sont très allongées, et à les voir s'agitant, on dirait quatre oisillons, deux en haut et deux en bas. Les Arabes lui ont donné le nom d'Abou-Arba, ou le Père des Quatre.

En décembre et janvier, Toungourou était hanté par quantité d'oiseaux européens qui y passaient l'hiver. Je remarquai avec étonnement qu'ils ne chantent pas, ou les rares notes qu'ils émettent ne sonnent pas comme sous nos latitudes. Je retrouvai rossignols, pluviers, hirondelles, engoulevents, bécasses, culs-rouges et plusieurs autres dont l'Angleterre connaît les gazouillis, mais qui semblent muets ici, ou à peu près. Emin avait grand mal à se procurer du plomb. Je pensai à employer des perles de verre, mais elles étaient de trop faible pénétration, et il fallait tirer de trop près. J'eus aussi recours à des cailloutets ronds, mais la charge écartait et endommageait l'arme. Quantité d'autres oiseaux avaient suivi dans les lagunes les nuées d'insectes qui pullulaient sur les rives.

De mon journal :

« Ce matin, je reviens avec la gibecière pleine. Pour la marmite, une grande oie à éperon et un ibis noir; ce dernier, si drôle avec son bec d'un cramoisi éclatant, fait un très bon manger. Pour la collection, des échasses, des apivores, un pluvier et d'autres à moi inconnus, mais faisant la joie du Pacha, qui, depuis l'insurrection, avait été obligé d'interrompre ses recherches scientifiques. La grenaille que j'avais faite la veille se trouva excellente; malheureusement je n'avais emporté que 18 capsules. J'étais à sec déjà quand je tombai sur un grand lagon : des centaines d'oiseaux nageaient en eau profonde ou battaient les vasières en quête d'insectes ou mollusques. Des ibis blancs et noirs, rangés en ligne, émettaient de temps à autre une note aiguë et dolente. Des oies, des cigognes et des plongeurs. Des canards plongeaient, queue en l'air, dans la position la plus tentante pour un coup de fusil. Des pluviers de différentes espèces, et des bécasses picotées. Puis une grue à aigrette d'or, reine trônant au milieu de ses sujets. »

Je recueillis quelques informations sur les Nains, population très intéressante, et dont la province possède bon nombre. Casati et Emin m'en parlèrent souvent, et j'en causai plus d'une fois avec les natifs du Monbouttou et du Makraka. Dans la grande sylve nous tombions à chaque instant sur leurs traces, et nous en avons capturé plus d'un. Pendant mon séjour dans le Hatalastiva j'en ai vu plusieurs, qu'on avait capturés dans des razzias, — des enfants et des femmes pour la plupart, — et qui vivaient en parfaite intelligence avec les habitants. Je tâchai de les faire parler, mais sans en obtenir grand'chose, car ils sont réticents et timides, en contraste avec les indigènes des alentours, qui parlent avec volubilité.

On les connaît depuis les temps les plus reculés. Hérodote et autres écrivains de l'ancienne Grèce ont parlé de ces Pygmées que l'on croit être les débris épars d'une population autochtone, jadis répandue sur l'Afrique équatoriale, puis dispersée par les mouvements et les migrations des tribus environnantes. Schweinfurth a vu ceux du Monbouttou, Lenz en a trouvé sur le haut Ogoôué. Ne se fixant que rarement, ils vagabondent à travers la région sylvaine en petites bandes, presque toujours composées d'une seule famille. On ne sache pas que jamais ils aient de leur plein gré quitté la forêt pour vivre dans la plaine ouverte. Ils ne font de cultures que sur la plus petite échelle ; ce sont essentiellement des chasseurs vivant de venaison et de cueillette.

Voici les divers noms sous lesquels on les désigne :

Akka, chez les Monbouttous ;

A-Tikké-Tikké, chez les A-Sandaïs ou Niam-Niams ;

Vortchaou, dans le Momvou ;

A-Fi-Fi, dans le Mabordai ;

Ba-Toué ou *Oua-Toué*, dans l'Ounyoro ;

O-Bongo ou *A-Bongo*, sur le haut Ogoôué.

Nos Zanzibaris les appelaient *Ouamboutlis*, dans la forêt que nous traversâmes entre le Congo et les Nyanzas. Nous trouvions constamment leurs traces, à partir du 25° 10′ longitude, à quelques kilomètres au-dessus de l'Équateur, jusqu'à la limite de la sylve, à cinq jours de marche du lac Albert. C'est une race vaillante, endurcie à la fatigue, prompte à la guerre et très redoutée par ses voisins. A partir du Monbouttou, en allant vers l'est, on les rencontre partout. Aussitôt qu'une troupe de Nains se présente près d'un village, le chef se les rend favorables par un présent de maïs ou autres produits.

Les Nains aiment à s'arrêter près d'un ruisseau de la forêt ; ils érigent de petites cases pour les couples ; les garçons et les filles se font de petits abris en courbant des arbustes, les attachant ensemble et les recouvrant de feuillage. Les cases, grossières et fort petites (1 m. 20 de hauteur, 90 centimètres de diamètre), forment ruche ; de longues gaules sont entrelacées de feuilles vertes. Ces abris temporaires, toujours éloignés des lieux habités, se mussent sous les arbres et dans les buissons, au moins dans le Monbouttou et les pays voisins. Ceux que nous vîmes dans la forêt se trouvaient toujours à 1500 mètres d'un village, dans un essart et à la rencontre de plusieurs sentes. Les huttes, bien plus grandes que celles décrites ci-dessus, avaient généralement 150 à 180 centimètres de haut, et souvent 1 mètre de rayon. Les Pygmées du Monbouttou dorment le corps à l'abri et les jambes dépassant la porte, tant étroit est leur logis.

Ils s'établissent en quelque endroit giboyeux, apportent aux villageois la viande, plumes, peaux, ivoire et autres produits de leur chasse, en échange des objets ou aliments dont ils ont besoin. Aussi longtemps que ce système de troc est honnêtement observé, ils vivent en bons termes avec leurs voisins; mais s'ils se considèrent le moindrement lésés — or ils sont très susceptibles et vindicatifs, — ils cherchent à se venger, dressent des embuscades, flèchent les passants de derrière les arbres, dévastent les cultures et bananeraies. Ils font d'excellents tireurs; les flèches de leurs arcs mignons décochent des blessures mortelles. On préfère ne pas les molester. Selon que le lieu est plus ou moins riche en sauvagine, et les colons bien disposés, ils y restent plus ou moins longtemps.

Les Pygmées ne s'embarrassent pas dans leurs pérégrinations de marmites ou autres objets mobiliers; le plus souvent ils cuisent leurs aliments dans des feuilles mises sur la braise. Cependant, il leur arrive parfois de se procurer des grands pots à soupe. Les Pygmées sont des Primitifs par excellence. Dans leurs établissements permanents, les cases sont probablement plus grandes et mieux soignées. Au dire de plusieurs indigènes, et du capitaine Casati qui habita le Monbouttou pendant quatre années, les Nains y possèdent une station composée de deux grands villages et de plusieurs écarts, auxquels préside un roi nommé M'Galimé, dont Schweinfurth fait aussi mention. Ce canton est au sud du Monbouttou, sur la Nava, qui sort du mont Abambola, dans la province de Migo, régie par Nagiza. Je l'ai ouï plusieurs fois raconter, mais n'ai vu aucun témoin oculaire.

Ces Nains ne sont pas le moins du monde une race dégénérée, quoi que des anthropologues aient pu prétendre. En règle générale, ils sont bien proportionnés, de muscles bien développés, mais ont les os un peu gros pour la taille. Comme chez la plupart des nègres, les enfants ont l'abdomen ballonné, conséquence, à ce que j'imagine, d'une alimentation irrégulière; les jambes trop faibles portent mal le poids du corps; mais à mesure qu'ils grandissent, ces défauts disparaissent. Schweinfurth parle de « ventres pendants », mais je n'ai jamais observé cette particularité, Emin et Casati non plus. Teint brique ou brun rougeâtre, tirant parfois sur le jaune. Sur la tête une laine abondante. Taille de 1 220 à 1 250 millimètres; ce dernier chiffre n'a jamais été dépassé. Emin en a mesuré quantité, des femmes surtout. Les Nabots se marient fréquem-

Pygmée en embuscade.

ment avec les indigènes circonvoisins, ce qui explique la différence avec les nombres donnés par Schweinfurth : 1 370 à 1 597 millimètres. Je ne crois pas d'ailleurs que le célèbre voyageur ait jamais vu de Naine. Un poil rude et grisâtre recouvre tout le corps, et leur donne un faux air de lutins. La peau ne diffère en rien de celle des autres nègres, au moins chez ceux que j'ai examinés. Schweinfurth parle de l'épais réseau qui entoure de rides les articulations. L'œil est brillant et lustré, la dentition belle et complète, l'oreille plutôt grande, les lèvres minces et pas très avancées, les extrémités petites et bien modelées. Les hommes ont souvent de longues barbes, chose insolite dans les races noires. Tant les mâles que les femelles émettent une odeur aussi forte que désagréable.

La plupart des femmes étant bien faites et de bonne mine, les tribus environnantes les prennent pour épouses très volontiers. Loin d'avoir cet aspect avenant, les mâles, surtout ceux qui portent longue barbe, ont l'apparence souvent grotesque, et font, en somme, un assez vilain portrait.

On ne leur voit que rarement de parures et marques tribales; ils ne se mutilent d'aucune manière. Ils vont tout nus par la forêt, sauf que les femmes s'enguirlandent de feuilles vertes, et ceignent, à l'occasion, quelque bande de peau ou d'étoffe en écorce.

Comme armes de guerre ils ont des arcs et des flèches empoisonnées; celles-ci aussi bien que leurs lances sont garnies de fer et profondément barbelées; les villageois les leur fabriquent. Il paraîtrait que dans leurs domiciles permanents ils parlent un langage à eux, mais, à l'ordinaire, ils s'expriment dans le dialecte de leurs voisins.

Ils semblent pratiquer le cannibalisme.

Les filles qu'on avait amenées, jeunes encore, dans les stations d'Emin ou ailleurs, étaient devenues de bonnes et infatigables domestiques. L'une d'elles, sortie du Monbouttou, balayait ma case chaque matin et apportait de l'eau pour le bain; elle était industrieuse, très active, gaie et bonne enfant. A notre camp de Nsabé, elle se rencontra avec une autre Pygmée, venue de 120 kilomètres à l'intérieur. Tout d'abord elles ne pouvaient se comprendre, cependant elles arrivèrent bientôt à se parler assez aisément. Les hommes ne font pas de mauvais serviteurs, mais ils ne viennent pas, comme les femmes, à bout des gros ouvrages, et sont toujours en l'air. Tout jeunes qu'on les ait transportés, garçons et filles gardent une indépendance d'esprit qui les rend parfois obstinés.

« Le territoire des Pygmées s'étendait autrefois jusqu'au lac

Albert, mais ils en furent chassés par une invasion venue de l'Ounyoro, et nous vînmes ensuite. » C'est ce que racontent les Lurs, qui habitent la rive nord-ouest du lac, et occupent l'un et l'autre bord du Nil jusqu'à une certaine distance en aval. Quoi qu'il en soit, les Nains que nous avions avec nous ne prospéraient pas dans la plaine, où ils avaient d'incessantes attaques de fièvre; les ardeurs du soleil et le froid des nuits leur étaient également préjudiciables.

CHAPITRE XIV

STANLEY ARRIVE ENFIN!

Conseil de guerre à Ouadelaï. — Emin ne veut pas bouger. — Saleh Agha est mis en échec par les indigènes. — Façon de déclarer la guerre. — Impôt en nature. — Les natifs ne demandent qu'à s'insurger. — Mort de Boki. — Querelles entre officiers. — Orgies à Ouadelaï. — L'incendie des herbes. — Scènes bibliques. — Enfin, voici Stanley! — Ses missives. — Dépêche officielle à Emin. — Une histoire de désastres. — Catastrophe de l'arrière-garde. — Morts de Bartlelot et de Jameson. — L'entêtement de Saleh Agha. — Je l'intimide. — Emin écrit à Stanley. — Préparatifs de départ. — Arrivée du vapeur. — Les racontars sur notre Expédition. — Querelles au Conseil de guerre. — Emin, l'homme des compromis.

Pourtant l'ignorance où nous vivions se dissipa quelque peu, et l'on nous fit passer des nouvelles de Ouadelaï. Les séances du Conseil avaient été fort orageuses; mais, les ennemis du Pacha l'ayant emporté, la plupart des officiers et des employés civils signèrent un papier condamnant leur ancien Moudir à être pendu, et Casati et moi à subir la même peine comme « fauteurs du crime d'Emin, et pour l'avoir aidé et encouragé à fuir Ouadelaï, à détruire les livres du gouvernement, et à jeter dans le fleuve les canons de montagne ». Je n'ai point lu le document, mais on nous a dit qu'un des considérants visait une conspiration formée par nous contre le salut de Doufilé et de la province en général, et un autre, la couardise qui nous avait portés à quitter Ouadelaï. — Dès que quelques affaires pressantes concernant la défense contre un retour probable des Donaglas seraient réglées, des officiers et des soldats descendraient à Toungourou pour exécuter les décisions du Conseil.

Aussitôt que Choukri Aga en eut entendu parler, il se hâta de nous envoyer un messager spécial chargé d'une lettre où il suppliait instamment Emin de venir à Msoué. Sur un mot du Pacha, il arriverait en quarante-huit heures avec 200 porteurs et une escouade de soldats pour nous emmener chez lui avec nos bagages.

De mon journal :

« Le Pacha a décidé de laisser la nuit porter conseil. Nous avons eu une longue discussion sur la réponse à faire, mais il ne bougera point! — « *Ospa! ospa! ospa!* » « *Bokra! bokra! bokra!* » (Attendons! Demain!) semble être, dans la province, la devise de tous ceux qui l'habitent, Européens, Soudanais, Égyptiens. On peut, il est vrai, élever quelques objections contre un départ précipité pour Msoué; on peut nous opposer que les rebelles en seraient tellement irrités qu'une troupe recevrait sans doute la mission de nous ramener à Ouadelaï et d'arracher Msoué des mains de Choukri.

« Mais, d'un autre côté, si nous gagnons Msoué, nous serons, par le lac, encore plus loin de Ouadelaï. Rien ne nous empêcherait de quitter la station le jour même de notre arrivée, emmenant Choukri Aga et les soldats disposés à nous suivre, pour filer droit, à quatre journées de marche, sur le village du chef Kavalli qui nous recevrait, j'en suis sûr, de la façon la plus cordiale, et nous y attendrions Stanley qui, je l'espère, ne tardera pas longtemps!

« Je ne doute pas que quelques-uns des pires officiers et soldats ne soient bientôt dépêchés pour reprendre Toungourou, maintenant surtout que Souliman Aga est mort. Emprisonnés de nouveau, nous serons à six journées de Stanley et à deux seulement de ce foyer de séditions qui se nomme Ouadelaï. J'ai essayé d'en persuader Emin, car, naturellement, je voudrais prendre le parti le plus utile à Stanley. Mais cette considération n'entre guère dans les calculs du Pacha : Stanley est chargé de le secourir : eh bien, en le secourant, Stanley fera son devoir! — Quand j'ai voulu insinuer qu'après tout, le Pacha pourrait nous avoir une certaine obligation d'être venus à son aide, cette malheureuse phrase a causé une violente sortie : je manquais de générosité au point de lui rappeler ce que nous avions fait pour lui! Tenons-le pour dit.

« 11 janvier. — Comme je m'y attendais, le Pacha a résolu de rester ici quelque temps encore pour voir la tournure que prendront les événements: il démarrera sur l'heure à la première nouvelle de l'arrivée de Stanley. — Oui, mais alors cela nous sera-t-il possible? Emin peut avoir raison, mais je me méfie. Nous courons sur la mi-janvier et Stanley est parti depuis près de huit mois. Et, autre motif pour ne point perdre de temps, les Donaglas vont sans doute retourner à Redjaf au plus vite, avec des renforts de Khartoum. »

Il semblait qu'on arrachât l'âme au Moudir en lui conseillant de se déraciner de Toungourou et de partir pour Msoué. Il n'y avait en ce moment rien qui pût l'en empêcher. Un peu d'énergie, et nous aurions quitté la place et descendu le lac avec nos quelques fidèles pour gagner le village de Kavalli. Certes Emin n'aurait abandonné personne, car presque tous ceux de son parti étaient avec nous; ses amis restés à Ouadelaï devaient en sortir sans une aide qu'il ne nous était plus possible de leur donner. — Si les événements eussent tourné comme tout semblait le faire prévoir, si le Pacha fût tombé entre les mains des rebelles, il n'aurait eu à blâmer que lui-même. Par cette impuissance à prendre une décision, il aurait perdu ceux qu'il tenait à gloire de ne pas sacrifier. A mesure que prenaient consistance les rumeurs des mesures édictées contre nous, la troupe se faisait de plus en plus turbulente. D'ordinaire, on lui distribuait les rations de maïs une fois par quinzaine: elle en exigea pour un mois, et de cette quantité de grains on fit force cruches de bière *merissé*. Buveries et brailleries de se multiplier et de culminer en une bataille, où l'un des échauffés fut laissé pour mort; d'autres s'enfuirent vers Ouadelaï.

Saleh Aga dut prendre une escouade pour parcourir les hauts plateaux qui dominent la station et recouvrer les taxes en nature. Il y était à peine occupé depuis trois jours, qu'il fut attaqué par les natifs. Un combat eut lieu dans lequel tombèrent de part et d'autre quelques individus. Comme la garnison ne comptait presque plus d'hommes, il ne fut pas possible d'en envoyer au secours de Saleh, et les officiers firent demander aux chefs de maison qu'ils leur prêtassent des domestiques armés. Le Pacha et Casati en fournirent deux chacun; je cédai deux ordonnances. On finit par former un peloton de vingt-huit porte-mousquet et à peu près autant de porte-lance, renfort très précieux pour Saleh Aga et ses vingt hommes. Mais, le lendemain, la nouvelle arriva que, cernés par les naturels, nos gens n'avaient pu le rejoindre; quelques-uns d'entre eux, même, avaient été tués.

A huit heures du soir, au milieu de l'inquiétude générale, vingt nouveaux volontaires furent dépêchés vers le chef. A peine si l'on ferma l'œil cette nuit : la station était sans aucune défense. Nous nous attendions à un soulèvement des nègres, mûrs depuis longtemps pour la révolte. Une fâcheuse nouvelle augmentait encore les préoccupations : la veille, des espions de Kaba Regga avaient traversé le lac, emmenant un bouvillon noir et une jeune fille qu'ils avaient égorgés, puis ensevelis dans un coin du pays de Boki, à quelques kilomètres seulement de Toungourou.

Telle est, dans l'Ounyoro et l'Ouganda, la façon la plus usitée de déclarer la guerre. Parfois c'est à une vache noire et à un jeune garçon qu'on fait franchir la frontière ennemie : on tue la vache, et l'on enterre l'enfant jusqu'au cou pour le laisser mourir de faim ou, plus rarement, le délivrer au bout de quelques heures. Le chef procède à de nombreux sacrifices humains pour disposer en sa faveur les « génies » de la contrée hostile. De nouveaux faits d'insubordination venaient chaque jour à notre connaissance. Les émissaires de Kaba Regga avaient beaucoup travaillé le pays que leur maître était prêt à envahir, certain d'être secondé par tous les indigènes dès qu'il donnerait l'ordre de l'attaque. L'anxiété fut à son comble pendant quarante-huit heures ; puis nous apprîmes que Saleh Aga et les siens étaient en sûreté.

Mes deux ordonnances revinrent dire que, le second des détachements ayant pu les rejoindre, ils avaient couru ensemble au secours de Saleh ; le chef s'était cantonné dans un petit village autour duquel ils élevèrent rapidement une sommaire boma. Depuis l'avant-veille il était bloqué par de nombreux indigènes, et de ses vingt hommes il avait perdu cinq soldats et un sous-officier. Bientôt après, l'aga et les deux escouades firent leur apparition, chargés d'autant de grains qu'ils en pouvaient porter. Ce recouvrement de l'impôt en nature avait toujours servi de prétexte aux razzias exercées par les gens d'Emin. Les soldats, se croyant encore au bon temps, avaient commencé à piller, mais les indigènes, devenus moins timides, s'étaient levés en masse et les auraient exterminés si l'on ne nous eût avertis. Malgré l'arrivée des deux autres détachements, Saleh Aga n'osa brûler que quelques villages et prendre du maïs, puis jugea prudent de se retirer.

Inutile de dire que cette petite affaire ne fut pas perdue pour les naturels. Même du temps de Gordon, cette méthode de recueillir les taxes fut l'occasion d'excès atroces. Quelque sévères que fussent ses ordres, le Gouverneur n'arrivait pas à refréner ces semi-barbares.

Nous apprîmes, peu après, la mort presque subite du chef Boki. Une maladie d'entrailles l'avait emporté du matin au soir, œuvre secrète, sans doute, de quelque agent de Kaba Regga. Avant de rendre le dernier soupir, il fit transmettre ses compliments à Emin, en lui recommandant son fils et successeur. Emin me dit être fort satisfait de ce jeune homme, un brave garçon, qui s'était toujours bien conduit envers le gouvernement égyptien : il avait eu, au contraire — à tort, il le voyait aujourd'hui — beaucoup de méfiance envers Boki, qu'il croyait ligué avec le tyran de l'Ounyoro. La position de Boki, comme celle de tous les chefs de la province, avait été fort difficile. S'ils n'étaient pas en bons termes avec le gouvernement, on détruisait leurs villages et cultures, on leur enlevait femmes, chèvres et bétail. S'ils se déclaraient pour lui, il leur fallait, deux fois par an, payer la taxe en grains, et, plusieurs jours par semaine, envoyer à la station des hommes en corvée. En retour, on leur accordait peu ou point de protection et le privilège de cultiver leur propre territoire. Aussi ces malheureux n'aimaient ni Kaba Regga, ni les Égyptiens. Ils tâchaient de se mettre bien avec tout le monde, et fort injustement on les accusait de duplicité.

Vu les tiques et autres bestioles qui pullulaient dans la savane, je dus renoncer à la chasse. Mes malheureuses jambes n'étaient plus qu'une vaste piqûre, qui peu à peu se transforma en ulcères très douloureux, me donnant la fièvre et me forçant à rester sur mon angarep. Emin les lotionna d'abord avec un mélange d'opium et de zinc; et, comme je n'allais pas mieux, il recouvrit la partie malade d'une pommade faite avec du beurre et les capsules incinérées du cotonnier. Ce traitement amena quelque amélioration, mais la souffrance était encore si vive que je ne pouvais supporter le moindre contact. Ma misérable inaction m'usait, m'irritait et me dévorait le cœur. Résultat : plusieurs accès de fièvre qui me mirent encore plus bas.

Les naturels ne voulaient plus nous fournir ni maïs ni légumes; il fallait tout demander à Msoué. Le fidèle Choukri nous envoyait des provisions deux fois par semaine. Un soldat égyptien, qui venait de Ouadelaï, m'apprit qu'il en était là-bas comme ici. Les indigènes parlaient de se soulever ; on espérait toujours attirer Stanley et lui enlever ses fusils et ses munitions. Mais de cela je ne me tourmentais guère, car je savais arrivées à Nsabé les lettres qui le prévenaient du complot. D'autres réguliers vinrent avec des nouvelles assez confuses de ce qui s'était passé à Oudelaï après l'évacuation de Doufilé. Depuis une dizaine de jours, le Conseil siégeait en permanence. Le parti opposé au Moudir avait d'abord eu le dessus, et voulait faire exécuter au plus tôt la sentence portée contre nous, mais les officiers se querellèrent sur tout le reste ; leur impossibilité à s'entendre fit notre salut. Les uns voulaient partir, d'autres rester ; ceux-ci établir des stations à l'est du Nil, les autres à l'ouest. Les orgies se succédaient ; Ouadelaï tournait à la succursale de l'enfer. Tout comme à Doufilé, les soldats se mutinaient et demandaient le Moudir : non qu'ils eussent pour lui une réelle affection, mais parce qu'après avoir essayé du régime des rebelles, ils le trouvaient moins confortable que le gouvernement du paterne Emin. Chaque officier larronnait pour son compte, et la troupe avait perdu toute confiance en ses chefs. C'étaient pourtant ceux-là mêmes qui affichaient une moralité si haute et se plaignaient de « la conduite d'Emin Pacha et de ses compères ».

Fadl el-Moullah, réclamant l'application contre nous de mesures violentes, voulut les emporter haut la main, mais n'y put réussir, grâce à leur jalousie mutuelle. Il avait soi-disant l'autorité suprême depuis que Sélim Aga, qui s'était établi chef, avait été écarté. Aux séances orageuses du Conseil on en était venu aux coups. La confusion régnait dans la place. Sur la route de Toungourou, le vapeur *Khédive* talonna sur un banc de sable près de Ouadelaï. Les eaux étant très basses, il fallut décharger le navire, et les matelots, qui ne travaillaient qu'à bâtons rompus, perdaient un grand temps.

Nous étions en pleine saison sèche ; on brûlait les herbes, et chaque soir d'énormes incendies s'allumaient sur les pentes des montagnes ; on entendait de trois kilomètres le pétillement des chaumes et le mugissement de la flamme. Les feux qui brillaient à l'autre bord du lac sur les hautes chaînes de l'Ounyoro, distantes de plus de trente kilomètres, offraient un superbe spectacle. Ces embrasements annuels expliquent sans doute le rabougrissement et la rareté des arbres dans les endroits découverts. A peine si, sauf dans les ravines, on en voit un seul sur les plateaux aux environs de Kavalli. Ceux qui parsèment la prairie ressemblent à des arbustes; hauts de quatre à cinq mètres, ils sont déjetés, tordus, ils ont la physionomie maussade, comme si cette épreuve, revenant à époque fixe, diminuait leur vitalité et leur aigrissait le tempérament. Chose singulière! ces incendies ne détruisent pas les tiques à fond, comme on pourrait croire : la terre est comme cuite au four quand la flamme a passé par-dessus; pourtant, me disait Emin, deux mois après, partout où l'herbe a repoussé, ces abominables bestioles pullulent comme devant. Les pâturages, tondus ras par le bétail, présentaient un aspect aride et lugubre; le jaune reflet de l'herbe desséchée et luisante fatiguait les yeux. Un large figuier étendait ses branches au milieu de la savane, et après mes longues courses en quête de gibier je me dirigeais toujours de ce côté pour me reposer sous le couvert. Tout ombrage, grand ou petit, est doublement apprécié, en raison du contraste.

Je n'oublierai jamais certain coin de l'Ounyamouazi que nous traversâmes sur la route du lac Victoria à la côte. Après avoir quitté l'Ousongo, nous entrâmes dans le vaste désert appelé Mgounda Mkali. Pas de village, à peine de l'eau; une étendue désolée, brûlée, rôtie comme au four, toute couverte de sables jaunes dont la réverbération éblouissait, montrant quelques buissons défeuillés. L'air brasillait au-dessus; la voir seulement donnait des suffocations. Mourants de soif, le corps desséché, nous traînions sur l'arène calcinée, quand, dans le lointain, nous aperçûmes une masse colossale se dressant sur la plaine comme une île sur la mer. A son abri on put enfin déployer les tentes. Jamais je n'avais si bien compris ce passage du prophète Isaïe « l'ombre d'un haut rocher en une terre altérée », une ombre dont il parle comme symbolisant le repos et le soulagement! Il me revint à l'esprit dès que nous fut signalé le morne, et je le répétai avec bonheur en m'asseyant à « l'ombre du haut rocher », « la terre altérée » et brûlante s'étendant tout autour de nous. Et combien de fois n'ai-je pas vû ces paysages de la Bible! Stanley me prêta la sienne, un jour que je n'avais rien à lire. Après avoir habité le plateau de Kavalli au milieu d'une tribu de pasteurs, les vies d'Abraham, d'Isaac et de Jacob, telles que les rapporte la Genèse, apparaissaient nettement à mes yeux; sur ces prairies montagneuses j'avais vu des scènes semblables à celles que je lisais dans l'histoire des patriarches ; je découvrais, dans ces descriptions, des beautés qui jusqu'alors ne m'avaient jamais frappé.

Après être resté près d'une semaine cloué sur mon matelas, je pus enfin me lever, quoique mes jambes ne fussent point guéries. Je me promenai, j'allai chez Casati, Vita et Marco, les priant d'user de leur influence pour décider Emin à se rendre à Msoué. Les rebelles n'avaient pas encore jugé à propos de nous mettre sous garde, mais la chose ne pouvait tarder. Tous les amis étaient d'avis qu'il fallait partir à l'instant, voire gagner Kavalli sans nous arrêter à Msoué. Marco, un vieux brave, voulait déguerpir sur l'heure : il était prêt, disait-il, à renverser tout ce qui s'opposerait à notre exode.

Pendant notre conversation il me montra un petit colobe, à peine âgé d'une semaine : un soldat avait tué la mère et emporté l'enfant, une drôle de petite créature ressemblant singulièrement à un bébé; sa face rouge était parsemée d'un duvet blanc et soyeux ; il suçait un chiffon trempé dans du lait et paraissait en bon point.

Emin disait vouloir se porter sur Msoué dès l'arrivée de Stanley au lac, mais pas plus tôt. La discussion, les conseils le faisaient s'obstiner davantage; je me tus, voulant espérer que tout finirait bien.

Le lendemain, 26 janvier, comme je prenais un bain en rentrant de la chasse, Emin ouvrit brusquement la porte, et, fort agité, me remit deux lettres de Stanley : il en avait reçu une pour sa part. Le fidèle Mogo avait apporté ces dépêches au milieu de la nuit. Choukri Aga les avait confiées à un messager pour nous les faire tenir à Toungourou. Depuis le jour qui précéda l'arrivée de Stanley, Mogo était parti presque immédiatement de Kavalli.

Je m'élançai de mon bain et déchirai les enveloppes. Ces lettres me consternèrent :

Camp de Gavira, à une journée de marche du Nyanza, à une journée de marche à l'est des Mazambonis.

Mon cher Jephson,

J'ai en main votre lettre du 7 novembre et vos deux post-scriptum, l'un daté du 24 novembre, l'autre du 18 décembre; je n'en veux critiquer ni discuter le contenu. Il me faut être bref et agir promptement. Donc, je me borne à un précis des événements qui se rapportent à notre voyage.

Nous avons quitté le Pacha le 3 mai dernier. Il était expressément entendu que, environ deux mois plus tard, avec ou sans le Pacha, vous reviendriez au fort Bodo, accompagné d'hommes pour charger nos bagages et les transporter jusqu'au Nyanza. Le Pacha semblait très désireux de voir le mont Pisgah et le fort, et, si l'on peut faire fond sur des paroles, il semblait très désireux aussi de nous aider à lui porter secours. Je craignais, à part moi, que ses affaires ne lui permissent guère de s'absenter, mais j'étais certain que vous ne resteriez pas inactif.

Nous avions convenu, en outre, que le Pacha établirait un dépôt d'approvisionnements à l'île Nyamsassie, afin que l'Expédition fût assurée de sa subsistance dès son arrivée au lac.

Huit mois se sont écoulés, et pas une de ces promesses n'a été exécutée. Quant à nous, fidèles à notre engagement, nous quittions le 25 mai la plaine du Nyanza pour arriver le 8 juin, quinze jours plus tard, au fort Bodo. Nous apportions au lieutenant Stairs et au capitaine Nelson l'assurance réconfortante que vous seriez leur hôte dans deux mois, et leur remettrions l'autorisation écrite d'évacuer ensuite le fort et de vous accompagner au Nyanza avec la garnison, laquelle, réunie aux soldats du Pacha, aurait fait de l'île Nyamsassie une véritable place forte. Je quittai Bodo le 16 juin, à la recherche du major et de sa colonne.

Dans la matinée du 17 août, à dix heures, nous retrouvions l'arrière-garde à Banalya, à 145 kilomètres de Yambouya et à 913 du Nyanza, le 63e jour à dater de notre départ du fort Bodo, le 85e de notre départ du Nyanza. Mais ce détachement qui, lorsque je quittai Yambouya, comptait en tout 271 personnes, n'était plus qu'une misérable épave : le matin du 21 juillet, le major Barttelot avait été tué d'une balle tirée par un Manyéma de Tippou-Tib. Le 23 juillet, M. Jameson était parti pour les Chutes Stanley, et une lettre datée du 12 août, cinq jours avant mon arrivée à Banalya, annonçait qu'il allait descendre le fleuve Congo jusqu'à Bangala, mais les courriers qui nous l'apportèrent affirmèrent qu'il se décidait à pousser jusqu'à Banana. M. Herbert Ward avait été envoyé à Bangala, puis à Saint-Paul de Loanda. Il était revenu à Bangala avec des lettres et des instructions du Comité, mais là il avait reçu du major Barttelot l'ordre de s'y arrêter. — En juin 1888, M. John Rose Troup, malade, était parti pour l'Angleterre, M. Bonny restait seul avec les débris de notre arrière-garde. 100 Soudanais, Zanzibaris et Somalis avaient été ensevelis à Yambouya; au départ on y avait laissé, à peu près moribonds, 33 hommes dont 14 moururent plus tard; 26 avaient déserté. A mon retour à Banalya,

Nouvelle de l'arrivée de Stanley.

de mes 271 engagés je n'en retrouvais que 102, et seulement un officier sur cinq. L'état des approvisionnements était non moins fâcheux : de 660 charges pesant 30 kilogrammes chacune, il n'y en avait que 230. Tous mes objets personnels, sauf un chapeau, des bottes, une jaquette de flanelle, un bonnet écossais et trois caleçons, avaient été expédiés à Bangala, la rumeur publique me déclarant mort et l'avant-garde détruite. — Une trentaine de mes hommes, ajoutait-on, seraient parvenus à se réfugier à Oudjidji!...

J'envoyai mes dépêches aux Chutes Stanley et de là en Europe. Le 31 août, nous reprenions la route. Le 20 décembre, deux jours avant la date fixée, j'étais au fort. Le 24, nous marchions vers la passe de l'Itouri. Mais, comme, par suite de votre non-arrivée, nous avions beaucoup plus de charges que nous n'en pouvions porter, il fallut faire deux fois chaque étape. Le 10 janvier, tous les survivants de l'Expédition étaient campés, avec armes et bagages, à 800 mètres au delà de la rivière, dans un pays abondamment pourvu de vivres. Le 12, je remis à Stairs le commandement de la colonne : votre absence du fort et le silence absolu qui s'était fait autour de vous deux me faisaient craindre des troubles graves. Votre lettre, reçue hier, me les a expliqués. Les difficultés déjà trouvées à Banalya, je les retrouve ici, près du lac Albert. Elles nous écraseront si nous ne prenons une décision bien nette. Si j'avais atermoyé à Banalya, nous y serions encore, attendant Jameson et Ward, nos hommes mourant par douzaines.

Un sort semblable attend-il le Pacha, Casati et vous? Si vous êtes encore en proie à l'indécision, bien le bonsoir je vous souhaite; mais tant que je conserverai la moindre lueur d'intelligence, il me faut sauver la mission; vous avec elle, si vous le voulez.

Dans les « Hauts Commandements » du Khédive, datés du 1er février 1887, n° 3, adressés à Emin Pacha et dont traduction m'a été donnée, je lis :

« Et puisque notre sincère désir est de relever toi, tes officiers et soldats du poste difficile que vous tenez encore, mon Gouvernement a dû porter son attention sur les moyens de retirer toi, tes officiers et soldats de cette position dangereuse.

« Et une mission de secours a été organisée sous les ordres du sieur Stanley, l'explorateur fameux et expérimenté, bien connu par toute la terre; il va se mettre en chemin avec tout ce qui vous est nécessaire, afin de vous ramener ici, toi, tes officiers et tes hommes, par la route qu'il trouvera convenable. En conséquence, j'ai fait écrire ceci, mon Haut Commandement; ledit Stanley te le remettra de sa main; et, dès que tu en auras pris connaissance, je t'invite à présenter mes bons souhaits aux officiers et aux hommes.

« Et je dis ceci : Reviens au Caire ou reste où tu es avec tes officiers et tes hommes; tu as pleine liberté de choisir.

« Mon Gouvernement a décidé que ton salaire sera payé, et celui des officiers et des hommes.

« Les officiers et les hommes qui voudront rester peuvent le faire sous leur propre responsabilité; ils n'auront à attendre aucune aide du Gouvernement.

« Applique-toi à bien comprendre le contenu de ceci, et fais-le connaître à tous les officiers et aux hommes, afin qu'ils voient ce qu'ils ont à faire. »

Ce sont précisément les paroles du Khédive que je vous redis à mon tour. Appliquez-vous à comprendre clairement, et secouez cette indécision qui vous perdra si vous n'y prenez garde!

Le premier acompte sur le ravitaillement promis, je l'ai remis à Emin Pacha le 1ᵉʳ mai 1888. Le solde est en nos mains, prêt à être livré dans l'endroit et à la personne qu'il plaira au Pacha. Si le Pacha ne peut, ou ne veut le recevoir, il me faudra aviser, et le plus tôt possible.

Nous avions pour seconde tâche d'accueillir dans notre camp et de ramener dans leurs foyers, par la route la plus sûre et la plus rapide, tous ceux qui désirent quitter l'Equatoria. Si personne ne veut s'en aller, nous n'avons plus affaire ici, et je repartirai de suite. Appliquez-vous à comprendre tout ce que ceci veut dire, appliquez-vous à voir que mon départ sera la fin finale de tout secours, la fin amère de ces gens aveugles et obstinés, qui refusent l'aide qu'on vient leur apporter! Du 1ᵉʳ mai 1888 à la mi-janvier 1889, le Pacha a eu neuf mois pour réfléchir à une simple proposition : quitter l'Afrique ou y rester.

Donc, par la présente lettre officielle, qu'accompagne un post-scriptum à vous destiné, j'assigne le village de Kavalli comme le lieu de rendez-vous où je recevrai tous ceux qui ont l'intention de quitter la province. Il va sans dire que nous modifierons nos plans si une seconde lettre de vous ou une entrevue personnelle nous en démontre l'opportunité.

.·.

P.-S. — Maintenant, je m'adresse personnellement à vous, Jephson : si vous vous regardez encore comme membre de l'Expédition et tenu de m'obéir, dès la réception de cette lettre revenez à Kavalli avec ceux de mes hommes — Binza et les Soudanais — qui voudront vous suivre et apportez-moi la réponse finale d'Emin Pacha et de Casati. Si je n'étais pas chez Kavalli, vous m'y attendriez, tout en me faisant avertir par une lettre que les messagers de Kavalli remettraient à Mpinga ; Mpinga me la ferait passer chez Mazamboni, où je serai probablement. Comprenez que les ressources de Kavalli ne lui permettent pas de nous héberger au delà de six jours, et que si, passé ce temps, vous n'êtes pas encore prêt, nous aurons à nous retirer chez les Mazambonis et de là à notre campement de l'Itouri. User de violence pour nous procurer le nécessaire, serait déraisonnable et mettrait fin à nos bons rapports avec les indigènes. Cette difficulté aurait été écartée si le Pacha avait, comme je le lui avais demandé, établi un dépôt à Nyamsassie ; qu'il y ait ou non des provisions à Msoué, en quoi cela peut-il me servir? Il n'en manque pas non plus en Angleterre ! Par malheur, celles de Msoué sont tout aussi inaccessibles ! Nous n'avons pas de bateau pour communiquer par le lac et vous ne dites point ce que sont devenus les vapeurs *Khédive* et *Nyanza*.

On assure que le Pacha a été déposé ; on affirme qu'il est prisonnier. Avec qui dois-je communiquer pour les mesures à prendre? Je n'ai point pour instructions de conférer avec les officiers mutinés. C'est à Emin et aux siens que je venais porter secours et, en cas de décès du Pacha, à celui qui, légalement, devait le remplacer. Emin n'est point mort : je ne puis communiquer avec aucun autre, si le Pacha lui-même ne lui donne mandat. Donc, s'il ne peut pas me venir trouver à Kavalli avec une escorte de soldats fidèles, s'il ne peut déléguer personne pour que je lui remette les munitions envoyées avec tant de labeur, il ne me reste qu'à les détruire et à regagner l'Angleterre.

Vous devez comprendre que mes engagés ne sont, après tout, que des porteurs. Ils ont exécuté leur contrat avec une fidélité sans exemple ; ils ont amené jusqu'au lac le bateau, puis les bagages ; leur tâche est aujourd'hui finie. Il vous a plu de détruire l'embarcation et de nous faire ainsi un irréparable dommage. Je ne doute pas qu'on n'ait sacrifié aussi les deux caisses de munitions pour winchesters.

Je ne dois point oublier de dire que nos gens, restés au campement du gué de l'Itouri, sont presque tous malades et ne bougeront guère d'un mois, et que j'ai dans ma troupe une centaine de Manyémas. A quarante-deux d'entre eux il faudra payer une dent d'ivoire par tête pour colis charroyés au compte d'Emin Pacha. Occupez-vous, je vous prie, des moyens de leur donner satisfaction.

Veuillez aussi voir à ce qu'on nous fournisse de vivres au terme de cette portion si aventureuse de notre voyage : il nous faudra peut-être retourner au lac ou aux alentours de Kavalli, afin d'attendre cette décision si longtemps différée du Pacha et de ses hommes.

Finalement, si les gens du Pacha veulent quitter cette province et s'établir en quelque région pas trop éloignée d'ici, sur le Victoria Nyanza par exemple, ou sur la route qui conduit à Zanzibar, je suis prêt à les accompagner, comme aussi à conduire les autres jusqu'au Caire. Mais je veux des déclarations claires et formelles, suivies d'une prompte obéissance aux ordres que je donnerai, ou un refus non moins clair et formel. Nous ne pouvons rester ici toute la vie à attendre des gens qui m'ont l'air de ne pas savoir ce qu'ils veulent.

Mes meilleures salutations au Pacha et au signor Casati. Je prie Dieu que la sagesse les guide l'un et l'autre avant qu'il soit trop tard. J'espère vous voir bientôt, mon vieux camarade, et entendre de vos lèvres toute l'histoire.

Votre, etc.,

Henry M. Stanley,

à J. M. Jephson, Esq.
Confidentiel.

Kavalli, 10 janvier 1889, 3 h. après-midi.

Mon cher Jephson,

Un court billet, expédié de chez Mazamboni le jour même où j'y suis arrivé, vous aura dit que, si la rumeur court de notre apparition dans le voisinage, elle n'est point mal fondée. J'apprends, en m'arrêtant ici, que la note a été remise à Mogo, qui s'est arrêté chez Kyya Nkondo. Ce chef construit son nouveau village sur le lieu même où nous vous rencontrâmes avec le Pacha, le jour de notre arrivée au Nyanza.

J'envoie au lac trente carabines et trois hommes de Kavalli avec mes lettres et d'urgentes instructions pour qu'un canot soit expédié et qu'on récompense les porteurs.

Il se peut que je reste ici six jours encore, et peut-être dix. Je ferai de mon mieux pour prolonger mon séjour sans rupture de paix jusqu'à ce que vous arriviez. Nos gens sont bien approvisionnés en rassades, étoffes et cauris, et je constate que les indigènes brocantent volontiers, ce qui profitera au pays quand même notre longue visite les incommoderait.

Si vous pouviez m'apporter quoi que ce soit en vivres, grain ou bétail, bien des difficultés seraient aplanies pour un séjour un peu prolongé. Quelques bouteilles du whisky du Pacha nous seraient agréables et un peu d'huile pour la cuisine des blancs.

Agissez prudemment et promptement, ne perdez pas une heure, et amenez Binza et vos Soudanais. J'ai lu vos lettres une demi-douzaine de fois, mais sans les comprendre tout à fait : sur quelques détails importants, une lettre semble contredire l'autre. Dans l'une vous dites que le Pacha est gardé étroitement, tandis qu'on vous laisse une certaine liberté, et dans l'autre vous dites que vous viendrez me trouver dès que vous aurez appris mon arrivée. « J'espère, ajoutez-vous, que le Pacha m'accompagnera. » Mais, si vous êtes prisonnier, je ne vois pas comment vous sortirez de Toungourou. Cela ne paraît pas très clair à nous autres qui sortons de la forêt.

Si le Pacha peut venir, expédiez-moi un courrier indigène dès votre arrivée chez Kyya Nkondo, et j'enverrai une forte escouade pour l'escorter jusqu'au plateau, pour l'y porter même, s'il en est besoin. Mais, avec les 2 000 kilomètres que j'ai dans les jambes, depuis que je vous ai quitté en mai dernier, je me sens trop épuisé pour retourner au lac. Que le Pacha veuille bien me prendre en pitié !

Ne vous alarmez pas, ne vous inquiétez même pas à mon endroit ! D'ici à 20 kilomètres, aucun ennemi n'approchera sans que j'en sois informé. Je suis au plus épais d'une population amie, et si j'embouche la trompette de guerre, j'aurai, en quatre heures, deux mille combattants prêts à repousser toute attaque. Et s'il s'agit de lutter de ruse, qu'on me mette en présence du plus retors des Arabes !

Je vous écrivais ci-dessus que j'ai lu vos lettres une demi-douzaine de fois, et à chaque lecture mon opinion varie. Tantôt je vous crois à moitié mahdiste ou arabiste, et tantôt éministe. J'en saurai davantage après vous avoir vu.

Jameson avait payé 25 000 francs pour nous accompagner. Eh bien, il n'a pas exécuté mes ordres et nous l'avons laissé à réfléchir sur sa conduite. Ward, vous le savez, désirait fort nous suivre ; lui n'a pas obéi non plus, et il est resté à Bangala, victime de sa soif d'aventures nouvelles. Barttelot, lui, pauvre garçon ! était fou d'honneurs et de distinctions, mais il a perdu la vie, et combien avec lui ! à cause de son entêtement. Allons, ne regimbez pas, obéissez, mettez mes ordres « comme un fronteau entre vos yeux », ainsi que dit la Bible, et, avec la grâce et l'assistance de Dieu, tout ira bien!

Je ne demande pas mieux que d'aider Emin de façon ou d'autre, mais il lui faut aussi m'aider et se fier à moi. S'il désire sortir d'embarras, je suis son plus dévoué serviteur et ami ; mais s'il hésite encore, il me plongera dans l'étonnement et la perplexité. Je pourrais sauver une douzaine de Pachas, s'ils voulaient seulement se laisser sauver. Volontiers je me mettrais aux genoux d'Emin pour le prier d'être raisonnable. Pour le reste, il me paraît assez entendu, même en ce qui concerne son propre intérêt. Sachez-lui gré de ses nombreuses vertus, mais ne vous laissez pas envahir par cette fascination fatale que le Soudan semble exercer sur tous les Européens qui touchent ce territoire depuis quelques années. Dès qu'ils y mettent le pied, on dirait qu'ils sont attirés par le gouffre qui les engloutira! Pour échapper, il n'y a qu'un moyen : obéir aveuglément, avec dévouement, et sans mettre en question les ordres donnés.

Le Comité a dit : « Portez à Emin ces munitions. S'il veut sortir, ces munitions lui en donneront le moyen. S'il préfère rester, ces munitions lui seront utiles. » Le Khédive a dit la même chose en ajoutant : « Mais si le Pacha et ses officiers veulent rester, ce sera sous leur responsabilité ». Sir Evelyn Baring a dit la même chose, en paroles claires et décisives. Me voici, après un voyage de 6 500 kilomètres, avec la dernière équipe de secours. Que celui qui est autorisé à l'accepter, l'accepte. Qu'il vienne, et je suis tout prêt à l'aider avec tout ce que j'ai de force et d'intelligence. Mais cette fois-ci, qu'il n'y ait pas d'hésitation! Que ce soit un *oui* ou un *non* bien positif et nous reprenons le chemin du pays.

A vous bien sincèrement,

Henry M. STANLEY,

à M. J. JEPHSON, Esq.

P.-S. — Hier on m'a apporté vos lettres, au milieu d'un violent accès de fièvre. Aujourd'hui tout va bien; le soleil brille, et je me suis déjà rapproché de 13 kilomètres.

Voilà les lettres que m'écrivait Stanley. Voici maintenant celle que reçut le Pacha :

Camp de Mpinga, d'une longue marche du Nyanza, à 18 kilomètres est de chez Mazamboni.

A Son Excellence Emin Pacha, gouverneur de l'Equatoria.

17 janvier 1889.

Monsieur,

J'ai l'honneur de vous informer que la seconde partie des approvisionnements que nous avions ordre de vous remettre est ici, à la disposition de toute personne que vous chargerez d'en prendre livraison. Si vous préférez que nous en fassions le dépôt à Kavalli ou à Kyya Nkondo, sur le lac, veuillez nous en aviser.

Ce second convoi comprend 63 boîtes de cartouches remington, 26 caisses de poudre, pesant 20 kilogrammes chacune, 4 caisses de capsules à percussion, 4 ballots d'effets pour le signor Casati, 1 ballot dito, que je le prie d'accepter en mon nom, 2 pièces de serge bleue, papier à lettres et enveloppes, cahiers de papier blanc, etc.

Après les avoir transportés jusqu'ici, au prix de difficultés plus grandes que nous n'avions prévues, je dois vous demander reçu officiel des objets sus-nommés et réponse définitive à la question que je vous ai déjà posée : Entendez-vous accepter notre aide et main-forte jusqu'à Zanzibar? Signor Casati en veut-il? Avez-vous des officiers et des soldats qui demandent à profiter de notre escorte jusqu'à la mer? S'il en est ainsi, je vous serai obligé de me faire connaître un moyen de communiquer avec eux. D'après mon avis — que je vous soumets respectueusement, — toute personne désireuse de nous accompagner devrait s'approvisionner de grains pour un mois et se rendre aussitôt au lieu désigné, Nsabé ou Kyya Nkondo, sur le lac, où l'on établirait un campement en toute hâte. Il faudrait m'en informer par une note expédiée *via* Kavalli. Le fonctionnaire de service au camp me relatera le nombre précis des gens acceptant notre sauf-conduit, et sur le vu de cette liste je me chargerai d'eux avec plaisir.

Je me permets de vous donner ci-après un aperçu de nos mouvements probables jusqu'à votre réponse. Impossible de rester toujours dans le même endroit, car dans le voisinage du Nyanza notre approvisionnement de vivres devient incertain et précaire, à moins que nous ne nous en emparions par force, ce qui serait fort impolitique présentement.

Si au bout de vingt jours je n'ai rien appris de vous ni de M. Jephson, je décline toute responsabilité pour ce qui s'ensuivra. Nous ne demanderions pas mieux que de séjourner à Kavalli, si nous étions assurés d'y trouver à vivre. Mais une troupe nombreuse ne peut se sustenter qu'en réquisitionnant d'importantes contributions de maïs. Si nous employons la contrainte, on ne peut plus entretenir avec les naturels de relations cordiales, et il devient difficile de correspondre avec vous.

Si votre vapeur nous apporte à Kyya Nkondo du grain, dont la garde serait confiée à six ou sept de vos hommes, un mien détachement en prendrait livraison. Je n'ai d'inquiétude que relativement aux vivres, mais je dois vous prier d'être prompt et catégorique, si possible.

Si dans les vingt jours vous m'avez fait connaître les moyens de vous être utile, je promets de n'y épargner aucun effort. J'attends le vapeur en grande anxiété.

Je suis, monsieur, votre obéissant serviteur,

Henry M. Stanley,
commandant l'Expédition de secours.

La lettre de Stanley à Emin était, naturellement, une lettre officielle et tout à fait impersonnelle. Après avoir lu les miennes, je m'assis sur mon lit, tout frissonnant de ces terribles nouvelles de l'arrière-colonne. Certes il nous avait été trop aisé de prévoir que les difficultés seraient nombreuses à Yambouya, mais jamais nous n'eussions soupçonné ce désastre! Connaissant les Manyémas comme je le fais, je pouvais mentalement remplir les lacunes du court récit de Stanley, et me rendre compte de ce qu'il trouva en arrivant à Banalya. Pauvre Barttelot! quelle destinée que la sienne! Les larmes me montaient aux yeux quand je me le remémorais tel que je l'avais vu en Angleterre, plein de vie et d'entrain, avec sa gaieté, son brio, sa popularité méritée! Et voilà comment il devait finir! Cette brillante carrière était brusquement arrêtée par la balle d'un abject Manyéma, d'un esclave des brigands arabes! La plus dure des expériences qu'ait à faire le voyageur en Afrique, ce n'est ni la soif, ni les mécomptes, ni les épreuves physiques, mais bien les souffrances et la mort de ses camarades, européens ou nègres. La faim, la soif, les fatigues, sont bientôt oubliées, mais la mort d'hommes tels que Barttelot et Jameson et nos fidèles Zanzibaris restera toujours dans ma mémoire le plus triste de tous les tristes souvenirs qui se pressent dans mon esprit quand je pense à ces trois dernières années.

Que Barttelot ait fait bravement et honnêtement son devoir, je n'en ai pas douté une minute : il peut avoir erré dans ses jugements; il a été trop prompt, peut-être. On ne saura jamais, je le crains, l'histoire de ce drame; mais, quelque chose qui ait pu arriver, tous ceux qui ont réellement connu le major savent que c'était un homme d'honneur, un homme plein de droiture. Comme Lawrence, il tâcha de faire son devoir.

De la mort du pauvre Jameson nous ne sûmes rien jusqu'à notre arrivée à Ousambiro, sur le Victoria Nyanza. Nous nous attendions à le revoir, à entendre de ses lèvres le récit des sombres jours de l'arrière-colonne. Tous furent consternés en apprenant sa triste fin. Nous ne le connaissions que depuis cinq mois, mais, durant cette courte période, ses nombreux actes de bonté nous l'avaient fait chérir. Les Zanzibaris de l'arrière-garde n'en parlaient qu'avec des louanges, et tous, hommes blancs et nègres, avions été attirés vers lui par sa gaieté, ses manières affectueuses, son manque absolu d'égoïsme.

Nous avions attendu avec impatience l'arrivée de Stanley, dans l'espoir que, si la situation allait de mal en pis, il lui serait facile — ses deux colonnes enfin réunies — d'en arracher Emin, par la force si cela était nécessaire; mais, au lieu d'avoir récupéré tout son personnel, il faisait un lugubre récit de morts et de désastres.

S'asseoir pour mener deuil n'a jamais rien guéri. J'allai trouver Emin et lui tendis les lettres. Il avait l'air terriblement vexé que Stanley ne lui eût pas écrit personnellement en dehors de sa dépêche officielle. Je lui fis remarquer que j'avais prié mon chef de communiquer surtout avec moi, car des lettres adressées au Moudir auraient pu tomber entre les mains des rebelles.

Maintenant, ajoutai-je, le Pacha ne saurait trouver de moment plus favorable pour partir : Stanley était à Kavalli, prêt à l'accueillir dans son campement. Le Pacha oubliait-il nous avoir dit par deux fois qu'à la nouvelle de son arrivée au lac il n'hésiterait plus à se mettre en route?

Rien n'y faisait, il préférait encore attendre! C'était perdre son temps que de raisonner avec lui.

Je lui dis alors que l'ordre formel de Stanley portait de m'acheminer au reçu de sa missive. A cet ordre j'entendais obéir sans délai et dès le lendemain matin. Il y donna son adhésion complète et s'occupa sur-le-champ à faciliter mon voyage. Il envoya chercher Saleh Aga et lui apprit la grande nouvelle. De plus, comme j'avais à me mettre en route incontinent, il le priait de me faire conduire à Msoué par ses embarcations.

« Mes embarcations, impossible : elles sont en course!

— Eh bien, dit le Pacha, tu donneras à M. Jephson quinze porteurs et une escorte. »

Saleh Aga ne savait guère à qui obéir, les rebelles lui ayant sévèrement enjoint de ne pas nous laisser sortir de la station. Mais Emin insista, et Saleh, bien qu'à contre-cœur, promit de faire le possible pour me procurer des hommes, très difficiles à réunir, vu le désordre qui régnait au pays.

Je commençai donc les préparatifs de mon départ par voie de terre pour Msoué, où j'espérais arriver dans deux jours.

Dans l'après-midi j'envoyai mon Niam-Niam se promener par la place pour me rendre compte de l'effet produit par la nouvelle du jour. Au bout d'une couple d'heures il revint. Tous en causaient, très émus, dit-il. Saleh Aga écrivait à Ouadelaï pour annoncer l'arrivée de Stanley et le désir qu'avait Jephson de le rejoindre, mais il voulait leur agrément avant de me laisser partir ». Juste ce que je craignais !

Je dépêchai donc Binza à Saleh avec un message portant que j'avais à lui parler chez moi et en secret. Il vint une demi-heure après. L'averse d'invectives qui tomba sur sa tête dut fort le surprendre : il restait debout, les yeux fixés sur le sol, le corps dandinant d'une jambe à l'autre. « Je lui supposais, dit-il, des intentions qu'il n'avait pas !

— Pouvait-il penser, répondis-je, que je croirais un seul mot d'un homme qui avait trahi le Pacha et s'était révolté contre lui? Porteurs ou non, je partirai demain avec Binza et mes trois ordonnances. Sur qui tentera de m'arrêter, je donnerai l'ordre de tirer immédiatement. Mon winchester contient quinze cartouches et mes gens ont trois remingtons ! »

Saleh Aga, un petit bout d'homme, sembla rentrer sous terre à cette avalanche de paroles ; il quitta ma hutte en protestant que la rumeur était fausse, et que je me méprenais complètement. « C'est fort bien, mais je partirai ! »

Je racontai à Casati ma conversation avec Saleh et le priai de recueillir les bruits qui couraient, car cet homme avait le talent de savoir tout ce qui se passait.

Emin écrivit à Stanley une lettre que je devais emporter ; puis, avec sa bonté accoutumée, il employa son après-midi à faire préparer par ses domestiques tout ce que sa maison pouvait contenir de meilleur. Le Pacha était un de ceux qui se passent des choses afin d'avoir le plaisir de les donner, et rien ne le blessait comme de voir refuser ses cadeaux. Des présents de peu de valeur en eux-mêmes — pauvre Moudir! que lui restait-il maintenant? — étaient les gages d'un désintéressement qui en doublait le prix. Par malheur, quand on en venait aux choses grandes et importantes, là commençaient les difficultés.

Le soir arrivèrent de Ouadelaï par le *Khédive* plusieurs réfugiés, parmi lesquels Haouachi Effendi et quelques scribes. Emin fit venir le capitaine du navire, lui annonça le retour de Stanley et le pria de me prendre à bord : il fut décidé qu'on ferait du bois le lendemain matin, puis que je m'embarquerais vers midi. Ce capitaine avait été laissé pour mort par les Donaglas lors de la capture des vapeurs à Doufilé. Une effroyable blessure lui coupait le visage du front jusqu'au menton, mais elle se comblait d'une façon merveilleuse. Ce n'est pas la première fois que je le remarquais : les plaies, chez le nègre, guérissent beaucoup plus vite, ou empirent beaucoup plus rapidement que chez l'Européen. Le nègre est toujours dans les extrêmes!

Les fugitifs venus de Ouadelaï ne devaient m'accompagner que jusqu'à Msoué, les matelots refusant d'aller plus loin ; on leur avait donné l'ordre strict de s'en retourner aussitôt que possible. La quantité de bois recueillie était à peine suffisante pour nous mener jusqu'aux Sources Chaudes; les soldats avaient paressé encore plus que d'ordinaire; ils tenaient à retarder mon départ jusqu'à ce que ceux de Ouadelaï eussent appris l'arrivée de Stanley. Casati ayant appris que les matelots quittaient le navire tous tant qu'ils étaient et se refusaient à la manœuvre, nous y allâmes voir. Ils ne voulaient aucunement, dirent-ils, aller jusqu'à Msoué; après un palabre prolongé ils consentirent, cependant à condition de choisir eux-mêmes leur capitaine. L'autre leur déplaisait, et il dut rester à Toungourou. Ma case ne désemplissait pas d'individus qui me demandaient de les emmener.

J'écrivis à Sélim Aga dans l'après-midi, lui parlant de l'arrivée de l'Expédition, et le pressant, si le parti du Pacha était en force suffisante, d'arriver à Toungourou par le vapeur et d'emmener avec lui le Moudir à Nsabé. Je le priai d'apporter 42 défenses d'éléphant pour payer les hommes de Tippou-Tib qui avaient charroyé les munitions jusqu'au lac. Cette lettre fut transmise à Ouadelaï par des messagers spéciaux.

Les rumeurs de la prochaine arrivée de Stanley semées par le courrier qui avait apporté les lettres de Msoué, firent un très bon effet, et, quoique, à mon sens, elles ne pussent être vraies, je me gardai de les contredire. L'Anglais était là, avec un merveilleux canon qui moissonnait les gens par centaines; derrière lui suivait une immense troupe des Manyémas de Tippou-Tib, la terreur du pays. Les naturels multipliaient les hauts faits de ces redoutables brigands, esclaves eux-mêmes des malandrins arabes. Chacun amplifiant l'histoire, Stanley passait déjà pour avoir toute une armée. Les gens s'empressaient moins à me mettre des bâtons dans les roues.

Les bruits qui avaient couru au sujet du Conseil à Ouadelaï nous furent confirmés par les fugitifs : il s'était formé au moins une demi-douzaine de factions, dont chacune cherchait à imposer ses caprices. Les deux plus puissantes avaient pour chefs respectifs Fadl el-Moullah et Sélim Aga, bien empêchés, sans doute, de savoir eux-mêmes ce qu'ils voulaient.

Le soir, je disais dans mon journal :

« Le Pacha a écrit à Stanley, mais non pas pour donner une réponse définitive. Les circonstances la lui font simple et facile, mais je ne le crois pas capable de la donner. Pauvre Pacha! son long séjour en Orient a fini par en faire l'homme des demi-mesures. »

CHAPITRE XV

DÉPART POUR REJOINDRE STANLEY

Je quitte Toungourou pour me rendre à Msoué. — Thermes sulfureux. — Arrivée à Msoué. — Complaisances de Choukri Aga. — Arrangements pour la réception des réfugiés. — Reconnaissance d'une négresse. — Laissé dans l'embarras. — Consultation avec Mogo. — Lettre à Emin. — Choix d'une garde du corps. — Les tribus amies sont sacrifiées. — Départ dans les canots. — Tirer le feu d'une pierre. — Comment les indigènes saluent. — Magounga. — Récriminations de Magala. — Le pays de Mélindoué. — Filouteries des Lurs. — Dignité des Ouahoumas. — Contraste entre les manières des Ouahoumas et celles de notre soldatesque. — Mon arrivée chez Katonza. — Retard. — Mon miroir fait sensation. — Palabre fatigant. — Ascension de la montagne. — Rencontre de la bande envoyée par Stanley. — La bruyante bienvenue des Zanzibaris. — Je rejoins mon chef. — Lettres du pays.

Le 28 janvier, le vapeur dérapait que Saleh Aga faisait encore son possible pour m'empêcher de partir ; mais Casati et moi menâmes un terrible tapage ; à force de bruit, je finis par l'emporter.

Emin me fit la conduite : nous causions de ce qui se passerait après mon départ : je me sentais quelque remords de l'abandonner. Pourtant je ne pouvais mieux faire que rejoindre mon chef pour m'entendre avec lui sur les moyens de sauver le Pacha. « Adieu ! » est souvent un mot pénible à prononcer, je le trouvai doublement triste en serrant la main d'Emin, très abattu, lui aussi, et qui allait demeurer presque seul au milieu de tous ces traîtres ! Il resta debout, regardant le vapeur s'éloigner ; il me fit un dernier signe quand nous contournâmes le promontoire.

Peu agréable position que la mienne sur ce petit navire bondé d'hommes, de femmes et d'enfants, tous plus ou moins malades, car le clapotis était fort dur. Vers deux heures de l'après-midi nous arrivions aux sources thermales où les in-

Les adieux d'Emin.

digènes avaient rassemblé une bonne provision de bois. Il est presque impossible de plonger la main à l'endroit où les eaux jaillissent de la roche; elles sentent très fort le soufre, qui se dépose sur les parois du bassin en couches d'une belle couleur jaune. Des Égyptiens et des Soudanais y campaient pour prendre des bains, dont on vante l'efficacité contre les maladies de peau. Plusieurs des baigneurs montèrent à bord, quelques-uns horribles à voir par suite de ces ulcères syphilitiques, si fréquents dans l'Equatoria.

A nuit close, le navire mouillait devant Msoué; il était près de neuf heures quand je débarquai. Choukri Aga m'attendait sur la plage et me conduisit à ma case; la conversation roula sur les affaires de la province et l'arrivée de Stanley. — Croyait-il possible de persuader au capitaine et aux matelots de me conduire à Nsabé? J'emmènerais, dans ce cas, tous les réfugiés qui voudraient me suivre jusqu'au village du chef Kavalli. — Il promit de faire son possible et d'en parler le soir même.

Le lendemain matin il me mit au courant des négociations. Commençant par une abondante distribution de viande et de grain, il avait causé avec les mariniers, leur affirmant que j'allais vers Stanley dans le seul but de leur être utile. Le lac, ils le savaient bien, est, en cette saison, fort dangereux pour les canots; il serait, au surplus, très imprudent à l'homme blanc de côtoyer le pays de Mélindoué avec sa trop petite escorte. Ils promirent tout et le reste, à condition qu'on leur fournît assez de bois pour ce supplément de route. J'envoyai chercher le capitaine, entre les mains duquel je versai 75 francs, mon unique fortune, pour qu'il me débarquât sur la rive méridionale du Nyanza. Choukri m'accompagnerait aussi, pour me procurer des porteurs quand j'arriverais au village de Katonza, le Kyya Nkondo de Stanley. Je le priai de réunir tous ceux qui voudraient être des nôtres, car j'avais à m'expliquer avec eux. Quinze officiers et scribes se présentèrent; je leur dis mes conditions, et d'après mes conseils ils se choisirent pour chef un capitaine égyptien, Abdoul Ouahab Effendi. Choukri avait déjà expédié à Katonza 40 bœufs pour les besoins de l'Expédition. Il fit embarquer sur le vapeur une bonne fourniture de grain : les vivres ne manqueraient pas dans le nouveau campement!

Je passai l'après-midi avec Choukri et les scribes, préparant tout pour cette traversée. Pour nous acheminer plus tôt le lendemain, je fis monter la majeure partie des bagages appartenant aux gens que nous emmenions et quelques-uns des miens. Je donnai au chef de la station l'ordre exprès de placer, dès le soir, des sentinelles sur le navire.

Mais qu'il était difficile de faire quelque chose en collaboration avec ces officiers et plumitifs, qui ne voulaient jamais admettre que personne en sût plus qu'eux, et qui n'avaient point appris à obéir promptement, comme nos Zanzibaris! Tout l'après-midi je les portai sur les épaules; chacun de ces pauvres sires venait me proposer son plan particulier. N'ayant aucun droit à donner des ordres, il me fallait discuter tous leurs projets jusqu'à ce qu'ils voulussent bien finir par adopter le mien! J'étais exaspéré. — Mais nous être reconnaissants pour toute la peine que nous nous donnions à leur endroit? Ah non! par exemple!

Le soir, assis devant ma tente, je songeais à leur maussade ingratitude. Je me sentais mortellement las de ces longues heures perdues à tout arranger en vue de leurs intérêts qu'ils n'arrivaient pas même à comprendre. Soudain je vis un vêtement blanc flotter dans l'ombre du crépuscule; une négresse se prosternait et me baisait les pieds. Parlant très vite, et avec exaltation, elle me remerciait de mon bon vouloir à les secourir; elle avait appris que je partais le lendemain matin, et voilà! elle venait me rendre grâces, prier Allah de me bénir; m'apporter aussi quelques vivres pour mon voyage. Et avant que je pusse l'en empêcher, elle me baisait encore les pieds, puis elle disparut, laissant comme souvenir de son passage deux jolis petits plateaux de paille tressée. L'un contenait du couscous séché et six œufs frais, l'autre un poulet très proprement rôti, posé sur une planchette de bois qu'elle avait dissimulée sous de la mie de pain. J'appelai mon garçon. Il ne put me dire qui c'était; personne ne l'avait vue. Pauvre femme! Cette offrande me toucha. Évidemment elle n'était pas riche, et m'avait donné du meilleur qu'elle possédait; son instinct féminin l'avait poussée à me procurer quelque confort!

Ces nègres, après tout, n'étaient pas si ingrats que je l'avais supposé, à preuve cette femme, une de ces pauvres créatures faites pour être battues par leur maître, regardées comme des bêtes de somme ou des animaux inférieurs!

Le lendemain, debout dès l'aube, je sortis pour voir si le navire était encore au mouillage, car de violentes bourrasques avaient soufflé toute la nuit, et je craignais qu'elles ne l'eussent drossé sur quelque banc de sable. A mon désespoir, je l'aperçus, à cinq kilomètres vers le nord, contournant déjà la pointe, et

Gratitude d'une femme.

en route pour Ouadelaï. Les matelots avaient tout arrangé pendant la nuit pour déguerpir au patron jaquet. Qu'on s'imagine mon désappointement! Avoir traversé de si dures et de si longues épreuves pour leur venir en aide, et, le secours prêt, se voir traité en vil intrigant! N'empêche qu'Emin me battait froid ou se fâchait tout rouge quand je mettais en doute les vertus de son peuple! Mais que faire, sinon hausser les épaules! C'était le couronnement de notre œuvre des six derniers mois! On m'avait dit, parlant à ma personne, que nous autres de l'Expédition étions des imposteurs et des razzieurs d'esclaves; nous avions forgé les lettres que nous leur présentions, et notre bouche ne prononçait que des mensonges! Quatre-vingt-dix fusils chargés avaient été braqués sur ma poitrine et j'avais failli être massacré à Toungourou. On m'avait gardé plusieurs mois en prison ; à ce moment encore, j'étais sous le poids d'une sentence de mort par la hart pour avoir soutenu le Pacha ; en fin finale, je venais d'être odieusement berné par une poignée de matelots égyptiens et soudanais,... tout cela, pour avoir voulu leur rendre service !

Je fis mander Choukri ; il avoua n'avoir pas exécuté mes ordres de poster des sentinelles sur le vapeur : « Il ne l'avait pas cru nécessaire, dit-il : le capitaine avait l'air d'un si brave homme ! » Je lui commandai sur l'heure d'envoyer chercher Mogo et les chefs du voisinage. Ils vinrent aussitôt ; je leur expliquai ma position et leur demandai des canots et des matelots pour me conduire au sud du Nyanza, dans le territoire de Katonza. Je verrais à les bien récompenser pour leur peine.

— Mogo était malade, mais son frère Massa se leva et dit : « J'irai avec le frère du Pacha ». Ndjoudjou, canotier d'expérience et qui connaissait le lac, voulut m'accompagner ; huit beaux et solides garçons, entraînés par l'exemple, promirent de me mener sûrement vers mon père Boula Matari. Choukri, par bonheur, possédait deux embarcations grandettes, pouvant tenir chacune treize personnes et quelques colis, pourvu que les vagues ne fussent pas trop hautes. Nous allâmes voir s'il ne serait pas possible d'embarquer le jour même, mais le ressac était terrible ; les canots n'eussent pu résister une minute. Je retrouvai trois malles que, la veille, j'avais envoyées au navire et que les matelots avaient jetées sur le sable : inutile de dire qu'ils emportèrent chèvres, moutons et grain, tout ce que je devais remettre à Stanley pour les malheureux réfugiés.

Le vapeur, grâce à nos soins, avait à bord une quantité de bois suffisante pour marcher jusqu'à Toungourou. Évidemment le capitaine piquait droit sur Ouadelaï pour avertir que Stanley arrivait pour de bon, et que je m'étais évadé, contrairement aux ordres. Je n'avais pas de temps à perdre pour ma traversée dans ces misérables pirogues, surtout à une époque où les tempêtes sont fréquentes ; je craignais aussi qu'on n'envoyât le vapeur me barrer la voie. Un jour avait passé à attendre ce navire de malheur : il ne m'en restait plus que sept. Emin avait été prévenu que Stanley se retirerait s'il ne recevait de message avant le 6 février. J'écrivis donc au Pacha pour le mettre sur ses gardes par le récit de mon aventure et lui conseiller de venir à Msoué, où Stanley pourrait le rejoindre en traversant la montagne :

Msoué, 30 janvier 1889.

Mon cher Pacha,

Vous le voyez, je suis encore ici, mais pour partir demain matin, je l'espère. Le lendemain de mon arrivée, Choukri et moi, après leur avoir donné de la viande et du grain, avons été palabrer avec le capitaine et l'équipage. Je leur ai demandé de me conduire à Nsabé ; le capitaine a même reçu 15 dollars, tout mon saint-frusquin. Après pourparlers ils ont consenti, à condition qu'on leur apportât tout le combustible nécessaire ; je devais emmener quelques officiers, des scribes et autres employés, pour former un camp chez le chef Katonza, ainsi que l'avait conseillé Stanley. On leur monta le bois, nombre de colis et de caisses appartenant aux réfugiés, plus trois malles à moi, car je tenais à démarrer de bonne heure. Je me lève dès l'aube, mais pour découvrir que le vapeur avait filé ; je l'ai aperçu dans le lointain, par le travers du promontoire. Il était parti avant l'aurore, jetant mes malles sur le sable. Vous le voyez, la cautèle égyptienne et soudanaise l'emporte encore sur la simplicité européenne, et il en sera de même tant que nous aurons la sottise de nous fier à vos gens.

Cela m'a fait perdre un jour : il ne m'en reste plus que sept jusqu'au 6 février, où Stanley doit quitter Kavalli. Etonnez-vous donc encore, et taxez-moi d'injustice ! Ma seule inquiétude, c'est qu'ayant à bord le bois nécessaire, ils ne passent votre escale sans s'y arrêter. Si oui, laissez-moi vous prier, Pacha, vous supplier, vous implorer : Arrivez au plus tôt avec les vôtres ! Si vous avez la moindre affection pour la poignée des fidèles qui vous restent, emmenez-les à Msoué ; je ferai mon possible pour décider Stanley à se diriger sur un point quelconque des montagnes voisines, où vous pourrez entrer en communication avec lui. A cela, nul danger, nulle difficulté, si seulement vous consentez à vous rendre ici, dans un lieu où nos efforts pour vous aider n'échoueront pas fatalement. Faites cela pour sauver et vos gens et vous-même ; c'est bien peu demander après tant d'épreuves !

N'attendez plus le vapeur, ne mettez plus en lui le moindre espoir : ce serait s'appuyer sur un roseau cassé. Choukri, un brave, et qui s'est toujours parfaitement conduit, vous attend avec impatience ; il dit que, jusqu'au dernier, tous les siens grimperont avec vous la montagne jusqu'au village de Kavalli. C'était notre intention quand nous avons déguerpi de Ouadelaï, pourquoi n'y persisterions-nous pas aujourd'hui, que nous sommes sûrs de joindre Stanley ?

Me voilà Stanleyiste, direz-vous peut-être. — Oui, vraiment ! mais, croyez-le, je suis aussi, ce dont Stanley m'accuse, je suis aussi un Eministe. Et pour cette raison il me chagrine de penser que vous attendez, attendez encore, attendez toujours, pour voir ce qui se fera demain ! Quel profit tirez-vous de cet atermoiement perpétuel ? Vous rendriez autrement service à vos gens en venant tout de suite : vous en sauveriez quelques-uns !

Choukri rentre à l'instant ; il a tout préparé pour mon départ ; je lui dis que je vous écris et que j'engagerai Stanley à venir dans ces quartiers. Il pense, comme moi, que c'est ce qu'il y a de mieux à faire. Dites un mot, et il vous fournira les porteurs pour amener Casati, Marco, Vita Hassan et quelques autres avec leurs familles. Si votre propre destinée vous laisse indifférent, prenez les autres en pitié. Je crois, de toute mon âme, que cette chance de vous tirer de là sera la dernière ; en aucun cas, vous ne gagnerez rien à l'« inactivité magistrale ». Je me hâte de vous expédier cette lettre, pour que vous sachiez de quoi il retourne. Je parle avec assez de calme, mais vous devez comprendre mon indignation à ce nouvel exemple de dol et de perfidie perpétré par votre peuple envers moi, qui n'avais pourtant d'autre désir que de lui être utile.

Adieu, mon cher bon vieux ; raffermissez votre courage et agissez ! Quand je pense que je vous ai laissé au milieu de tous ces démons, les regrets me dévorent et je me sens abominablement triste.

A vous toujours,

A. M. J.

J'expédiai par un excellent marcheur cette lettre, qui, le soir même, fut remise à son adresse. On me dit qu'après l'avoir lue Emin persistait à vouloir attendre. Au fait, je n'avais guère compté le persuader. Déjà il avait rejeté deux occasions de partir ; des mots ne pouvaient le décider à bouger ; n'était-il pas en proie au fléau de sa province : ne faire rien en son temps !

Dans ma traversée du lac j'avais à passer devant la contrée de Mélindoué, chef puissant, grand ami de Kaba Regga, roi de l'Ounyoro et l'un des adversaires les plus déterminés du Moudir. Il nous faudrait camper deux nuits sur son territoire, qui s'étend assez loin sur la rive occidentale. Or je n'avais plus que mon winchester et les trois remingtons de mes ordonnances. Je demandai donc aux soldats si quelques-uns monteraient avec nous ? Plusieurs se présentèrent, et je choisis, pour me servir de gardes du corps, sept des plus solides : cela me ferait dix carabines. Je rongeai mon frein tout le jour : quoique le vent fût tombé, la houle brisait encore si lourde sur la plage, que nos embarcations eussent été démolies. Vaincu par mes prières, Massa fit descendre le plus grand des canots, mais les vagues le chavirèrent incontinent.

Plusieurs chefs des Lurs vinrent demander s'il était vrai que le Moudir dût quitter la contrée. Je leur répondis que oui. Ils en furent abattus : Kaba Regga et Mélindoué ne manqueraient pas de leur tomber dessus, afin de les punir de leur amitié pour Emin. Ils parlaient du Pacha avec grands éloges : ils avaient vu la bonté de son cœur; ses soldats les traitaient méchamment parfois, mais la faute n'était point sienne; quand ils allaient se plaindre, le Moudir punissait les coupables et faisait restituer les objets dérobés. Oui, le coup était terrible : « Le cœur leur en mourait dans la poitrine. » Certes je pensais comme ces braves gens. Toujours la même histoire : quand les Anglais évacuèrent le Soudan, toutes les tribus amies ne furent-elles pas sacrifiées! Pendant notre emprisonnement à Doufilé j'avais été très frappé, en lisant l'ouvrage de Royle sur l'Égypte, de trouver tant de points communs entre la rébellion d'Arabi et celle de la province, et ces protestations de Fadl el-Moullah et du peuple, qu'Emin était « leur père et leur mère », si conformes à celles d'Arabi à l'égard du Khédive!

Dans la soirée, Mogo et le chef Ouma m'amusèrent fort en racontant combien les excentricités des Européens les étonnaient. Ouma, jovial et plaisantin comme devant, était devenu le grand ami de Choukri Aga, l'un des rares officiers qui avaient su se faire aimer des indigènes.

Je fis coucher mes Lurs et mes soldats dans une hutte près de la mienne, afin de les avoir sous la main si le lac se calmait assez pour qu'on mît les embarcations à flot. Je me levai une demi-douzaine de fois pour l'inspecter, mais, toute la nuit, le ressac tonna sur la grève, quoiqu'il n'y eût pas un souffle de vent. Après les violentes bourrasques de ces derniers jours, le Nyanza ne pouvait si vite s'apaiser.

Enfin, le 31, à huit heures, on réussit à lancer les canots. Chacun était sorti de sa hutte pour nous souhaiter l' « à Dieu va! » Presque tous me suppliaient de ne pas les quitter pour toujours, mais de ramener Stanley. S'embarquèrent : moi et Binza mon domestique, les trois ordonnances, sept soldats de Choukri, quatorze pagayeurs lurs, sous les ordres du pilote Ndjoudjou et de Massa, frère de Mogo.

Le lac moutonnait, et dès le départ nous fûmes trempés par l'embrun des vagues. Binza et mes ordonnances écopaient sans cesse ni trêve. Je dus descendre nos soldats sur l'estran afin d'alléger les embarcations, m'arrêtant de temps à autre pour les reprendre aux promontoires où les flots venaient battre la falaise. Après deux ou trois heures, les eaux s'abattirent suffisamment, et nous atterrîmes près d'un fourré ombreux, où nous mangeâmes nos œufs durs. Nous repartions vers onze heures pour stopper un peu plus loin et envoyer un canot chercher quatre soldats que nous n'avions pu embarquer, les vagues étant encore trop hautes.

Je les attendis sous un arbre au milieu d'un village qui avait pour chef un fort aimable garçon, nommé Voundja. Nous palabrâmes longtemps avec les hommes, assis en cercle. Je sortis ma pipe et fis mes préparatifs pour fumer. Les naturels me surveillaient gravement quand je sortis l'allumette et la frottai sur une pierre; un crrratch brusque, puis le feu jaillit!.. Leur bouche se fendit jusqu'aux oreilles; ils regardaient, muets de surprise. Quand ils virent le tabac allumé, leur joie ne connut plus de bornes, ils poussaient des éclats de rire, se tapaient dans le dos. « Oh! mais ces blancs en savent trop pour être bons! Vois donc cet Inkama! D'un caillou il a tiré du feu! » Ils prirent délicatement la pierre, l'examinèrent sur toutes les faces, croyant qu'elle différait des autres; elle passa de main en main. Il me fallut, pour leur édification, renouveler la manœuvre, le bruit du frottement servant de signal à de nouveaux accès d'hilarité, à de nouvelles tapes dans le dos. Les femmes mêmes sortirent de leurs huttes pour assister au spectacle. Mais comme les allumettes sont assez rares dans l'Afrique centrale, je me refusai à continuer la représentation, et offris à Voundja deux petites « bougies », que, la joie au cœur, il enveloppa de plusieurs doubles d'étoffe de cuir, et attacha solidement à sa personne.

En admiration pour le blanc qui, d'une pierre, faisait jaillir la flamme, les braves noirs tuèrent une vache et chargèrent de viande nos canots. Volontiers je serais resté plus longtemps avec ces indigènes dont les natures joviales et bruyamment expansives me charmaient.

La façon dont se saluent les visiteurs me divertissait : quand deux hommes se rencontrent, chacun place ses deux mains sur les épaules de l'autre, et se met en devoir de cracher alternativement sur l'épaule droite et sur l'épaule gauche du vis-à-vis. Massa connaissait son monde : à ses amis particuliers il faisait bonne mesure : de larges filets de salive sur le dos et la poitrine. Sa cordialité s'évaluait au volume de ces ruisseaux; aux presque indifférents il lançait une légère

Départ de Toungouron pour aller rejoindre Stanley.

rosée; mais quand je voyais deux traînées s'épandre en nappes sur un de nos visiteurs : « Massa, disais-je, cet homme est un de tes grands amis? — Oui, maître, c'est un de mes frères, je le connais depuis que j'étais haut comme ça! » faisait-il en abaissant la main à deux pieds du sol.

Nous gagnons, à trois heures, le village de Magounga, dont Magala, le chef, était un de mes anciens alliés. J'avais couché une première fois dans ses domaines en allant à Msoué dans une pirogue; une seconde, avec Emin, pendant notre voyage en vapeur. Les rives sont superbes; on dirait un paysage suisse. Les habitants étaient occupés sur la montagne, et nous étions les maîtres de la place, assemblage de neuf ou dix huttes de pêcheurs, la « marine » du gros village situé sur le plateau, en arrière de l'escarpement, à quelque 500 mètres au-dessus du lac. Ces huttes sont construites sur un petit delta de 200 mètres carrés, où débouche un torrent qui tombe des hauteurs en une superbe cascade. Une magnifique bananeraie les cachait complètement. Il n'est pas, à mon avis, d'ombrage plus agréable, plus frais, mieux revivifiant que celui d'un bosquet de bananiers. A travers l'ombre épaisse filtrent des ocelles de soleil; l'air et la brise circulent autour des stipes. Un peu plus loin, sur la rive même, véritable chaos de roches, une étroite bordure de gracieux mimosas couverts de jolies houppettes jaunes en grappes, fleurant le jasmin, alourdissaient l'air de leurs doux parfums. La montagne, admirablement boisée, descend presque à pic sur cette plaine en miniature. Sur les talus, au milieu des arbres, d'étroites terrasses, chacune avec sa hutte et son petit enclos de tabac à fleurs jaunes. On dirait autant de jardins suspendus sur les flancs du mont. Quelle charmante retraite pour y planter sa tente, et y vivre en paix, derrière l'écran des bananiers et des mimosas!

Il n'était pas encore nuit, et j'allai me plonger dans le large et profond bassin où se précipite la cascade, une des plus agréables baignades dont j'aie conservé le souvenir. Je sentais avec délices l'eau fraîche et cristalline tourbillonner autour de mon corps. Je me couchai de bonne heure, après avoir préparé le départ du lendemain. Grâce à la générosité de Voundjou, nous avions des amas de viande et autres bonnes choses; les hommes mangèrent et causèrent jusqu'à une heure avancée.

Mais j'étais habitué aux rumeurs du bivouac; loin de me troubler, elles ajoutaient aux charmes de la nuit.

Le vent se leva, fit rage pendant quelques heures, puis s'apaisa. Au matin, les vagues étaient encore très hautes. Ces délais inévitables m'agaçaient; toutefois, en cette saison, je ne pouvais m'attendre qu'à des rafales. Maîtrisant mon impatience, je m'assis devant un excellent déjeuner d'œufs durs et de plantains rôtis.

Vers dix heures, Magala descendit me faire visite. Ses gens avaient aperçu un blanc du haut de la montagne, et il lui portait en cadeau de la farine et des bananes mûres. Nombreuses furent ses plaintes au sujet d'un soldat de Msoué qui avait détourné deux de ses femmes favorites, qu'il me suppliait de lui faire restituer. Je lui promis d'en écrire au Pacha. — La pêche était difficile en ce moment, les hommes avaient quitté le village d'en bas pour aller soigner leurs récoltes du haut pays.

Malgré l'absence du vent, nous ne partîmes qu'à trois heures de l'après-midi, mais j'étais décidé à naviguer aussi avant dans la nuit qu'il serait possible. L'extrême beauté du paysage continuait à m'émerveiller. Les escarpements du plateau, hauts de plus de 600 mètres, sont abrupts et parfois assez raides, mais la silhouette en est estompée et adoucie par un manteau de gazon verdoyant et d'arbres gracieux. Le glissement du canot, si régulier et si doux, est beaucoup plus agréable que celui d'un bateau; point de secousses; les pagaies font peu de bruit. Le soleil disparaissait derrière les montagnes; tout était paix et silence, sauf la plongée des avirons, à la cadence desquels les Lurs chantaient une mélodie basse, presque inarticulée et non sans charme. J'aurais voulu que ce moment durât des années, mais sous les tropiques le crépuscule s'éteint bientôt.

A huit heures trente nous gagnâmes le village de Maboko, situé sur la frontière du pays de Mélindoué, dont il est séparé par un joli torrent de montagne. Les Lurs furent d'avis de s'y arrêter et d'en partir le lendemain, pour passer devant les terres de l'ennemi, — en une seule journée, si possible.

Le chef était un vieil ami de Massa, avec lequel il procéda sur l'heure aux humides salutations d'usage. Je fus reçu fort hospitalièrement, et l'on m'apporta des bananes et des œufs. Il faisait noir comme dans un four; le vent dévalait des hauteurs en rafales glacées sous lesquelles nous frissonnions : nos gens allumèrent de grands feux autour desquels ils s'assirent avec les indigènes; bientôt d'énormes quartiers de viande fumèrent sur les braises rouges. Le chef vint causer sur le tard. Il me parla de son amitié pour Emin, déplora qu'il fût sur le point de quitter le pays, et me montra deux grands bracelets de cuivre dont il lui avait fait présent. Quant à la journée du lendemain, il me conseillait d'ouvrir l'œil : les hommes de Mélindoué, un ramassis de traîtres, avaient dernièrement massacré une petite bande des siens qui campaient pour la nuit au pied de la montagne.

La veille était avancée quand je me retirai dans une petite hutte que me prêta le chef, hutte où je dormis peu, car elle fourmillait de rats. Le vent faisait mine de s'élever à chaque instant, et nous ne pûmes partir qu'à neuf heures du matin. Le canot qui portait les soldats fut bousculé par les vagues. Les fusils allèrent au fond, mais par bonheur la couche d'eau n'était pas épaisse.

Le paysage n'était plus si intéressant que celui de la veille. Les montagnes, une continuation de la chaîne de Msoué, sont presque aussi hautes, mais moins escarpées; la plaine va s'élargissant. A midi on fit halte près d'un petit village sur l'un des deltas formés par les ruisseaux descendus des sommets. Je pris ma collation à l'ombre d'un grand arbre, près d'un torrent aux eaux limpides et fraîches. Pendant que je fumais ma pipe, des indigènes s'approchèrent à la faveur des buissons, et, nous faisant des gestes de menaces, décochèrent deux flèches à l'adresse de mes Lurs, en train de se baigner.

J'avais mon winchester sous la main et tirai par deux fois, au-dessus de leur tête. Le bruit de ces coups, répercuté par les innombrables échos de la montagne, fut quelque chose de saisissant : les naturels, prenant leurs jambes à leur cou, grimpèrent éperdus le long des pentes, poursuivis par les cris et les railleries de mes Lurs. Ces gens passent pour peu braves; leur joie et leur orgueil de voir l'ennemi en fuite était d'autant plus comique : maintenant ils entraient dans les huttes, ce que je leur avais interdit de faire, et, s'emparant de paniers de poisson fort mal séché et à moitié pourri, ils en chargèrent un canot. Nous continuâmes à pagayer, passant devant de pittoresques villages, jusqu'à ce que la nuit fût près de tomber. Voyant que nous ne pourrions gagner le jour même les limites du pays de Mélindoué, je m'établis dans une vaste station dont les habitants s'étaient enfuis à notre approche. Il y avait des bananes en quantité, ce qui n'empêcha pas nos hommes de piller à droite et à gauche poisson, filets et lignes à pêcher. Ils appartiennent à la même tribu que les gens de Mélindoué, mais comme ils n'étaient pas en bons termes pour le quart d'heure, et que les indigènes nous laissaient le champ libre, ils se croyaient en droit de s'approprier tout ce qui leur plaisait. Je posai trois sentinelles autour du camp, que je fis aussi petit et aussi compact que possible; nous élevâmes une légère boma construite avec les portes d'osier enlevées aux huttes, rempart suffisant pour détourner les flèches; les canots étaient sur la berge, prêts à être mis à flot, si, la nuit, quelque troupe venait nous assaillir.

A peine si je fermai l'œil, me levant continuellement pour voir si les sentinelles veillaient. Il faisait un froid noir; le vent ne cessa une minute; par bonheur, il soufflait de la côte, et le lac, au matin, était aussi paisible qu'un étang. Il ne fut pas facile de mettre mon monde en branle. J'avais livré une grande chèvre et un mouton gras; avant de se mettre en route, on voulait se garnir l'estomac.

A neuf heures nous étions à Kanama, le grand village où j'avais passé la première nuit de mon trajet par eau jusqu'à Msoué. Le fils de Vadjou et ses hommes descendirent sur un petit promontoire pour causer un peu. Je m'arrêtai une demi-heure. D'après eux, Stanley était chez Kavalli, et, depuis trois semaines, n'en avait bougé. Les récits des indigènes sont tellement inexacts, que j'ajoutai peu de foi à ces dires. Les racontars abondaient sur la défaite infligée par notre Expédition aux Oua-Reggas, les ennemis de Kavalli. Ces Oua-Reggas avaient été le fléau du pays, et la victoire de Boula Matari causait une joie universelle.

Dans l'après-midi nous passons à Nsabé, près de l'ancien camp de Stanley et d'Emin. Les huttes tenaient encore debout, bien qu'en mauvais état; l'herbe poussait partout : le lieu semblait lugubre au possible. A cinq heures nous gagnons l'île Nyamsassié, habitée par quelques naturels de Nampigoua, qui ont pour seule occupation l'extraction du sel gemme, qu'ils transportent sur le plateau, ou vendent aux tribus avoisinantes. Je ne vis jamais plus beau groupe; chacun de ces hommes se présentait avec la majesté d'un sultan. Grands, forts, admirablement découplés, ils sont vêtus d'une longue peau souple, supérieurement tannée, sauf une étroite bande de fourrure blanche qu'ils laissent au bord; cette peau, fixée sur une épaule par un brillant joyau de fer, couvre le corps jusqu'au-dessous du genou. Très propres, à traits fins, de haute mine, armés de grandes et fortes lances, d'arcs, de flèches non empoisonnées, c'étaient évidemment des Ouahoumas. Ils m'invitèrent à passer la nuit dans l'île, dont le chef me promit assez de porteurs pour tout mon bagage. Le village de Katonza n'était, du reste, qu'à 1 250 mètres de la rive. J'avais presque honte de prier ces hommes magnifiques de charrier nos ballots; mais nos Soudanais, bien au-dessus de pareille délicatesse, les pressaient et poussaient sans la moindre cérémonie. Ces Ouahoumas épaulèrent leurs fardeaux avec une dignité rare; ils se regardaient avec un sourire signifiant, sans doute, qu'ils n'étaient pas faits pour pareille besogne. Jamais peuplade nègre ne m'avait autant frappé. Ils n'étaient guère dans l'île plus d'une trentaine de familles; les femmes ont de jolies figures, une physionomie douce, modeste et bienveillante.

Les manières de nos soldats à l'égard des Ouahoumas me contrariaient vivement. Ils les envoyaient par-ci, les envoyaient par-là, les bousculaient avec leur arrogance accoutumée. La façon impérieuse dont les soldats traitent les naturels m'avait toujours irrité; envers des noirs comme ceux-ci, ce déportement hautain m'exaspéra. La différence était grande entre de pareils soudards et les indigènes, et non pas à l'avantage des nôtres, qui portaient un fusil dont ils ne savaient pas se servir : sales et couverts de haillons, ce n'étaient que des esclaves. Les Ouahoumas s'armaient de lances et d'arcs, dont, au besoin, ils faisaient bon usage; propres, admirablement beaux, ils s'habillaient de peaux superbes : c'étaient des hommes libres.

Mes nouveaux amis avaient tué un hippopotame, et ils en séchaient la chair découpée en lanières; le village entier était entouré de guirlandes de viande. Le chef me prêta une hutte petite et très propre construite en chènevottes d'herbe odoriférante.

Je fus si en colère le lendemain de la façon dont les soldats faisaient la grasse matinée, que je pris une canne et les pourchassai jusqu'aux canots : on ne pouvait donc jamais partir à l'heure dite! Irrités d'être maltraités par mes gens, la plupart des Ouahoumas avaient disparu; je n'en comptai plus que cinq. Il nous fallut pagayer l'espace de cinq ou six kilomètres sur le lac, très maigre en cet endroit et plein de vasières et de sablonnières, sur lesquelles les crocodiles se soleillaient. Bécasses, pluviers, oies et canards se montraient de tous côtés, et je regrettai fort mon fusil de chasse. Nous débarquâmes à huit heures trente. On alla dans un village voisin chercher d'autres porteurs ; les huttes étaient désertes ; tous s'enfuyaient aux montagnes, par crainte des éclaireurs de Kaba Regga qui poussaient des pointes dans le voisinage.

Laissant une forte garde aux canots et aux charges, je m'acheminai, avec six fusiliers et quelques Lurs, vers le village de Katonza. Nous passâmes par le lieu où Stanley avait campé lors de sa première rencontre avec Emin. La station était abandonnée; nous n'y trouvâmes que deux indigènes. Katonza, nous dirent-ils, s'était retiré sur les plateaux avec presque tout son peuple, son bétail et ses chèvres ; les cases restaient aux soins de son frère Ngouaba et de quelques autres, dispersés dans les bois environnants. J'envoyai avertir Ngouaba, et le prier de m'amener des porteurs. En moins d'une demi-heure, il se présenta; ses gens, par groupes de deux ou trois, le suivirent bientôt, je comptai une vingtaine d'hommes et moitié autant de femmes.

Ngouaba m'apprit que les Ouagandas envahissaient l'Ounyoro, chose assez fréquente, du reste. En conséquence, Kaba Regga avait expédié femmes, troupeaux, mobilier, dans un lieu situé à la partie méridionale du lac, sous la garde d'un certain nombre d'Ouara-Souras pendant que son général Babatongo allait combattre les Ouagandas ; mais il avait pour habitude de ne point se montrer en ces occasions. Ces Ouara-Souras, craignant d'être attaqués eux-mêmes, avaient pris l'offensive et opéré quelques razzias. Après avoir causé, Ngouaba partit pour le rivage, puis ramena mes hommes et les charges, m'installa dans une hutte.

Le soir, je le fis mander, et nous eûmes une longue conversation : désirant partir au plus tôt, je lui demandai quinze porteurs, dix seulement, s'il ne pouvait m'en fournir davantage. « Non pas quinze, ni dix, pas même un, dit-il : cela lui était impossible ; mais dès le matin il avait dépêché un messager à son frère, lui annonçant ma présence, et l'invitant à descendre incontinent. Sans aucun doute, il serait ici le lendemain avec assez d'hommes pour nous permettre de partir le jour d'après : je n'avais qu'à ne pas bouger, voilà tout ! » J'essayai de tous les arguments pour le décider à me faire accompagner ; je songeai même à monter chez Kavalli, laissant, sous la garde de Ngouaba, la plus grande partie des colis, que les gens du chef viendraient bien prendre plus tard. Mais les limiers de Kaba Regga parcouraient la région, et, craignant qu'ils ne flairassent mes bagages, je finis par consentir à attendre Katonza. S'il n'arrivait pas le lendemain, je partirais, cette fois, sans rémission.

Ngouaba me semblait un fort brave homme, tout disposé à m'être utile. L'excuse qu'avec si peu de monde et l'état du pays il ne pouvait se démunir davantage me paraissait très juste. Ce retard m'ennuyait fort, mais il faut, en Afrique, s'approvisionner de patience. J'étais en route depuis huit jours ; il y en avait neuf que j'avais reçu la lettre de rappel ; il était possible que j'en perdisse encore trois : ces calculs m'amenaient au 7 février, et Stanley avait écrit positivement que le Pacha ou moi devions l'avoir rallié le 6, ou il serait obligé de se retirer. On peut s'imaginer combien ces délais m'étaient insupportables.

Le soir, plusieurs femmes vinrent visiter l'homme blanc ; je leur montrai mon miroir, ce qui les mit en joie. D'abord elles furent épouvantées de voir si clairement leur propre visage, mais elles s'y firent bien vite ; se passant la glace de main en main, elles rapprochaient leurs têtes, puis les éloignaient, se posaient de trois quarts, souriaient, se rengorgeaient, contractaient leurs traits. Les plus âgées et les plus laides le gardaient le plus longtemps ; à peine si je réussis à l'enlever à une vieille qui, la figure élargie par le contentement, ne pouvait s'arracher à la contemplation de ses rides. Bientôt, y compris le chef, le village entier entoura ma hutte pour s'admirer dans ce merveilleux cristal, les hommes n'étant pas moins enthousiastes que les femmes.

Rien à faire le jour suivant que d'attendre Katonza. Dès que je fus levé, Ngouaba et les siens vinrent me secouer la main : ils ne la serrent jamais. Ils se délectèrent ensuite à fumer dans le plus complet silence, leurs yeux ne quittant pas l'étranger.

Dans l'après-midi, enfin, Katonza fit son apparition avec plusieurs de ses hommes et une vache qu'il offrit aux gens de ma suite.

Nos transactions ne marchèrent pas d'abord sur des roulettes. Ce chef avait contre Kavalli des griefs qu'il me conta tout au long. Assez vexé qu'on n'eût pas choisi son village, il aurait souhaité que le chef blanc descendît de la montagne pour le défendre contre les incursions de Kaba Regga. Il me conseillait de laisser en bas toutes mes charges, nous les retrouverions quand l'Expédition viendrait camper en plaine.

Redoutant qu'il me refusât son aide si je disais que la chose n'entrait nullement dans les projets de Stanley, je répondis simplement que je porterais son message au grand chef, qui en déciderait ensuite. Mais si Katonza voulait lui plaire, qu'il me donnât des porteurs, car il était de la plus haute importance que je le rejoignisse le lendemain, pour lui apporter l'assurance du dévouement de son nouvel ami. Katonza fut ravi d'apprendre qu'Emin et quelques-uns des siens viendraient peut-être avec les vapeurs et s'établiraient près de ses villages : ils seraient bien traités, me dit-il ; on leur fournirait abondance de vivres. Il me donna maints renseignements sur ses voisins et sur les faits et gestes de Kaba Regga. Ce palabre ou *chaouri* dura quatre heures et demie. Il me fallait d'abord, en langue ki-souahilie, dire une phrase à Binza : celui-ci la répétait en arabe à un soldat ; le soldat la traduisait à Massa dans le dialecte des Lurs, et finalement on la transmettait à Katonza en ki-nyoro. J'avais presque le temps de fumer une pipe entre la question et la réponse. Malgré tout, Katonza et moi finîmes par nous entendre. A lui comme à son frère, je donnai la seule chose dont je pouvais présentement disposer, une longue pièce de cotonnade blanche, qui les satisfit grandement.

Le soir, la foule s'assembla devant la hutte pour voir la lanterne appendue à l'intérieur, et où brillait une des bougies fabriquées par Emin. Ils en furent dans l'admiration, et comme ils désiraient beaucoup savoir de quoi était faite cette merveille, je les invitai à examiner la cire de plus près ; ils entrèrent en corps, tapotèrent les verres, et, branlant la tête, disaient les uns aux autres que ces blancs étaient des hommes bien extraordinaires !

Le 6 février, je me levai avant l'aube pour acheminer ma caravane de façon que nous eussions grimpé avant que le soleil fût trop chaud. Je connaissais déjà le sentier, malaisé, rocailleux, hérissé de petits débris quartzeux aux arêtes aiguës, qui vous faisaient perdre pied aux endroits les plus escarpés. Il faut s'élever à plus de 600 mètres d'altitude absolue avant de gagner le haut plateau, après quoi il reste deux heures et demie de marche pour atteindre le village de Kavalli. Pour y être à deux heures, nous devions, à midi, avoir déjà escaladé les pentes.

Qui veut obtenir des nègres ponctualité et promptitude emmagasinera d'abord une bonne provision de longanimité. Katonza, en dépit de ses promesses solennelles que tout serait prêt dès l'aube, vint dire que ses hommes n'étaient pas encore descendus en nombre suffisant pour qu'il pût dégarnir son village de défenseurs. Palabrant avec une « patiente impatience », je lui expliquai qu'il m'était absolument nécessaire d'arriver à Kavalli dans la journée ; s'il ne mettait pas plus d'empressement à m'aider, certes Stanley ne serait guère tenté d'arranger ses différends avec Kavalli,... tant et si bien qu'il finit par prêter dix porteurs. Je partageai le contenu de quelques-uns de mes ballots entre les Lurs, des hommes superbes qui, pendant le peu de temps passé avec moi, s'étaient montrés dévoués et avaient pris le plus grand soin de ma personne. Katonza voulut bien garder trois autres colis jusqu'à ce que les gens de Kavalli les vinssent prendre ; il en fit plus qu'il ne disait, car le surlendemain les siens me les apportèrent.

A huit heures, enfin, nous sommes en route ; Katonza et son frère m'accompagnent pendant 3 ou 4 kilomètres, et nous nous séparons, au pied de la montée, avec de mutuelles amabilités.

Une de nos porteuses, un petit morceau de femme, avait chargé la caisse la plus pesante de toutes, et, cependant, marchait du même pas que les hommes, escaladant la montagne sans apparent effort. Nous traversâmes allègrement la jolie plaine qui ressemblait à un parc avec ses grandes hardes de coudous, springbocks et hartebeests. Des groupes de buffles agitaient leur queue sous les ramures ; des bandes de pintades picoraient l'herbe tendre; mes esprits s'égayaient à mesure que nous émergions dans l'air pur des hauts plateaux, si délicieusement frais après la chaleur et le brasillement de l'Equatoria. Aux trois quarts de l'ascension, la troupe s'arrêta sous

Arrivée des Zanzibaris.

un groupe d'arbres, près d'un ruisseau cristallin. Mes gens jetèrent leurs paquets, sautèrent à l'eau et se baignèrent pendant que je faisais collation.

Juste au moment où je me levais pour partir, Massa, qui avait pris quelque avance, cria qu'il voyait des gens habillés

Je rejoins mon chef.

de couleurs vives descendre la montagne. En effet j'aperçus dans le lointain des hommes, en file indienne, qui dévalaient le sentier. Ils approchèrent, j'agitai mon chapeau, je poussai des hourras : c'était une escouade de nos fidèles Zanzibaris. Ils me reconnaissent, bondissent sur la pente, déchargent leurs fusils, s'élancent avec de bruyantes acclamations, m'assourdissent de leurs bonjours et bienvenues, tandis que le brave Oulédi me serrait dans ses bras.

« Stanley, me dirent-ils, avait été fort tourmenté de notre silence et de mon absence prolongée ; de plus en plus inquiet, il s'était décidé à envoyer chercher Stairs et le reste de l'Expédition. De tous côtés, les naturels apportaient des vivres : aussi la colonne était-elle restée à Kavalli depuis le 18 janvier. »

Le jour précédent, on avait parlé à Stanley d'un blanc arrivé à Nyamsassié avec deux canots. Tout de suite il avait pensé à moi, envoyé des Zanzibaris à ma rencontre. Après une demi-heure de repos, pendant laquelle questions et réponses s'entrecroisaient, nous reprîmes la route. Dans un large et clair ruisseau, à 2 kilomètres du village, je pris un bain délicieux et endossai des vêtements propres. Déjà le camp s'agitait ; je distinguais les Manyémas allant et venant, couverts de tuniques blanches. Stanley avait fait mettre les hommes sous les armes, mais à mon approche les rangs se rompirent ; tous m'entouraient, me criant leurs congratulations à tue-tête, et m'arrachant les bras des épaules à force de me secouer les mains. Ces bruyantes démonstrations furent un véritable baume pour mon cœur, qui durant tant de mois s'était contracté sous les injures des Égyptiens et des Soudanais !

Stanley me reçut avec son flegme habituel, tempéré pourtant par un sourire : je crois qu'il fut bien aise de me revoir ; pour moi, j'étais si heureux !

Les chefs manyémas et plusieurs autres me présentèrent leurs félicitations cordiales. Parmi un feu roulant de cris, Stanley me conduisit à sa tente, pour m'offrir le thé et savoir les nouvelles. Deux lettres me furent remises, datées de juin 1887, et nous étions en février 1889. Mais elles venaient du pays ; je déchirai les enveloppes, et lus avidement.

CHAPITRE XVI

DÉLIVRANCE D'EMIN

Notre camp à Kavalli. — L'histoire d'Emin est difficile à raconter. — Plan que je propose. — Stanley mande Stairs. — Lettre à Emin. — Entre amis. — Lettre d'Emin. — Emin arrive à Ouéré. — Les Zanzibaris souhaitent la bienvenue au Pacha. — La fortune se reprend à nous être favorable. — Les porteurs qu'il faut mettre au service des Egyptiens. — Départ pour Kavalli. — Patience des Zanzibaris. — Seconde entrevue entre Emin et Stanley. — Stairs arrive avec sa troupe. — L'Expédition réunie à nouveau. — « Mort, notre maître, mort ! » — Ce qu'il faut penser de notre récit.

Le camp, près du village de Kavalli, était de belle dimension ; à une centaine de mètres il y en avait un autre, pour les gens de Tippou-Tib. Les paillotes des Zanzibaris étaient rangées en cercle ; au milieu, la tente de Stanley, près de laquelle on m'avait construit une jolie hutte. Seul Bonny accompagnait notre chef. Les trois capitaines Stairs, Nelson et Parke étaient restés au bac de l'Itouri avec les malades et une forte partie des colis.

Je dînai avec Stanley, avec lequel j'échangeai les nouvelles jusqu'avant dans la nuit. J'expliquai de mon mieux la position : Emin était lui-même le grand obstacle à sa délivrance, avait déjà fait avorter deux fois la possibilité de rejoindre l'Expédition. Si j'avais pu m'évader avec dix carabines, certes rien ne l'empêcherait de le faire avec les trente et davantage qu'il aurait eues à sa disposition. Mais je ne pouvais expliquer brièvement les affaires de ce pays. Après huit mois de séjour il m'était impossible de dire au juste ce que voulaient ces gens. Je lui dirais mon histoire, lui raconterais les principaux incidents et certaines conversations avec le Pacha, et il en inférerait ses conclusions.

« Mais vous qui connaissez le pays, quel plan suggéreriez-vous pour tirer Emin du mauvais pas?

— Il y aurait, me semble-t-il, à se diriger vers Magala, à 12 kilomètres de Msoué. De là, si Stanley le trouvait bon, je descendrais avec mon garçon Binza jusqu'à Msoué, d'où je ferais des signaux aux Zanzibaris que j'aurais laissés sur le plateau. Si le Pacha s'y trouvait encore, et si tout allait bien, les Zanzibaris viendraient chercher Emin pour le conduire au camp, puis nous retournerions à Kavalli, où nous attendrions ceux qui se décideraient à nous accompagner.... »

Stanley, je pense, ne trouva point ce plan mauvais — en cas de pis aller, — mais il ne se prononça pas. Il dit seulement qu'avant de rien décider il fallait rallier l'Expédition, car il avait trop peu de monde pour engager une démarche décisive. Et s'il devait adopter ma proposition, il fallait d'abord savoir Emin à Msoué. Connaissant le Pacha comme je le connaissais, je trouvai la chose des plus sages.

Il y avait plaisir à travailler avec Stanley. Quand il y avait un projet sur le tapis, il écoutait patiemment ses officiers. S'il ne partageait pas leur opinion, il ne répondait point par un « Impossible » bien sec, mais expliquait ses motifs. De la sorte, nous recevions instruction. Souvent il se plaisait à détailler une situation imaginaire, puis demandait tout à coup : « Comment feriez-vous? » Avec lui on était à bonne école.

Notre chef écrivit à Stairs de venir sur-le-champ, lui donnant des extraits de mes lettres qui racontaient la captivité du Pacha et la mienne. Un post-scriptum annonçait mon arrivée. Trente-cinq hommes, accompagnés d'un messager, partirent le 7 février pour remettre la dépêche à son adresse.

Le 8 février, les sept soldats qui m'avaient accompagné s'en retournèrent avec Massa et les Lurs, portant une lettre par laquelle Stanley engageait Emin à venir à Msoué, où il serait plus facile de l'aider. De mon côté, je racontais mes faits et gestes, et ajoutais mes arguments à ceux de notre chef. Les Lurs reçurent chacun un collier à gros grains bleus et quantité de cauris, présents qui les enchantèrent. Choukri Aga reçut des compliments et une belle blouse en soie bleue.

La besogne ne me manquait pas. Il fallait construire plusieurs huttes pour y loger les officiers de l'Expédition, et me dresser une tente avec un grand prélart qu'on m'avait donné exprès. J'avais aussi à écrire le rapport sur ma mission dans le Hatalastiva. Tout en prenant mes repas, je racontais mes expériences, mes conversations avec le Pacha, et peu à peu l'on put se faire une idée suffisante de la situation.

Stanley fumait sa pipe au frais, et je recommençai mes histoires. Quel bonheur j'avais à converser avec un homme qui jamais n'hésitait, dont la parole était loi, et chaque ordre ponctuellement obéi! L'écouter, me pénétrer de ses remarques et jugements qu'inspirait une si haute raison, c'était comme un bain fortifiant après tout le désordre et les atermoiements où j'avais pataugé pendant huit longs mois. Que de choses m'avaient paru embrouillées qui s'éclaircissaient à ses commentaires, tandis que les feux de bivouac illuminaient les joviales et heureuses figures des Zanzibaris! Pendant que nos hommes plaisantaient et riaient, j'avais plaisir à me balancer sur ma chaise, en me remémorant cette atmosphère de trahison dans laquelle j'avais si longtemps étouffé. Quelle joie à se voir entouré par des amis fidèles! C'était presque rentrer dans la patrie!

Une de ces soirées — le 13, — nous causions après dîner, quand un messager entra et nous remit un paquet. Stanley l'ouvrit avec précipitation, me tendit l'enveloppe; elle venait d'Emin qui, la veille, était arrivé par le vapeur, débarquant à Ouéré, près de l'île Nyamsassié. Le Pacha écrivait qu'il avait amené plusieurs officiers et soldats, et demandait une escorte qui l'accompagnât chez Kavalli. Il rapportait le canot l'*Avance*, rajusté avec de nouveaux écrous et boulons; plus soixante pièces d'ivoire pour payer les hommes de Tippou.

Ces nouvelles enchantèrent Stanley, qui me tendit la main à travers la table : « Tope-là, mon vieux, nous en viendrons à bout tout de même.

— Si quelqu'un mérite le succès, c'est bien vous, qui avez tant travaillé pour cela! »

Sur l'appel de Stanley, accoururent les Zanzibaris. Ils apprirent que le Pacha venait d'arriver à Nyamsassié, et qu'on finirait par le tirer d'affaire. Eux de répondre par de joyeuses acclamations; ils chantèrent et dansèrent toute la nuit.

Emin m'écrivait :

Au camp de Ouéré, près de Katonza.

13 février 1889.

Mon cher monsieur Jephson,

J'arrive d'hier, après-midi, avec les deux vapeurs, accompagné de Casati, Marco, Vita, Sélim Aga, Bilal Aga, Sourori Aga — l'homme de Laboré que vous connaissez bien — plusieurs officiers et une escorte de 40 hommes. Redjab, Arif Effendi sont de la partie, et quelques autres, chacun avec ses coquilles et ses quatre sous. Je rapporte de l'ivoire, et l'*Avance* est prête à marcher.

J'ai écrit à M. Stanley, et lui demande des porteurs qui chargeront le sésame et le douchan que je vous apporte.

Comme mes officiers désirent vivement voir M. Stanley et l'entendre exposer ses projets, je les conduirai à votre camp, s'il m'est possible. Je suis quelque peu malade et ne marche que très difficilement. Mais si je ne puis venir, je vous écrirai en détail. Comme les affaires se présentent, il nous faut en tirer le meilleur parti. Ils m'ont fait leur soumission et promis obéissance, mais je ne crois pas que tous ceux de Ouadelaï viendront.

Les épouses de Bachit et de Binza m'accompagnent, ainsi que deux filles et le garçon Saboumi, plus une femme et un enfant laissés derrière vous, lesquels appartiennent, je pense, à quelqu'un de votre garde.

Je vous suis reconnaissant de vos aimables attentions pour Féridé, qui m'accompagne, comme bien vous pensez, et vous baise les mains.

Vous devinez la joie que j'aurai à vous revoir. Nous avons encore tant de choses à dire, tant de précautions à prendre! Nous ne pourrons nous en tirer que par une entrevue avec M. Stanley. Je viendrai donc dès qu'il sera possible.

Les vapeurs retournent à Msoué, pour ramener d'autres employés et des irréguliers. S'il faut vous rapporter quelque chose, faites-le savoir immédiatement.

J'espère que vous avez de bonnes lettres d'Angleterre. Après tant d'épreuves sur la route, après la captivité et les longues afflictions que je vous ai values, vous méritez belle récompense. Merci pour vos nouvelles politiques.

J'ai appris avec joie, par une coupillure de journal, insérée dans une lettre et remise par M. Stanley, que toutes mes caisses ont été reçues en bonnes conditions par le British Museum.

Veuillez saluer de ma part les officiers vos collègues. Casati et les autres vous présentent leurs respects.

Dans l'espérance de vous revoir bientôt, je suis très sincèrement,

Votre ami

Dr EMIN.

P.-S. — J'ai récompensé qui vous m'aviez désigné. Le chef de Magounga rentrera en possession de ses femmes.

Le 14 février, à sept heures du matin, je partis avec 64 Zanzibaris et le même nombre environ de porteurs indigènes, avec l'ordre d'amener le Pacha et les officiers qui voudraient l'accompagner. Après avoir pris langue, ils retourneraient à Ouadelaï, soit pour y rester, soit pour en ramener leurs familles. Il fallait aussi monter le bagage à Kavalli.

Nous partîmes d'un pas allègre. Oulédi marchait en avant, portant le drapeau égyptien. Nous arrivâmes de bonne heure au pied de la montagne, mais les guides indigènes manquèrent la route, et nous firent prendre une mauvaise sente, qui ressemblait moins à un chemin qu'au lit rocailleux d'un torrent desséché, et nous conduisit par un long circuit à travers la plaine. Nous n'atteignîmes le lac que vers les cinq heures, après 27 kilomètres d'une marche fatigante à l'ardeur du soleil. Nous arrivâmes les pieds endoloris, et presque défaillants, car, pour étancher notre soif, nous n'avions trouvé que de l'eau mauvaise, voire dégoûtante. Des hardes d'antilopes, quantité de porcs et buffles nous croisèrent, mais nous étions trop fatigués pour nous écarter du chemin, et ne pensions qu'à gagner le gîte.

Néanmoins, dès qu'ils virent le camp, les Zanzibaris, tout las qu'ils fussent, se précipitèrent comme des fous en criant à tue-tête : Salam, Bacha, Salam ! Exprimant leur joie par les bouffonneries habituelles, ils entourèrent le « Bacha », en criant leurs bienvenues. Il riait, prenait plaisir d'être salué avec une joie si exubérante. Les Soudanais contemplaient ces turlupinades avec une stupeur qui se figeait sur leurs faces mornes et lourdes ; ils ne pouvaient s'imaginer qui étaient ces braques si bruyants et en apparence ingouvernables.

Emin me donna une chaude accolade. Il semblait très souffrant, mais sa figure s'éclairait à l'idée de quitter le pays. La petite Féridé vint à ma rencontre ; tout le monde se présenta, et l'on eut long entretien. Le Pacha devait le lendemain m'amener tous ses officiers.

Le camp était admirablement situé, à 12 kilomètres au sud de notre Nsabé. Comme chez Katonza, la plaine ressemble à un parc, se relève insensiblement à partir du lac, que l'on voyait très bien à travers les branchages ; des allées d'arbres, des bosquets, les ramures ombrageant les cabanes font un paysage charmant et pittoresque ; malheureusement nous avions trop chaud, et les moustiques nous assaillaient en tourbillons. Après le dîner, Emin, Casati et moi allâmes fumer au clair de lune en discutant les affaires. Le Hatalastiva n'était pas sorti du désordre et de la confusion ; les histoires impossibles s'y croisaient avec les rumeurs absurdes. Les Donaglas se tenaient cois à Redjaf, attendant les renforcements de Khartoum. Ils nous avaient rendu un fier service : sans la terreur qu'ils inspiraient, nous étions perdus définitivement. Le Pacha s'étonnait d'avoir encore pu quitter Doufilé.

Emin avait avec lui Sélim Aga et Bilal Aga qui s'était battu si bien à Doufilé — et Sourori Aga, qui avait si bien travaillé à Laboré pour nous faire massacrer, — puis quelques autres officiers et employés, avec leurs familles.

Ma lettre de Toungourou, Sélim l'avait lue à ses collègues de Ouadelaï, annonçant qu'il prenait le vapeur pour aller après Stanley. Tout naturellement une violente altercation s'ensuivit, entre ceux qui voulaient rester, et ceux qui voulaient nous accompagner. Mais les uns et les autres s'alarmaient de voir que j'étais parti sans permission, et avais très probablement rejoint Stanley.

Des bruits exagérés circulaient quant au nombre et à la force de sa troupe. Ils craignaient que, sachant par moi leur histoire, il ne les attaquât par le sud. Au nord se tenaient les Donaglas menaçants. Les voilà donc entre deux feux. Le parti de Sélim l'emporta. Plusieurs officiers, suivis de soldats, montèrent les vapeurs, prirent l'ivoire que j'avais demandé pour les porteballes de Tippou-Tib, partirent pour Toungourou. Quant à Sourori Aga et consorts, m'est avis qu'ils voulaient voir par eux-mêmes la force réelle de Stanley.

A Toungourou tous se présentèrent devant le Pacha, lui demandant de les accompagner à Msoué, désir auquel il se prêta sans peine. Il prit donc avec lui Casati, Vita, Marco et autant de monde qui se présenta.

Après quelques jours d'attente, les officiers demandèrent à Emin de les mener chez Stanley.

« Volontiers. Mais à quel titre le ferai-je ?

— Comme notre interprète.

— C'est impossible, jamais je n'y consentirai. »

Là-dessus, ils tinrent consultation : une consultation, c'était leur grande ressource. Choukri Aga parla en faveur du

Pacha, fit un sombre portrait des malheurs qui ne manqueraient pas d'arriver si l'on ne gagnait l'amitié de Stanley. Bref, après de longs pourparlers, on se rangea à l'avis de Sélim et de Choukri. On se présenta en corps, disant faire soumission et prier Emin, puisqu'il était le Moudir, de les introduire auprès de Stanley. A ces conditions, le Pacha consentit, enchanté de la tournure que prenaient les affaires. Choukri ordonna grande réjouissance. Quantité de viande fut préparée, les officiers mangèrent et burent. La bombance mit tout le monde en bonne humeur. Choukri savait manier ces gens-là.

Le Moudir voulut bien faire de Sélim Aga un Bey : ce titre équivaut à celui de lieutenant colonel. Il demanda une liste des hommes qui s'étaient bien conduits à Doufilé afin de leur donner de l'avancement. De plus, en considération des services que lui avait rendus Choukri Aga pendant la rébellion, il le promut au rang de capitaine. Choukri n'était que second lieutenant.

Ils partirent par le vapeur, pour toucher le 12 février à Ouéré, six jours après mon arrivée à Kavalli. Ainsi, tout allait bien. Je n'avais plus besoin d'aller à Msoué, et nous avions de l'ivoire pour payer les porteurs.

Le lendemain dans la matinée, Emin convoqua tous les officiers, avec lesquels j'eus un long entretien. Il fut décidé qu'on irait à Kavalli. Huit des officiers y resteraient quelques jours, causeraient avec Stanley, puis s'en retourneraient pour préparer leur départ. Ils me demandèrent si je pouvais leur procurer une vingtaine de porteballes pour les divers objets dont ils auraient besoin pendant trois jours. Je répondis affirmativement. Emin avait de nombreux ballots, blé et sésame, la majeure partie pour nous. Casati, interrogé s'il ne partirait point le lendemain, répondit qu'il préférait attendre un peu, afin d'emballer tout à la fois.

« Combien de porteurs vous faudra-t-il?

— Oh, un pauvre diable comme moi, fit-il avec un haussement d'épaules, n'a pas grand bagage. Kaba Regga m'a pris mes quatre sous, comme vous savez. Nous nous en tirerons avec quatre-vingts porteballes! »

Et Marco en demandait soixante! Et Vita Hassan, l'apothicaire, cinquante! Cent quatre-vingt-dix hommes pour en amener trois! Miséricorde! nous n'avions en tout que 250 pagazis, presque tous employés à porter la poudre, les étoffes et la rassade servant pour les échanges. Mais je devinais que ces gens qui tranchaient de l'important seraient bientôt remis à leur place : je savais attendre !

Emin raconta que Casati avait fortement déconseillé le voyage à Msoué : acte « impolitique » qui ne pouvait manquer d'indisposer les rebelles. Et cet avis était donné malgré la merveilleuse trouée qui permettait au Pacha de sortir du pays, bonne chance à laquelle nous étions loin de nous attendre !

J'allai en tournée de visites; tous se montraient égoïstes et imbéciles autant que par le passé. M'occuper de leurs affaires me répugnait maintenant; leur misère paraissait plus stupide encore quand on sortait d'un camp aussi bien ordonné que celui de Stanley.

Sélim Bey produisit notre canot. Ayant trouvé des boulons qui correspondaient exactement, il l'avait remis en état : l'*Avance* était en aussi bonne condition que jamais. Malheureusement il nous fallut encore l'abandonner; notre caravane était trop petite pour en faire le portage.

Pendant la journée, Nampigoua et Katonza firent visite au Moudir; l'un et l'autre récriminaient contre Kavalli.

N'ayant plus de viande au camp, j'envoyai à la chasse, et mes gens ne tardèrent pas à revenir avec un hartebeest, deux coudous, un springbock et un buffle. Les Zanzibaris étant de fort mauvais tireurs, il faut que cette plaine du Nyanza abonde, comme elle le fait, en gibier et même en gibier qui se laisse approcher facilement. Je leur distribuai un grand paquet de sel, qui fit le plus grand plaisir, car il n'y en avait plus guère dans le pays; avec la farine qu'Emin avait apportée, et toute cette venaison, nos gens étaient à leur affaire.

Le lendemain, il fallut procéder au chargement, mais quelle confusion et combien de temps perdu avec tous ces colis ! Il y en avait d'une pesanteur énorme et d'autres d'une absurde légèreté; et pour se donner la peine de les mieux répartir, les officiers et employés étaient de trop grands seigneurs. Ici une balle de marmites, poêles et chaudrons, faisant la charge de deux hommes; là une corbeille avec une pipe et une lanterne. A les réunir on eût fait deux ballots moyens : cette idée ne leur serait jamais venue.

Ces messieurs me virent, avec une extraordinaire surprise, manier les fardeaux pour en faire le départ. Je tombai de cinquante pour cent dans leur estime; après tout, ce blanc n'était qu'un individu de bas étage; j'eusse énormément gagné dans leur considération si, m'asseyant dans un fauteuil, j'eusse commis quelqu'un à la besogne.

Je priai Emin d'aller de l'avant avec les chefs zanzibaris, tandis que je conduirais l'arrière-garde, et m'occuperais des retardataires. Marco eut l'obligeance de me prêter son âne, car j'avais les pieds encore endoloris de la longue descente sur Kavalli.

Les Zanzibaris y allaient vivement, et après trois heures de marche nous atteignîmes la troupe d'Emin, qui se délassait sur les bords d'un grand torrent au pied de la montagne.

La halte achevée, nous commençâmes l'ascension. Je me pris d'indignation en regardant nos fidèles et patients porteurs gravir la montée par un soleil brûlant; ils vacillaient sous de pesants fardeaux, un mauvais bric-à-brac qu'il faudrait jeter tôt ou tard. Sélim Bey, grand et gras Soudanais, une masse de chair, montait un bourriquet, dont il ne démarra pas, même aux pentes les plus escarpées. Etant en contre-bas, j'avais par moments la vue de son individu et de son âne en profil contre le ciel, une charge des mieux réussies. Il fallait voir ce gros homme recouvrant toute sa monture, sauf la queue, qui allait de-ci, de-là, semblant lui appartenir!

Emin et moi arrivâmes d'assez bonne heure au lieu de la campée, pour prendre une baignade. Nous remontâmes le cours rocailleux du ruisseau en herborisant. Mon compagnon découvrait un trésor à chaque tournant de route; il jubilait à escalader ces hauteurs et constater les modifications de la flore. Assis sur une pierre tout au milieu de l'eau, je m'amusais à le voir trébuchant parmi les blocs, fouillant avec sa canne dans les coins, s'affairant partout avec ses yeux myopes.

N'ayant pas pris de tente, il nous fallut dormir à la belle étoile, et comme l'endroit était très exposé, le vent qui soufflait des hauteurs nous gela jusqu'aux os.

Le lendemain matin il y eut un désagrément : plusieurs portefaix indigènes avaient décampé, éreintés de leurs énormes charges. Quelques Égyptiens en voulaient gratifier les Zanzibaris, dont les fardeaux étaient beaucoup trop lourds déjà;

l'un d'eux levait déjà son bâton, quand je m'interposai vivement : « Ces hommes ne sont pas nos esclaves, mais nos amis », ce qui fit sourire les Altesses, qui croyaient que je plaisantais. Il fallut insister pour obtenir que les domestiques de ces grands personnages portassent quelque chose ; avec l'assistance de mes soldats soudanais, nous arrivâmes jusqu'au village voisin, où le chef donna quelques porteurs. Ce manège ne devait pas cesser pendant les deux mois que nous eûmes le plaisir de charroyer les bagages depuis le lac jusqu'au plateau.

Halte à la rivière voisine de Kavalli. Chacun se baigne, revêt ses meilleurs habits. Avec les robes colorées ou éclatantes de blancheur que portaient les gens d'Emin, avec nos bannières au vent, et les trompettes sonnant l'hymne du Khédive, nous fîmes dans le camp une entrée imposante. Ainsi, j'eus pour la seconde fois le plaisir d'assister à la rencontre de Stanley et du Pacha.

Un grand hangar avait été disposé en divan, où l'on palabra longuement. Après le dîner, Stanley, Emin et moi, nous continuâmes la conversation assis en plein air. Nous pouvions enfin prévoir le terme de notre séjour en Afrique, déjà si prolongé.

Et le lendemain, 18 février, à dix heures du matin, nous aperçûmes, serpentant à travers les collines, la caravane commandée par Stairs, qui nous arrivait de Kandekori sur l'Itouri. Encore une heure, et la tête de la longue colonne franchit la porte du camp. J'avais perdu le souvenir de maint Zanzibari de l'arrière-colonne. Quelques-uns s'étaient déjà ragaillardis ; d'autres, de vrais squelettes, n'avaient encore pu se remettre de la famine ; et plusieurs avaient encore les ulcères aux pieds. Stairs, Parke et Nelson avaient bonne mine ; quelle joie de les revoir et de leur parler !

Depuis la séparation à Stanley-Pool, l'expédition se trouvait pour la première fois réunie. Réunie, mais, hélas, combien diminuée ! Ne retrouvant plus mainte figure jadis familière, il était dur d'apprendre que je ne devais plus les revoir.

« Oulédi, demandai-je, où donc est Ouadi Mabrouki ?
— Il est mort, monsieur, mort noyé dans la rivière.
— Et Markatoubou ?

— Mort aussi ; tué par les Oua-Chenzis. »

C'est ainsi qu'une à une il me fallut entendre les morts de tant d'hommes qui avaient gaiement partagé nos travaux, et nous avaient nourris pendant la famine. De ces têtes il n'y en avait guère qui ne rappelât quelque service rendu.

CONCLUSION

Rancune irréfléchie d'Emin. — Des femmes maltraitées pendant la marche. — Lettre du major Wissmann. — Curieux manque de mémoire chez Emin. — Récriminations du Pacha contre Stanley. — L'accident de Bagamoyo. — Comment les réfugiés furent traités. — A Zanzibar. — Adieux à Emin. — Les disparates de son caractère.

Les chapitres qui précèdent étaient tous rédigés avant le mois de mars 1890, c'est-à-dire avant qu'Emin eût pris le ton hostile qu'il a cru devoir adopter envers la mission venue à son secours. Je les avais écrits en passant sous silence quelques traits de son caractère, inutiles à l'intelligence du récit. Mais la façon imprévue dont s'est dénouée une intimité établie pendant les longs mois où j'avais été son hôte et son compagnon de captivité, mais ses récentes assertions me forcent à ajouter quelques mots. Certains de mes lecteurs eussent, sans doute, préféré un langage plus sévère, mais je tiens à conserver le ton sympathique et amical dont j'avais usé à l'égard du Pacha.

Mon devoir personnel envers Emin prenait fin avec notre arrivée chez Kavalli. Des villages de ce chef jusqu'à la côte, je n'avais guère plus qu'à maintenir mes relations cordiales avec le Pacha, mon ancien commensal et camarade de prison. A peine si nous passions un jour sans échanger des salutations affectueuses, et souvent, ma besogne terminée, j'allais dans ses quartiers pour une petite causerie. M. Stanley a rapporté divers faits qui transpirèrent dans le campement du plateau : j'en fus le témoin muet, fort peiné que l'ancien idéal de mon imagination ne fût plus à la hauteur de mes rêves.

Nous nous étions figuré qu'une fois délivré des lourdes charges de sa position, il se ferait voir sous un jour plus favorable et que, sans oublier son rang et sa dignité, il montrerait les côtés généreux de son caractère. Sans abandonner ses travaux d'histoire naturelle, et tout en enregistrant avec soin les variations de la température, il aurait pu nous égayer de sa brillante conversation, distribuer des remèdes aux émigrants qui allaient partir pour la côte, servir de père à tant d'orphelins, tristes épaves de l'Equatoria, être enfin un compagnon agréable pour ceux dont l'unique pensée avait été de lui porter assistance.

S'il s'était seulement rappelé ses devoirs de Moudir et de protecteur envers ses anciens administrés, je n'aurais soufflé mot, car, tout sévère que fût le jugement des camarades, sa réputation n'était pas encore sérieusement entamée,... mais il ne fit que récolter oiseaux et insectes, noter diligemment l'état de l'atmosphère et écrire son journal. Les émigrants malades furent remis aux soins du D' Parke; il montrait ouvertement son indifférence au sort des enfants et des femmes.

Il gardait toujours la hutte, comme s'il boudait le camp tout entier ou qu'il fût atteint d'hypocondrie. Il affectait de tenir à distance son ami Casati, et quoique, assurément, il lui eût été difficile de dire pourquoi, il gardait la plus extrême réserve vis-à-vis des membres de l'Expédition. En arrivant chez Kavalli, il n'avait pas assez de louanges pour le pharmacien Vita Hassan : en moins de quelques semaines, leurs relations se tendirent pour rompre complètement. Aucun mot n'était d'abord assez fort pour décrire la haute opinion en laquelle il tenait Choukri Aga, qu'il avait nommé capitaine et dont il ne parlait qu'avec admiration. Mais, à son tour, Choukri fut écarté, et Emin ne manquait jamais de le décrier lorsque quelqu'un rendait justice à la fidélité exceptionnelle de l'aga. Nous n'ignorions pas, du reste, que ce système de dépréciation était appliqué à chacun de nous. Il n'y avait pas, dans le campement, un homme de quelque importance qui ne tombât, un jour ou l'autre, sous le coup de son déplaisir immérité.

Nous pensions qu'une fois en route, cette humeur jalouse s'amenderait. Il en fut ainsi les premiers temps, à notre très grande satisfaction; mais la grave maladie de Stanley chez Mazamboni et le long séjour qu'elle nécessita empirèrent le mal. Pendant quelques semaines il tourna le dos à tous; personne ne trouvait grâce devant lui; la moindre contrariété provoquait des remarques... peu généreuses : je ne veux pas employer d'autre mot. Le lieutenant Stairs, qui remplaçait notre chef, avait naturellement la plus grosse part dans les bourrades du Pacha, mais il en restait pour les autres. Tant que dura cette halte, il n'adressa pas une seule fois la parole au capitaine Casati.

Nous repartîmes, et pendant quelque temps les choses allèrent un peu mieux. Aux approches de l'Ousongora, Stanley demanda que tous les jeunes gens en état de porter les armes fussent enrégimentés pour contribuer à la défense commune: Emin trouva la précaution sage et y consentit sur-le-champ.

Arrivés dans la plaine découverte, nous prîmes les noms de ceux qui pouvaient faire le service; puis on forma une compagnie, dont Choukri Aga, le plus capable des officiers, fut nommé capitaine. On leur distribua carabines et munitions : nous étions à la tête d'une nouvelle escouade bien armée et bien équipée. Mais, sans parole d'avertissement, sans plainte préalable, voici le Pacha qui tombe sur nous comme un ouragan, demande que ses gens lui soient restitués; il n'a plus d'ordonnances et il lui en faut; il n'a plus de gardes et il en exige; il en veut quatre pour aller devant lui; quatre pour le suivre; deux pour le service de sa fille; deux ordonnances et des garçons de tente. « Je me repens d'avoir consenti à venir avec vous! » criai-t-il à M. Stanley. Comment s'empêcher de trouver un pareil langage inconvenant autant qu'inutile! La place qu'on lui avait assignée pendant les marches était à la suite de la 1re compagnie; trois autres compagnies venaient après; une cinquième formait l'arrière-garde. Deux de nos meilleurs chefs zanzibaris avaient l'honneur de porter le hamac de la petite Féridé. Plusieurs de nos engagés, en armes, aidaient ses gens à charrier ses bagages. La contrée que nous allions traverser fourmillait de bandits de Kaba Regga; à tout instant ils pouvaient fondre sur nous : quoi de plus naturel que d'obliger ces jeunes fainéants à prendre leur part des corvées? Car les carabines et les cartouches ne manquaient pas. — Il faut ajouter que, le lendemain, le Pacha vint s'excuser de son emportement.

Il me coûte de dire qu'entre les lacs Albert et Victoria nous assistâmes à plusieurs scènes que j'eusse préféré ignorer.

J'avais chagrin à voir les esclaves appartenant aux émigrants, si cruellement traités par ces paresseux d'Egyptiens et de Soudanais. On était témoin d'actes atroces; la brutalité envers les femmes nous scandalisait surtout, et plus d'une fois nous dûmes intervenir. Pauvres créatures! des jeunes filles de douze à treize ans dévorées par la fièvre, les membres couverts d'ulcères, les pieds ensanglantés, restaient souvent des kilomètres en arrière, pliant sous le faix d'un bric-à-brac hétéroclite, sans valeur ni utilité pour personne. Un mot du Pacha, que certes nous eussions énergiquement appuyé, eût délivré les malheureuses de ce supplice et sauvé ainsi bien des vies. Mais, cet ordre, jamais Emin n'a pu ou voulu le donner; et, à moins de courir après une rupture complète, il n'eût pas été sage d'agir trop ouvertement. Presque tous les jours, pourtant, quelqu'un essayait de lui insinuer qu'il serait bon de remédier à cet état de choses. Plus d'une fois même, quand nous voyions les porteuses près de succomber sous la charge, nous prîmes sur nous de leur enlever ce fatras de la tête et de le jeter sur le chemin. Si, au début de l'exode, le Pacha avait exigé qu'on mît de côté les objets superflus, quelque précieux ou ornementaux qu'ils fussent, il n'est point exagéré de dire que, grâce à cet acte d'humanité, nous serions arrivés à la côte avec une centaine de réfugiés en plus.

A part ces incidents fâcheux, qui se renouvelèrent trop souvent pour la paix de notre esprit, je ne sache pas que, depuis l'Équateur jusqu'à la côte, rien de désagréable ait eu lieu entre le Pacha et n'importe lequel d'entre nous. A la fin de chaque étape, nous échangions des visites et, fréquemment aussi, de petits cadeaux alimentaires, préparés par nos cuisiniers respectifs; tout se passait comme entre bons amis. Bouder était peut-être dans le tempérament d'Emin. S'il a nourri des ressentiments contre nous personnellement, ces ressentiments n'ont pas trouvé leur expression; nous ne nous en sommes même pas douté. D'après la relation du P. Schintz, Emin lui aura confié quelques-uns de nos torts; mais pouvions-nous remédier à des maux dont nous ignorions l'existence? A la table de M. Mackay il reconnut publiquement que nous avions fait pour lui selon ses désirs et ce que le meilleur des amis eût pu faire.

Pendant que nous étions dans l'Ougogo, il reçut du major Wissmann une lettre qu'il nous communiqua : une phrase s'y trouvait, très significative : « Il est vrai que les Anglais ont envoyé une expédition pour vous tirer de là ; mais vous ne doutez pas que vos compatriotes ne fussent prêts à faire ce qu'ont fait les Anglais ? Arrivé à Bagamoyo, vous me permettrez, et j'y compte, de vous offrir l'hospitalité que vous méritez. Rappelez-vous que quoi que les Anglais aient pu faire pour vous, nous autres Allemands sommes vos compatriotes. » Un camarade de s'écrier : « Je vois bien ce que cherche Wismann : confisquer le Pacha pour la compagnie allemande. Après ce que nous avons vu d'Emin, rien ne saurait arriver de mieux pour la compagnie anglaise. Le Pacha gâchera tout ce à quoi il mettra la main ! »

L'opinion me sembla plausible ; mais, croyant au Pacha un cœur affectueux et bon, je voulais le croire incapable d'accepter la position qu'il occupe maintenant.

Qu'Emin ait préféré entrer au service de ses compatriotes, cela paraît assez naturel. Néanmoins il avait dit fréquemment que son seul désir était de rester avec les Anglais, qu'il avait appelés à son secours, et qui lui avaient si généreusement répondu, comme il se plaisait alors à le reconnaître. Avant même qu'on eût pensé à cette Expédition, Emin avait écrit à ses amis d'Angleterre que le gouvernement égyptien était trop faible pour le sauver, mais qu'il s'en remettait, pour lui venir en aide, à la Grande-Bretagne, dont il savait la fidélité aux traditions humanitaires.

Parmi les nombreux télégrammes qu'Emin reçut à Bagamoyo, il s'en trouvait un d'une dame anglaise bien connue pour sa généreuse philanthropie et qui avait déjà souscrit une forte somme pour le Fonds de secours. Elle offrait un foyer au Pacha et à sa fille pour tout le temps qu'il lui pourrait convenir. Il répondit brièvement qu'il allait écrire, mais depuis il ne lui a donné signe de vie.

Le Pacha est affligé d'un étrange défaut de mémoire qui m'a souvent frappé. Un livre récemment publié, *Emin Pacha au centre de l'Afrique*, me rappelle plusieurs de ces absences. On y lit très souvent dans sa correspondance : « Je ferai ceci demain ; je pars la semaine prochaine ; je me rends en tel endroit ; j'irai dans quelques jours visiter tel ou tel chef », mais il oubliait presque invariablement ce à quoi il avait pensé, ou ce qu'il comptait faire. Ainsi, il s'était proposé d'entrer au service d'une compagnie anglaise; — de nous communiquer les observations météorologiques, en vue desquelles, chez Kavalli, nous l'avions fourni d'instruments; — de présenter un petit souvenir à chacun d'entre nous; — de lire un travail devant la Société géographique de Londres; — d'exprimer de vive voix sa gratitude au Comité de secours; — il se proposait cent et une choses : mais, grâce à son habitude d'oublier, il n'en fit rien.

Je m'étais aperçu pour la première fois de cette singulière maladie dans la circonstance suivante, qui, je dois le dire, m'affecta désagréablement.

Lors de notre première entrevue à Msoué, je louai fort une chaise sur laquelle j'étais assis, et que je trouvais très confortable : « Oui, me dit Emin, c'est une excellente chaise : je la dois à Gordon Pacha; il me l'a donnée à Khartoum, et avec de si bonnes paroles, quand je lui ai fait mes adieux pour la dernière fois! »

Mais dans l'après-midi de ce même jour, nous causions de Gessi Pacha : « Avant de descendre le fleuve, ajouta-t-il, Gessi me fit cadeau de diverses choses qu'il ne pouvait emporter, et, entre autres, de la chaise sur laquelle vous êtes assis. » Or cette chaise, associée jusque-là au souvenir de Gordon, avait été pour moi l'objet d'un vif intérêt. — Cela me refroidit singulièrement et je me demandai ce que pouvait signifier une inexactitude semblable. Je l'attribuai à un défaut de mémoire dont je pourrais donner quantité d'autres exemples.

On lit dans un paragraphe de la *Pall Mall Gazette* du 22 août 1890 :

NOUVELLE ATTAQUE D'EMIN PACHA CONTRE STANLEY

Les négociations avec Wissmann

« Dans une lettre à un ami d'Allemagne, datée de Mpouapoua, le mois de juin dernier, Emin, en rendant compte des circonstances qui ont accompagné son abandon du service de l'Égypte pour entrer à celui de l'Allemagne, s'attaque de nouveau à M. Stanley. Le correspondant berlinois du *Standard* nous adresse la lettre suivante d'Emin Pacha :

CONCLUSION.

« Le lendemain de ma chute malheureuse, Stanley fit embarquer mes gens sous la menace que s'ils restaient, il les mettrait aux fers; et il donna l'ordre de les emmener à Mombassa, par Zanzibar, sans leur permettre de communiquer avec moi. Un vapeur égyptien que j'avais demandé arriva sur ces entrefaites; ce fut encore Stanley qui lui commanda de transporter mes gens à Suez sans qu'il me fût permis d'en revoir un seul; il m'adressa des lettres et des messages que je ne puis que qualifier d'inconvenants. J'étais retenu au lit par une fracture au crâne et ne pouvais écrire. Pendant mon séjour à l'hôpital j'ai été traité par Wissmann de la façon la plus magnanime. Vous savez que nous étions tous sans le sou lors de notre arrivée à la côte. Le gouvernement égyptien ne s'est jamais donné la peine de s'informer si je pouvais avoir besoin de rien. Il ne s'est occupé de moi que pour faire quelques questions polies au sujet de ma santé, questions dont je ne demande pas mieux que d'être reconnaissant; mais les réponses ne coûtaient pas rien, et ma poche était vide.

« Pendant mon séjour chez Mackay j'ai acheté, chez les missionnaires français de Boukoumbi, un âne de selle avec ses harnais, une livrée, une chemise et des bottes, pour lesquels je donnai en paiement un chèque sur le Consulat général de la Grande-Bretagne, car Nubar Pacha et sir John Kirk m'avaient écrit officiellement de tirer sur ce dernier les traites qui me seraient nécessaires. Au Consulat général on ne jugea point à propos de payer mon compte de 785 francs. (Ici la *Gazette de Cologne*, qui imprime cette lettre, ajoute au bas de la page cette note insolente : « Emin surfait de beaucoup la valeur des « engagements pris par l'Angleterre. ») Vous pouvez imaginer dans quel état d'esprit je me trouvai : anxiété au sujet de mon avenir; perplexité quant au sort de mes gens, ma maladie, l'indifférence de l'Égypte, les invectives de Stanley pendant que je gisais encore sur mon lit d'hôpital! — Au cours d'une conversation, Wissmann m'ayant demandé si je comptais, dans l'avenir, travailler pour l'Angleterre, je répondis, naturellement, que j'aimerais mieux servir ma patrie. Il me demanda la permission de le faire savoir à Sa Majesté. — Volontiers je la lui donnai.

« En d'autres et nombreuses causeries nous discutâmes l'opportunité d'une expédition à l'intérieur. Wissmann se plaignait de n'avoir personne à qui la confier : je m'offris. Sa Majesté avait bien voulu me faire l'honneur de penser à moi, et une occasion se présentait de montrer ma reconnaissance. J'avais alors quitté l'hôpital et habitais, à Bagamoyo, une maison particulière. Wissmann télégraphia ; le projet d'expédition fut approuvé. A un nouveau télégramme on répondit qu'il n'y avait pas d'objection à ce que me fût confiée la conclusion de traités avec les chefs dans les territoires qui s'étendent du Victoria au Tanganyka, ou à ce que j'exerçasse provisoirement les fonctions de commissaire, en attendant ma nomination définitive. J'ai quitté Bagamoyo au mois d'avril. En retournerai-je sain et sauf? Cela me semble plus que douteux. — Que la volonté de Dieu soit faite ! »

Voici ce que nous lisons dans le *Times* du 20 août 1890 :

« Herr von Hoffmann, ancien ministre, propose un toast à l'Empereur qui, dit-il, a pris personnellement le plus grand intérêt à l'expédition du D' Peters. L'orateur a soulevé de nombreuses acclamations en parlant de « la capture » d'Emin Pacha par M. Stanley. »

Je voudrais bien croire que ces deux paragraphes sont attribuables au manque de mémoire que nous avons reconnu chez Emin. Mais ils méritent réponse. Cette réponse, je pense ne pouvoir mieux la donner qu'en racontant aussi simplement que possible notre arrivée à Bagamoyo et comment j'ai pris congé d'Emin ; car, circonstance notable, je fus le dernier d'entre nous à lui serrer la main, comme j'avais eu l'honneur d'être le premier à me rencontrer avec lui dans la Province Équatoriale.

Je n'oublierai jamais notre triomphale satisfaction quand notre colonne fit son entrée à Bagamoyo. Les physionomies lassées de nos Zanzibaris s'éclairèrent de gratitude et de joie quand ils virent l'océan se déployer à leurs pieds et entendirent la houle se briser sur la rive. La musique militaire allemande joua le *God save the Queen*, et, à la glorieuse fanfare de notre hymne national, nous fûmes reçus dans la nouvelle colonie allemande. Emin arrivait sain et sauf au milieu de ses compatriotes, nos labeurs étaient terminés, et, avec un long soupir de satisfaction, nous comprîmes que l'heure du repos avait sonné.

La plupart des Européens établis à Zanzibar et dans le voisinage s'étaient réunis pour fêter Emin et l'accueillir avec cordialité, je dirai même, avec vénération. Au dîner que le major Wissmann et ses officiers donnèrent en l'honneur du Pacha, régnait la meilleure entente, et quand Emin les remercia d'une façon fort gracieuse, l'enthousiasme fut indicible. Puis il fit le tour de la salle, causant séparément avec chacun; il parla des longs mois qu'il avait été enfermé dans l'Afrique centrale, exprima sa reconnaissance pour l'aide personnelle que nous avions pu lui donner. Il dit ne s'être jamais attendu à voir une scène semblable, à être ainsi entouré d'hommes rivalisant à qui lui ferait le plus d'honneur. Il semblait être rajeuni, transformé par le bonheur et le contentement.

Soudain, au milieu de la gaieté générale, une rumeur lugubre se répandit : « Emin est tombé par la fenêtre; il est mort! » Nous courûmes dehors, pour le trouver évanoui et tout sanglant sur le pavé de la place. On l'emporta à l'hôpital, où notre bon chirurgien, toujours secourable, lui donna les soins nécessaires; puis chacun se retira, pour déplorer la triste fin d'une journée jusqu'alors si joyeuse. Le lendemain, le docteur Parke jugeait l'état du blessé un peu moins alarmant, quoique très grave encore.

Le Comité de secours à Zanzibar avait envoyé de grandes balles d'étoffe, des mouchoirs de couleurs éclatantes, des tarbouchs, des bottes, des sacs et des corbeilles de pain, divers comestibles. On les partagea entre les émigrants, arrivés en loques et morceaux; le camp fut le théâtre d'une joyeuse animation : les esclaves s'affairaient aux préparatifs du festin. Leurs maîtresses et les chefs de famille se formèrent en groupes séparés, contemplant les habits neufs, tout heureux de la fin des marches et de la prochaine rencontre avec leurs parents d'Égypte.

Les navires anglais et allemands, à l'ancre dans la rade, avaient joyeusement déployé pavillons et banderoles. Il avait été convenu qu'Emin partirait sur le vaisseau de Sa Majesté Britannique *Turquoise*, qui prendrait la tête, suivi du navire de guerre allemand *Sperber*, ayant à bord M. Stanley. Viendraient ensuite les autres bâtiments, avec nos officiers et nos hommes, et nous naviguerions vers Zanzibar, en longue procession triomphale.

Mais, dans la matinée du 6, le docteur Parke nous informa qu'Emin ne pourrait être transporté de plusieurs jours. Impossible pour les navires d'attendre aussi longtemps, d'autant que nos réfugiés étaient impatients de partir pour l'Égypte; donc, laissant le Pacha avec ses serviteurs et ses ordonnances, nous levâmes l'ancre pour arriver à Zanzibar dans l'après-midi du même jour. Le général Mathews, le chef des troupes du sultan, et son bras droit, avait préparé l'ancien consulat britannique pour la réception des réfugiés. Chaque famille disposait d'un logis confortable et spacieux; les gens du général apportèrent le repas dans des marmites immenses.

Les émigrés y restèrent six jours à reprendre leurs forces, sous l'influence du repos et de la bonne nourriture; mais bientôt des faits d'ivrognerie et d'insubordination vinrent à la connaissance du consul général, qui jugea convenable de faire transporter les émigrants à Mombassa. Éloignés des tentations de la capitale, ils y attendraient l'arrivée du vapeur que Stanley avait demandé au gouvernement du Caire quand nous arrivâmes au lac Victoria.

Pendant notre séjour à Zanzibar, le consul général, M. Stanley et moi avions essayé, à diverses reprises, d'aller visiter Emin à Bagamoyo; voire, un navire avait été préparé exprès; mais, par une fatalité qui nous surprenait à bon droit, la nouvelle d'une rechute du Pacha venait chaque fois nous en empêcher. Nous ne savions plus rien le concernant que par les médecins allemands, le brave docteur Parke ayant été pris lui-même par une fièvre maligne.

A l'arrivée à Zanzibar du vapeur khédival *Mansourah*, son capitaine, apprenant qu'Emin était à Bagamoyo, vint se mettre à la disposition du consul général et de M. Stanley. M. Stairs monta à bord pour aller trouver le Pacha, le capitaine ayant été instruit de se présenter à lui et de prendre ses ordres. Ils allèrent visiter Emin, et M. Stairs resta avec lui quelques heures. L'ancien Moudir se disait très pressé de quitter la station, mais ne pas encore oser sortir de l'hôpital. Puis le navire gagna Mombassa; M. Stairs y embarqua les émigrants et, le lendemain, partit avec eux pour Suez.

CONCLUSION.

Avant notre départ de Zanzibar, le docteur Parke, encore à l'hôpital, me pressa de faire la traversée pour décider Emin à nous accompagner dans le paquebot *Katoria* qui devait nous emmener à Suez. Un voyage sur mer, pensait-il, serait le salut du malade.

Donc, le 28 décembre au matin, je me rendis à Bagamoyo et restai jusqu'au lendemain avec le Pacha. Il parut enchanté de me revoir, s'étonnant que je ne fusse pas venu plus souvent : « Vous savez, dit-il, les Allemands sont mes compatriotes, mais je ne puis les aimer d'une affection aussi fraternelle que vous, un membre de l'Expédition venue à ma rescousse, et avec lequel j'ai traversé de si mauvais chemins ». Je lui répondis que plusieurs fois nous nous étions proposé de le voir, mais, ou bien les docteurs mandaient qu'il y avait une rechute et que ce n'était pas le moment de le visiter, ou bien aucun navire allemand n'était disponible. A l'ouïe de ces paroles il se mit fort en colère et parla rudement au capitaine Rieklemann, le commandant de Bagamoyo, qui m'avait accompagné à l'hôpital.

Je passai le reste du jour avec lui ; le docteur Parke, lui dis-je, était d'avis que si on pouvait le transporter à bord du paquebot, il serait guéri avant l'arrivée à Suez.

Il branla la tête et répliqua tristement : « Je le sais, je voudrais aller avec vous, mais cela m'est impossible. »

Je n'avais plus rien à dire : nous causâmes des épreuves ensemble traversées, de son avenir et de celui de la petite Féridé. Il semblait sous le poids d'une amère mélancolie ; il se plaignait de la mauvaise situation de l'hôpital, tout entouré de boutiques bruyantes, de cent autres choses qui l'ennuyaient : « il eût tant désiré nous accompagner », puis il ajoutait : « mais cela est impossible ». Il demanda l'adresse de tous les camarades : « J'ai préparé pour chacun de vous un petit souvenir que vous conserverez, je l'espère, en mémoire des jours que nous avons passés ensemble. » Au départ il serra ma main dans les deux siennes, me redisant encore sa gratitude : « Vous ! je ne vous oublierai jamais : vous avez été mon camarade et mon ami pendant ces mois où nous avons été emprisonnés ensemble, ces longs mois qui ont été les plus pénibles de ma vie ! »

Il avait l'air de dire un long adieu, et, profondément touché par l'inexprimable mélancolie de sa voix, je le pressai de nouveau de nous accompagner. Derechef il branla la tête et dit la chose non faisable. Je l'embrassai tristement et regagnai Zanzibar.

De Zanzibar, d'Aden, de l'Égypte, je lui écrivis, mais sans obtenir aucune réponse.

Que pendant ces quelques heures Emin pensât tout ce qu'il me disait au sujet de l'Expédition, j'en suis absolument sûr. Ses simples paroles d'amitié et ses façons touchantes étaient sincères, j'en suis convaincu. Mais sa bienveillance native, associée à sa faiblesse de caractère, ne pouvait résister à une volonté puissante qui le menait à l'encontre de sa meilleure nature. Laissé à lui-même, il n'aurait jamais pris l'attitude dont il ne se départit plus. On a dû murmurer à ses oreilles des insinuations peu charitables, attribuer à des motifs peu généreux ce que nous avions fait pour lui. La volonté maîtresse doit avoir appuyé sur les fibres de sa sensibilité maladive. Emin, aiguillonné jusqu'à l'insanité, par les railleries et les attaques à mots couverts de ses « frères », aura fait ce pas fatal qui l'a précipité du piédestal où notre admiration l'avait placé.

En lisant les élucubrations acrimonieuses d'Emin, je ressens une indignation qui se transforme en pitié. Le connaissant comme je le connais par suite de nos rapports longs et intimes, je suis convaincu qu'en pensant aux événements de ces trente derniers mois il se consume de honte et de regrets. Que de soucis et de peines il se fût épargnés, s'il eût agi avec la simple droiture dont nous avons usé envers lui !

Je devrais, sans doute, terminer ce chapitre par une « moralité » savamment tournée, mais la chose n'est pas dans mes moyens. J'ai voulu tout uniment dire l'histoire d'un séjour dans la province de l'Équateur, et placer devant mes lecteurs le portrait d'Emin Pacha :

Un homme à l'esprit généreux et bon ; un homme physiquement courageux, mais un lâche, au moral.

Un gentleman accompli, un savant, enthousiaste d'histoire naturelle, mais n'ayant pas la fermeté nécessaire pour conduire les hommes, l'art de les attirer pour les gouverner ensuite.

Sa bienveillance naturelle a été constamment faussée par une susceptibilité maladive et une vanité enfantine.

La droiture et la véracité de l'Européen ont été déviées par une trop longue résidence parmi les Orientaux.

Et cependant, si vous faisiez appel à sa générosité, il avançait vers vous plus qu'à moitié route. Mais il a fallu qu'il fût toujours plus ou moins sous l'influence de ceux qui l'entouraient.

Je prends congé de lui avec un sentiment de sincère affection, en raison des nombreuses bontés qu'il m'a témoignées pendant ces jours mauvais où nous vivions si intimement, quand tout espoir était perdu, et que nous n'avions d'autre consolation que notre mutuelle sympathie!

Mais puis-je faire autrement qu'exprimer mon grand regret et ma surprise de sa conduite extraordinaire depuis le malheureux accident de Bagamoyo, conduite qui a cruellement offensé plusieurs de ses anciens amis? Toutefois, la première indignation passée, je ne puis que sentir une pitié profonde pour un homme qui a sacrifié tant de souvenirs et d'affections à un ressentiment imaginaire.

Emin peut rêver de nobles choses, mais non les « vivre », parce que, malheureusement, il est presque toujours inférieur à la portion héroïque de son caractère.

« S'il ne peut s'élever au-dessus de lui-même, quelle misérable créature est l'homme! »

FIN

Transcription de la lettre par laquelle le MAHDI demandait à EMIN PACHA de se rendre.

Le document a été copié, secrètement et de nuit, par ABDER RAHIM, fils d'OSMAN EFFENDI, le Vekil, commandant en second la province équatoriale.

TABLE DES GRAVURES

Le départ.	15
Le chef Mogo.	20
Emin Pacha.	29
Station de Msoué.	37
Danse des Lurs.	39
La revue de Toungourou.	47
La femme de Boki implorant la grâce de son mari.	51
La case d'Emin.	55
Vue prise de Ouadelaï.	59
Débarquement à Doufilé.	67
Plan de la station de Doufilé.	69
Troupe d'éléphants.	77
Sélim Aga.	79
Emin à ses préparations.	89
Homme bari.	99
Femme barie.	99
Village bari.	103
Bœuf et chèvre des Baris.	105
Poterie des Baris.	108
Houes des Baris.	109
Révolte à Laboré.	115
Types de Lurs et Madis.	121
Sur la route de Doufilé.	125
Entrée à Doufilé.	129
Lecture de la lettre du Khédive devant le Conseil des rebelles.	141
Portrait du capitaine Casati.	153
Féridé donnant son collier.	159
Le Conseil des rebelles.	163
Notre prison à Doufilé.	167
Osman Latif enseignant ses enfants.	177
Tortures des messagers du Mahdi.	199
Des derviches passant dans le corps de garde	203
Naufrage d'un canot sur le Nil.	215
Joie de Hadji Fatmé.	221
Destruction de l'*Avance*.	239

Départ de Ouadelaï.	241
Le lac Albert à Toungourou.	259
Pygmée en embuscade.	269
Nouvelle de l'arrivée de Stanley.	281
Les adieux d'Emin.	295
Gratitude d'une femme.	299
Départ de Toungourou pour aller rejoindre Stanley.	305
Arrivée des Zanzibaris.	316
Je rejoins mon chef.	317

CARTE DE LA PROVINCE D'EMIN-PACHA.

TABLE DES MATIÈRES

Lettre-Préface de Henry M. Stanley 1
Préface 7

CHAPITRE I

A LA RECHERCHE D'EMIN

Réception d'une lettre envoyée par Emin Pacha. — La plaine du Nyanza. — Lancement de l'*Avance* sur le Nyanza. — L'équipage zanzibari. — Leurs chants. — Arrivée à Kanama. — Réception amicale par les indigènes. — Oulédi nous met en garde. — Gestes et dialecte des natifs. — Le paysage des rives. — Villages lacustres. — Insipidité de l'eau. — Babouins. — Le chef Mogo. — Renseignements donnés par Kadjalf sur Emin. — Soliloque. — Arrivée à la première station d'Emin. — Réception à Msoué. — Choukri Aga. — Je raconte notre histoire. — Notre triste costume. — Mon bagage. — L'inexplicable inaction d'Emin. — Autres nouvelles de Casati. — Bonheur de mes Zanzibaris. — Lettre d'Emin. — Souliman Effendi. — Les cultures autour de Msoué. — Tissage. — Arrivée d'Emin. — On s'inquiète de la route à prendre pour le retour. — Amabilité du Pacha. — Emin est renseigné sur les origines de l'Expédition. — Notre courrier n'a pu sortir de l'Ouganda. 11

CHAPITRE II

LA RENCONTRE DE STANLEY ET D'EMIN. — LES PLANS DISCUTÉS

Le vapeur *Khédive*. — La flottille du Pacha. — Emin arrive à notre camp. — Réception par les Zanzibaris. — Le camp de N'sabé. — Emin demande à Stanley un de ses officiers. — Plan pour venir en aide au fort Bodo. — Stanley et Parke repartent. — Mort de Mabrouki. — Passion d'Emin pour l'entomologie. — Attaque de Kibéro. — Punition infligée à Kaba Regga. — La visite du chef Ouma à Emin. — La danse des Lurs. — Fumet particulier aux différentes tribus. — Arrivée à Toungourou. — Baisse rapide du lac Albert. — Intrigues des employés égyptiens. — Arrestation des meneurs. — Comment se mutina le premier bataillon. — Les officiers d'Emin. — Le message du Khédive. — La lettre de Nubar Pacha. — La proclamation de Stanley aux soldats d'Emin. — Lettres lues au peuple. — « Nous suivrons notre gouverneur! » — Désir bien justifié des gens de rester dans leur province. — De Toungourou à Ouadelaï. — Le village de Boki. — Emprisonnement de Boki. — Description du pays. — Les maigres du Nil. — Le chef Okello. — Parure des indigènes. — Le chef Ouadelaï   31

CHAPITRE III

DE OUADELAI A DOUFILÉ

Arrivée à Ouadelaï. — L'établissement d'Emin. — Signor Marco. — Féridé. — Goûts scientifiques d'Emin. — Ouadelaï. — Les Ouahoumas. — Souvenirs de Sir Samuel Baker. — Nayadoué ou l'Étoile du Matin. — Députation du premier bataillon. — Tentative de secours au fort Bodo. — Faratch Aga. — L'état des affaires à Redjaf. — Le jugement porté par Hamad Aga sur Emin. — La sagesse du Pacha mise en doute. — Les remords de Faratch Aga. — Emin pose pour la rancune. — Férocité des crocodiles. — Les Baris, chasseurs de crocodiles. — Réponse des soldats de Ouadelaï. — Les roches du Nil. — Nous arrivons à Doufilé. — Curieuse coutume. — Doufilé. — Les bâtisses du gouvernement. — Haouachi Effendi. — Son opinion sur la fourberie égyptienne. — Une fête arabe. — Avertissement donné par Haouachi Effendi. — Nouveaux doutes.   55

CHAPITRE IV

L'ORAGE S'AMASSE

Nous partons pour Redjaf. — Une harde d'éléphants. — Près des cataractes de Doufilé. — Chor Ayou. — Laboré. — Sélim Aga. — Les ânes du pays. — Les femmes baries. — Arrivée à Mouggui. — Abdoullah Aga Manzal. — Les brigandages des soldats. — Arrivée à Kirri. — Bachit Aga. — Les plaisirs de Gordon. — Costumes et ornements des Baries. — L'état du pays occupé par le 1ᵉʳ bataillon. — Méfiance des soldats de Kirri à notre endroit. — Harangue aux Kirriotes. — Musique et danse des Makrakas. — Lettre de Hamad Aga. — Notre retour à Mouggui. — Nouvelles alarmantes de Kirri. — Déplorable faiblesse d'Emin. — Les soldats de Redjaf visitent le Pacha. — Confiance invétérée du Moudir en ses soldats. — Nouvelles données par Haouachi Effendi. — L'histoire de Taha Mahommed. — Les visiteurs à Latouka. — La générosité du chef Bari. — Les dévotions de mon domestique Binza. — Possibilité d'un retour offensif des Mahdistes. — On commence à évacuer Mouggui. — État satisfaisant du pays autour de Mouggui. — L'heureuse influence exercée par Abdoullah Aga Manzal. .   75

CHAPITRE V

LA TRIBU DES BARIS

Le physique du Bari. — Sa vêture. — Ornements en fer. — Le pouvoir des chefs. — Les amendes. — Manière de faire la guerre. — Armes. — Chasse. — Huttes et villages. — Approvisionnements. — Polygamie. — Chiens. — Bétail. — Élève des bestiaux. — Le lait. — Animaux domestiques. — Alimentation. — Tabac. — Cuisine des Baris. — Relations matrimoniales.

— Les cérémonies observées aux naissances. — Cérémonies nuptiales. — La position des femmes dans la société. — Obsèques. — Superstitions religieuses. — L'office du faiseur de pluie.................. 98

CHAPITRE VI

DÉBUTS DE LA RÉBELLION

Arrivée à Laboré. — Lecture des lettres. — Mutinerie des soldats. — Discours aux révoltés. — Défiance des soldats envers leur Moudir. — Conduite des suivants d'Emin. — Les mutins me font appeler. — Départ pour Chor Ayou. — Les Mahdistes à Bor. — La lettre du Khédive est envoyée à Redjaf. — Désertion de l'ordonnance du Pacha. — Lettre annonçant la rébellion du 2ᵉ bataillon. — Angoisse d'Emin à cette nouvelle. — Aveuglement des siens. — Nous quittons Doufilé. — L'averse et le beau temps. — Triste aspect de la contrée. — Nous allons rentrer à Doufilé..... 113

CHAPITRE VII

EN PRISON

Nous approchons de Doufilé. — Attitude du peuple. — Entrée dans la station. — Les sentinelles nous entourent. — Les soldats nous insultent. — L'étamour circassien. — On nous emprisonne. — Contraste avec notre première entrée à Doufilé. — Sélim Aga consulte les mutins. — Fadl el-Moullah. — Les mutins de Redjaf. — Notre existence en captivité. — On injurie nos domestiques. — Haouachi Effendi. — Les rebelles brassent un complot pour s'emparer de Stanley. — Nouvelles de Msoué. — Bruit de l'arrivée de Stanley à Kavalli. — L'arrivée des rebelles redjavais. — On questionne mes ordonnances. — Je suis cité devant le Conseil des rebelles. — Les questions qu'on m'adresse. — Lettres lues devant le Conseil. — « Vous êtes des imposteurs! » — Ma tirade contre les rebelles. — Noble attitude d'un nègre. — Fadl el-Moullah tient bon. — Emin signe les pièces. — Le vapeur mis en réquisition. — Départ de Doufilé. — Désagréables incidents à bord. — Arrivée à Ouadelaï. — La petite Féridé. — Naissance quintuple. — Mécontentement général. — La trahison est dans l'air........ 128

CHAPITRE VIII

EN VAPEUR AVEC LES REBELLES

La défection de Codi Aga. — Une barre de sable. — Débarquement à Toungourou. — L'arrivée de Stanley ne se confirme pas. — Griefs de Casati. — Abdoullah Vaab Effendi. — Comment Casati vivait dans la province. — Pourquoi il vint en Afrique. — Comment il fut traité par Kaba Regga. — Souliman Aga battu par ses propres soldats. — La maison de Vita mise à sac. — Les irréguliers d'Emin. — Départ du vapeur pour Msoué. — Protestations d'amitié. — Action des Égyptiens sur les Soudanais. — Message du chef de la station. — La ruse de Choukri Aga. — Les factieux se saisissent des munitions. — De Toungourou à Ouadelaï. — Des officiers ivres mettent le feu aux huttes. — Un déjeuner africain. — Le collier de Féridé. — Trajet sur le vapeur. — Les juges d'Emin. — Arrivée à Doufilé. — Le scribe de Kirri mangé par un crocodile...................... 150

CHAPITRE IX

LE CONSEIL DE GUERRE

Fadl el-Moullah ouvre les débats. — Accusations portées contre Emin. — Fin de la première séance. — Arrêt porté contre le gouverneur. — Emin est déposé. — Que faire du Moudir? — Emin voudrait voir des arbres. — Le cas de Haouachi Effendi. — Fureur du peuple contre ce concessionnaire. — L'accusation est prouvée. — Spoliation de Haouachi. — Osman Latif. — La lettre du Khédive reconnue authentique. — Emin doit être envoyé à Redjaf. — Temps d'arrêt. — Livres. — Les brouilles entre rebelles. — La femme de Binza. — Femmes fouettées. — Visite à Osman Latif. — Tout le monde va aux mutins. — Désappointement d'Emin. — Mécontentement des soldats. — Emin fait son testament. — Procès de Vita Hassan. — Vita Hassan m'interroge. — Impuissance des gens à se tirer d'affaire. — Prétentions exorbitantes. — Pillage de la maison d'Emin. — La province a pour devise : « *Laissez faire* » 161

CHAPITRE X

ARRIVÉE DES TROUPES DU MAHDI

Les Mahdistes avancent. — Consternation universelle. — Le bureau des renseignements. — Le Conseil est convoqué. — On dépêche des soldats à Redjaf. — La province n'est pas en état de défense. — Arrivée des derviches à queue de paon. — La Bible et l'Épée. — Lettre du général mahdiste. — Emin est sommé de se rendre. — Les rebelles prennent l'avis d'Emin. — Abd er-Rahim, le fils d'Osman Latif. — Sa courageuse conduite. — Le plan des rebelles. — Interrogatoire des derviches. — Les vapeurs de Khartoum. — Le livre de Royle sur l'Égypte. — Les approvisionnements dans l'arsenal de Khartoum. — Fugitifs arrivant à Doufilé. — Violences et brigandages des soldats. — Désintéressement d'Emin. — Lettre d'Osman Latif. — Sang versé. — Prise de Redjaf. — Soulèvement général des natifs. — Les derviches mis à la torture. — Bravoure de ces fanatiques. — Autres nouvelles de la chute de Redjaf. — Résolution dangereuse à prendre. — Superstition des soldats. — Doufilé mis sur la défensive. — Conseil aux rebelles. — Vaillance des derviches. — Leur mort cruelle 184

CHAPITRE XI

PRISONNIERS SUR PAROLE

Lettre de Hassan Loutvi. — Rumeurs concernant l'arrivée de Stanley. — Soulèvement des indigènes. — Perquisitions dans la maison d'Emin. — L'état des affaires à Mouggui. — Jephson écrit à Stanley pour le mettre en garde. — Osman Latif relégué à Ouadelaï. — Moustapha assomme sa femme. — Des enfants noyés dans la rivière. — Pluies extraordinaires. — Epizootie. — Insubordination des militaires à Ouadelaï. — Le sorcier chouli. — Vol commis par Abdoullah. — L'arrogance de la soldatesque. — La troupe nègre. — Comment Emin traitait ses troupes. — Second désastre à Redjaf. — Officiers tués dans la déroute. — Incidents de la lutte. — Les rebelles nous renvoient à Ouadelaï. — Adieux d'Emin à Doufilé. — Notre arrivée à Ouadelaï. — Réception enthousiaste faite au Pacha. — Frayeur du peuple au début de la rébellion. — Emin décline toute responsabilité ultérieure. — Joie universelle au retour d'Emin. — Notre situation à Ouadelaï. — L'européanisation du nègre et son amélioration possible. — La corde de sable. — Le madhisme gagne. — Bruit d'une révolte des irréguliers et de l'approche des Mahdistes. — Le peuple ne bouge. — Effronterie des Cairiotes. — Les soldats font une démonstration. — Emin n'ose s'expliquer franchement. — Le Pacha déclare connaître son monde mieux que personne. — Un ignoble type d'Égyptien.. 207

CHAPITRE XII

NOTRE FUITE DE OUADELAI

D'autres stations prises par l'ennemi. — Nouveau Conseil de guerre. — Emin imploré par les soldats de reprendre la direction. — La fuite est décidée. — Ses préparatifs. — Pénibles sacrifices. — L'*Avance* déboulonnée. — Binza, un original. — Départ. — Abandon par les soldats. — Curieux bagage emporté par les fugitifs. — Scènes de désolation. — On ne sait pas ce qu'une évacuation veut dire. — Première campée. — Un vapeur arrive. — Lettre de Sélim Aga Matara. — L'assaut de Doufilé. — Emin se décide à continuer. — Autres détails sur le siège de Doufilé. — Lâcheté de la soldatesque. — Nous l'avons échappé belle. — Comment les soldats se conduisirent dans la précédente guerre contre le Mahdi. — L'origine et l'explication des rumeurs qui avaient motivé notre départ. — Arrivée chez Okello. — A Toungourou. 235

CHAPITRE XIII

TOUNGOUROU

L'arrivée des irréguliers ne se confirme pas. — Emin reste. — Autres lettres de Doufilé. — Renseignements inexacts donnés par le D⁺ Folkin. — Silence qu'il garda sur la situation réelle. — Missive des officiers rebelles à Sélim Aga. — Accusations portées contre Emin. — Ennuis causés par l'employé principal. — Les Égyptiens dupent les Soudanais. — Souliman Aga arrive blessé. — Insensibilité des Soudanais à la douleur. — Les derviches meurent sous le bâton. — Promenades autour de Toungourou. — Visite de Mogo. — Noël. — Mort de Souliman Aga. — Funérailles à l'arabe. — Les dernières nouvelles de Lupton Bey. — La conquête du Bahr el-Ghazal. — Les nègres inquiètent la retraite. — Doufilé abandonné et incendié. — Les oiseaux de la Province Équatoriale. — Une chasse. — Les Nains de l'Afrique centrale. 240

CHAPITRE XIV

STANLEY ARRIVE ENFIN !

Conseil de guerre à Ouadelaï. — Emin ne veut pas bouger. — Saleh Agha est mis en échec par les indigènes. — Façon de déclarer la guerre. — Impôt en nature. — Les natifs ne demandent qu'à s'insurger. — Mort de Boki. — Querelles entre officiers. — Orgies à Ouadelaï. — L'incendie des herbes. — Scènes bibliques. — Enfin, voici Stanley ! — Ses missives. —

Dépêche officielle à Emin. — Une histoire de désastres. — Catastrophe de l'arrière-garde. — Morts de Barttelot et de Jameson. — L'entêtement de Saleh Agha. — Je l'intimide. — Emin écrit à Stanley. — Préparatifs de départ. — Arrivée du vapeur. — Les racontars sur notre Expédition. — Querelles au Conseil de guerre. — Emin, l'homme des compromis. . .   272

CHAPITRE XV

DÉPART POUR REJOINDRE STANLEY

Je quitte Toungourou pour me rendre à Msoué. — Thermes sulfureux. — Arrivée à Msoué. — Complaisances de Choukri Aga. — Arrangements pour la réception des réfugiés. — Reconnaissance d'une négresse. — Laissé dans l'embarras. — Consultation avec Mogo. — Lettre à Emin. — Choix d'une garde du corps. — Les tribus amies sont sacrifiées. — Départ dans les canots. — Tirer le feu d'une pierre. — Comment les indigènes saluent. — Magounga. — Récriminations de Magala. — Le pays de Mélindoué. — Filouteries des Lurs. — Dignité des Ouahoumas. — Contraste entre les manières des Ouahoumas et celles de notre soldatesque. — Mon arrivée chez Katonza. — Retard. — Mon miroir fait sensation. — Palabre fatigant. — Ascension de la montagne. — Rencontre de la bande envoyée par Stanley. — La bruyante bienvenue des Zanzibaris. — Je rejoins mon chef. — Lettre du pays.   294

CHAPITRE XVI

DÉLIVRANCE D'EMIN

Notre camp à Kavalli. — L'histoire d'Emin est difficile à raconter. — Plan que je propose. — Stanley mande Stairs. — Lettre à Emin. — Entre amis. — Lettre d'Emin. — Emin arrive à Ouéré. — Les Zanzibaris souhaitent la bienvenue au Pacha. — La fortune se reprend à nous être favorable. — Les porteurs qu'il faut mettre au service des Égyptiens. — Départ pour Kavalli. — Patience des Zanzibaris. — Seconde entrevue entre Emin et Stanley. — Stairs arrive avec sa troupe. — L'expédition réunie à nouveau. — « Mort, notre maître, mort ! » — Ce qu'il faut penser de notre récit. .   320

CONCLUSION

Rancune irréfléchie d'Emin. — Des femmes maltraitées pendant la marche. — Lettre du major Wissmann. — Curieux manque de mémoire chez Emin. — Récriminations du Pacha contre Stanley. — L'accident de Bagamoyo. — Comment les réfugiés furent traités. — À Zanzibar. — Adieux à Emin. — Les disparates de son caractère.   331

21490 — Imprimerie LAHURE, rue de Fleurus, 9, Paris.

21490. — PARIS. IMPRIMERIE LAHURE
9, rue de Fleurus, 9

www.ingramcontent.com/pod-product-compliance
Lightning Source LLC
Chambersburg PA
CBHW070906170426
43202CB00012B/2216